U0024368

認識大陸作家系列

檢討。

舊檔案裏的中國海洋學術權威

■ 薛原 著

前言

自我檢討

青島南海路七號是個地址，在青島匯泉灣邊，中國科學院海洋研究所的所在地。從 1983 年冬到 1998 年春，我在這兒工作了十五個年頭。

「自我檢討」不是我在這兒故作姿態，而是說本書的主體其實就是由海洋研究所的幾位老一代專家學者在「思想改造」及後來的「反右」、「四清」運動中向組織上的「交心」作業——「自我檢討」構成的。他們的名字已列入了二十世紀中國海洋科學史，他們大多屬於所在海洋科學學科的開創者。

這本《檢討》並非是回憶之作，儘管書中所寫的每個人物都帶給我若干回憶——與其說是關於他們的回憶，不如說是關於他們的回憶留給我的印象，其實我是沒有資格來回憶他們的，但在十多年裏，他們的存在卻是我眼裏的風景，關於他們的種種故事或傳說成了至今難以忘懷的記憶。

書中的人物，除了「文革」中去世的張璽先生和孫自平先生，還有早已定居北京並在 1979 年去世的童第周先生外，其他的老先生，大多都或多或少打過交道，這樣說實在有些攀附，因為他們在八十年代時都已經是其所在研究室裏德高望重的老先生了，即便在我當時所在的海洋地質研究室，張兆瑾先生雖然看上去已很不起眼，即便在我這個剛參加工作的科輔人員眼裏，也感覺到老先生在研究室裏的冷清和落寞，當時研究室裏最活躍的一批專家都是過了半百年齡的剛晉升副研究員和正準備晉升副研究員的——他們大多是五十年代的大學畢業生，幾位頂尖人物都是 1949 年後培養的第一批大學生，因為「文革」造成的拖延，職稱一直是助研，「文革」後，直到 1984 年，地質室「脫穎而出」的副研究員，還是寥寥無幾，而當時地質室的人員有一百多人，在海洋研究所九個研究室中是人員最多的一個研究室，只有一位早已過退休年齡的研究員，這就是張兆瑾先生。張先生在研究室裏幾乎總是沉默不語，每天按時來辦公室，在他的一張陳舊的大桌子上，伏案寫著什麼。聽老師們說，張先生在整理著他的《中國銻礦志》。

與張先生的沉默不同，在走廊裏偶爾能聽到一位老先生斬釘截鐵的高聲亮嗓，我們地質室在二樓，間雜有物理室的辦公室，這位老先生偶爾到二樓來找他的部下，或在樓梯上與人談話，老先生說話充滿權威，很快我就知道這就是毛先生——物理海洋學家毛漢禮先生，是當時海洋所僅有的兩位學部委員（也就是後來的院士）之一。與張先生相比，毛先生的存在才是一位絕對意義上的學術權威，張先生在地質室顯得可有可無。當然還有被老師們稱為老闆的海洋藻類學家曾呈奎先生，另一位學部委員，從所長位置退下來仍掛名名譽所長仍有專職秘書的曾老，對我而言，曾和毛兩位先生都是可望而不可及的真正的權威，而近在眼前的張先生可以說卻沒感到他是有怎樣本領的權威。

另外一位看在眼裏的風景是吳尚勤先生，吳老太太走路總是匆匆忙忙，除了偶爾能在路上遇到匆匆走過的吳先生，關於吳先生更多是從老師們的聊天中聽來的，譬如童第周先生如何賞識和重用她，尤其是「文革」時她用於進行遺傳研究培育了幾代的金魚被她的學生輩造反派砸碎了魚缸弄死了……

真正有過接觸的是生物標本室的馬繡同先生和貝類學家齊鍾彥先生，找馬先生是為了帶領來我們地質室的外單位的客人參觀標本陳列室，而與齊先生接觸則是後來因為我承擔了為馬先生寫一篇「報告文學」的任務找齊先生進行採訪。在這些老先生中，真正交談最多的就是齊先生，他的謙和平易和嚴謹的精神給我非常深刻的印象。正是通過這兩位老先生，讓我更多的瞭解了過早去世的張璽先生，作為和童第周、曾呈奎兩位先生一起創辦海洋研究所的張璽先生，我更多是從他的檔案中瞭解的。當時為了撰寫馬先生的文章，經過批准，我借閱了馬先生、齊先生和張先生的檔案。可以說正是從這些檔案，給我帶來了另一種影響。

在地質室工作十多年後，1997 年我被調出來參加《所志》的編寫，「所志辦」只有兩人，一位主任，一位秘書。我就是那位不稱職的秘書，說不稱職不是謙虛，因為當時我的精力幾乎都傾注到工作之外的閱讀和寫作中，而編《所志》成了我搜集素材的方便條件。當時我們還承擔著組織撰寫《中國海洋志》的工作，其中的〈海洋人物篇〉是我和北京的一位老師具體承擔。因為編志的理由，我可以查閱檔案。為了《所志》，我們組織各研究室的人編寫「大事記」，為了核實史實，就查閱一些老專家的檔案。實話說，當時我更對檔案中的那些個人的檢討書和自傳感興趣。也正是在這些檔案的閱讀中，這些老先生的另一面呈現出來。對於「文革」爆發前一年才出生的我來說，看到這些老先生在歷次政治運動中的各種檢討和交代，驚訝莫名，尤其是組織上給予的鑑定，更讓人感慨。不過當時這些，也只是悄悄地在心裏對自己說。這些材料在我為馬先生和齊先生撰寫的〈老人與標本〉、〈潮漲潮落尋貝人〉兩篇所謂的「大特寫」中基本上沒有涉及，只是利用了一些客觀的陳述，包括涉及到張璽先生的生平。在所志辦待了不足一年，我就離開了南海路七號，也徹底改變了職業軌跡，成了《青島日報》的副刊編輯，同時也帶走了關於南海路七號的記憶。

現在又是十多年過去，這些往昔的檔案材料再次給我帶來新的衝擊，如果說當年看到這些檔案更多給我的是震動，那麼現在給我的更多是歷史的證據，像是一份保留完整的「化石」，記載了過去年代的真實資訊。當然，說真實是相對的，有許多的「自我檢討」純粹是為了「過關」，過群眾的關，過組織上的鑑定關，一遍遍的「剖析」自己靈魂深處的資產階級思想根源。

正如謝泳在《靠不住的歷史》一書中所言：在五十年代，有其特定的時代特徵，在當時情況下，各種各樣的檢討、彙報、揭發都有其時代特點……（《靠不住的歷史》，廣西師範大學出版社 2009 年 1 月版，188 頁）今天再把這些具有鮮明時代特徵的本人檢討、彙報整理出來，對於現在的年輕讀者而言，也許有天方夜譚之感，但對於當事人來說，那卻是他們當年的生活。

「思想改造」中的「自我檢討」是本書的主題，即便是在「思想改造」之後的歷次運動中，尤其是反「右」和「四清運動」，這些學者專家們寫下的「自我檢討」和各種「思想總結」也證明了作為「資產階級知識份子群體」在中華人民共和國成立後所走過的不斷或說持續地「思想改造」的過程，儘管在思想上不斷地深挖自己的資產階級反動思想，但是，即便是積極追求進步以達到脫胎換骨融入無產階級工農兵大眾中去，到了「文革」還是逃脫不了被打翻在地再踏上一隻腳永世不得翻身的下場，如張璽先生就沒能熬過「文革」。對於這些「自我檢討」和「思想總結」，今天的我們自然要以同情和理解的眼光來看待，不能苛求於他們當年為「過關」而寫下的種種「檢討」。借用謝泳的話說：這些「檢討」亦可看出，這些學術權威的「思想」取向是以現實利害為唯一選擇的，用現在的眼光來看，讓他們在那個時代具有獨立人格和超越功利目標是不現實的。(《書生的困境》，廣西師範大學出版社 2009 年版，190 頁)。

關於思想改造運動，史學家童書業先生的女兒在關於她父親的書中說：

> 針對知識份子的思想改造運動在 1951 年就有了先兆：5 月 20 日《人民日報》以社論形式發表毛澤東寫的〈應當重視電影《武訓傳》的討論〉一文，嚴厲批評對武訓及電影《武訓傳》的讚揚，全國各地報刊紛紛轉載並發表文章，批判武訓及電影《武訓傳》，形成建國後文化思想領域上的第一次批判運動，這次批判是非常深入的。9 月 20 日，周恩來在北京天津高等院校教師學習會上作〈關於知識份子的改造問題〉的報告，指出知識份子要力爭站到工人階級立場上來，在政治上要有明確的態度，分清敵、我、友。11 月 30 日，中共中央發出《關於在學校進行思想改造和組織清理工作的指示》，要求所有大、中、小學教職員和高中以上學生中普遍進行初步的思想改造工作，並在此基礎上，在所有學校的教職員和高中以上學生中進行組織清理工作。至 1952 年底，思想改造的狂飆從教育界擴展到整個知識界。知識份子極少有例外地要進行自我表現批判，再由小組成員互批，如不能通過則一直反覆下去，直到個人的自我表現批判獲得通過為止。甚而有人被逼得大哭，若中山大學的陳序經、復旦大學的王善業等。
>
> 顧頡剛 1952 年 9 月 27 日日記云：復旦大學有人對他說：「復旦中半年來死者有四、五人，或氣死或縊死，劉大

> 杰投黃浦江後，陳其五到復旦演講，漸漸轉寬，但不為外人道也。」
>
> 思想改造的主要內容，一是交待自己的經歷，尤其是「歷史問題」，諸如1949年之前參加過國民黨的什麼組織，做過什麼對共產黨不利的事，連寫過什麼對共產黨不利的文章，說過什麼不贊成共產黨的話，都要交待，而且要深挖思想根源。二是對自己學術思想進行批評，矛頭所向是胡適的實驗主義為代表的資產階級唯心主義學術思想，這一批判實際從1949年下半年已在北京大學初露端倪，到1950年哲學家馮友蘭、社會學家費孝通等人在報刊上發表自我批判的文章，已觸到學界。至思想改造時，這類學術批判已成燎原之勢，幾乎每位知識份子都必須自我批判到這點並深挖產生的根源，才能過關。

從上述文字不難看出「思想改造」運動的情景，不過，儘管在上海發生了「復旦中半年來死者四、五人，或氣死或縊死，劉大杰投黃浦江」的事例，其實，從整個運動來看——「知識份子思想改造運動，從激烈程度上說，相對於以後中國發生的各種政治運動不算激烈。作為政治運動來評價，它沒有直接造成特別重大的冤假錯誤。但作為對知識份子尊嚴和心靈的傷害事件來看，它卻造成了這個群體獨立精神的普遍萎縮。」（謝泳，《書生的困境》，75頁）

關於知識份子「思想改造」的起因，陸鍵東在〈迷失的一個群體〉（《收穫》1997年第4期）一文中說：

> 1951 年夏秋，北京大學十二位知名教授發起了一個「北大教員政治學習運動」。9 月 7 日馬寅初致周恩來的信中，寫下了十二位教授的請求：「他們決定敦請毛主席、劉副主席、周總理、朱總司令、董必老、陳雲主任、彭真市長、錢俊瑞副部長、陸定一副主任和胡喬木先生為教師。囑代函請先生轉達以上十位教師。」
>
> 十二位教授的請求，此舉拉開了一場思想改造運動的序幕，此舉也引發了自 1949 年後第一場涉及全國、觸及成千上萬知識份子靈魂、地位的政治運動。這場政治運動的正式名稱是「1952 年知識份子思想改造運動」。這一場運動是新中國思想界、文化界、教育界等意識形態領域首場目的明確、振聾發聵、影響深遠的政治運動。

其實，「思想改造」運動的起因絕非如此簡單，許多學者也談到了「思想改造」運動之所以進行的更深層的原因，尤其是毛澤東對知識份子的看法和態度，追根溯源，在延安時代早在 1941 年 5 月毛澤東的〈改造我們的學習〉中就已經對延安的知識份子提出了思想改造的要求，到了延安整風時的〈在延安文藝座談會上的講話〉更是進一步提出了知識份子與工農兵打成一片，以及為工農兵服務等等的改造思想的要求。

不過，從我所看到的這些專家學者在「思想改造」運動中寫下的自述裏也印證了陸鍵東的話：「在 1951 年與 1952 年之際的思想改造運動，眾多的知識份子是懷著莫名的喜悅主動參與的，這與以後他們無可選擇地被迫捲入一連串無休無止、痛苦不堪的政治運動形成了一種絕對的對照。」

對於這些從「舊中國」走過來的知識份子來說，他們當時的確是以喜悅的心情來積極向組織上「交心」的，「我自己把心交出來」是他們共同的態度，也是非常真誠的態度。如同蕭乾在他的〈點滴人生〉（《收穫》1996 年第 6 期）說的「50 年代初，知識份子為了趕上時代，都竭力否定自己的過去，有時連過去在學術上的成就也羞於提起，惟恐被打上白色的舊知識份子的印記」。陸鍵東用當時兩篇在報刊上發表「自我檢討」的文章題目來總結「思想改造」中知識份子自我檢討的「主題思想」，即首先批判自己：「分析我解放以前的思想」，然後表態：「我要徹底改造我的思想」。真摯與真誠的「自我檢討」是他們表態的一大特點。

正是從「思想運動」的真誠交心開始，再經過「忠誠老實運動」，直到「文革」爆發，在歷次政治運動中，知識份子這一群體一直在做真誠交心的自我檢討。

「自我檢討」的不二法門就是深挖「靈魂深處的資產階級思想根源」，為了「過關」，「自我檢討」很快就升級為「自我批判」，甚至於上綱上線，甚至還為了表現自己的覺悟而揭發別人。

做上述關於「思想改造」運動的徵引，是為了說明本書所整理的這些專家學者之所以要真誠的「自我檢討」「向黨交心」的時代背景。與他們同時代的那些人文學者及作家詩人們文字流暢表達清晰甚至文采斐然的「自我檢討」不同，這些自然科學領域的純學術專家們的文字顯得簡單平實，甚至有的生硬艱澀。但許多語言尤其是涉及時政的辭彙，明顯看出是來自當時的報刊或學習材料影響。

這些「自我檢討」主要是在思想改造運動、反「右」和「四清」運動中寫下的。關於反「右」已不必多言其時代背景和運動的情景，本書中的學者專家沒有一位成為「右派」份子，這也說明一點，他們以他們的積極跟著黨走的態度，避免了成為「右派」份子，另一點，也說明，對於自然研究單位的純學術專家，只要在運動中不要「站錯隊」、在日常生活中「忠誠老實」是能避免「右派」的帽子的。譬如同為九三學社青島支社領導人的陸侃如和張璽，就形成了鮮明對比，作為山東大學中文系教授和九三學社青島支社主任委員的陸侃如當時是青島學界頭號「右派」份子，身為九三青島支社副主任委員的張璽先生，對待好朋友成為被批判的「右派」先是驚訝，繼之不解，但在被「組織」上找去談話後，很快就對陸先生進行了批判，堅決站在「黨的一邊」，與「右派」份子陸侃如劃清界限，並在這種批判中給自己贏得了組織上仍可「使用」的「進步」評價。

「四清」運動，其全稱是「清政治、清思想、清組織、清經濟」。「四清運動」其實是「文革」爆發的前奏，並非僅僅是針對知識份子。但知識份子在「四清」中的「思想總結」明顯比之前的「自我檢討」要深刻，「過關」也更嚴格，群眾和組織上的「過關」也更顯示了分量。

從針對知識份子的「思想改造」，到原因複雜的「四清」運動（有人說毛澤東和劉少奇正是在「四清」問題上正式攤牌，見《溫故》15 輯，28 頁），知識份子群體從主動交心到身不由己的被捲入，他們以忠誠老實的「自我檢討」一次次「過關」，最後在「文革」的大潮中徹底被「揪」了出來。有的艱難熬了過來，有的永遠跟不上時代的步伐了。

本書中也並非都是在政治運動中的「自我檢討」，而是在「文革」後的再一次向黨「交心」，這就是物理海洋學家毛漢禮先生寫於八十年代的入黨申請書。毛先生是南海路七號在「文革」中被批鬥最厲害的老專家之一，「文革」後毛先生恢復了應有的學術地位和政治地位，他四次向組織上遞交了入黨申請書，讀他的檔案中的兩封入黨申請書，我一直很難把如此誠懇「低調」的毛先生與在走廊裏見到的那個充滿權威「高調」的毛先生劃上等號。從毛先生的入黨申請書上也能看出，從五十年代到八十年代，「思想改造」對於老一代知識份子來說，是有著顯著效果的。

本書中的人物只有一位不是「資產階級學術權威」，這就是孫自平，是因為他的身分是海洋研究所的黨委書記兼副所長，相對於這些專家來說，孫自平不能稱為知識份子，但對於「入城」級別不低的老幹部來說，曾做過中學校長的孫自平在老幹部中無疑屬於知識份子型的黨委書記。在我剛參加工作的那些年裏，時常聽老師們談到孫自平，談到他對青年知識份子的培養，談到他對專家學者的尊重，談到他工作的嚴謹和一絲不苟。譬如孫書記經常在晚上來到研究所大樓裏看新來的大學生們工作的情景，譬如孫書記在大會上說，知識份子要抓緊時間搞專業研究，用不著花費時間看報紙上的長篇大論，最多看看標題瞭解一下內容就行了。當然他的這種強調專業的論調在「文革」中成了他的罪證。他與張璽先生相同，都是在「文革」不久就去世的，但他與張先生不同的是，他是自己選擇了自殺。一位業務上的外行黨委書記，雖然已去世多年，在八十年代的南海路七號，仍掛在許多中老年專業學者的嘴上，成為大家閒談的話題，不能不說是孫自平的人格魅力。

本書中「自我檢討」的主人們在他們寫下這些「交心」話時，正值人生盛年，即便張璽先生也只有五十多歲。他們留在檔案裏的「自我檢討」成了他們檔案袋裏最厚的材料。曾擔任竺可楨先生秘書的尤芳湖先生在回憶文章裏寫道，當年擔任中國科學院副院長的竺先生正是看重童第周、曾呈奎和張璽先生屬於年富力強的一代學者，四五十歲的年紀，而且有管理的才能。這也是他們三人成為海洋研究所創辦人的一個主要原因。正是在他們的主持下，從最初的海洋生物研究室，逐步發展成綜合性的海洋研究所。本書當然不是評介他們這一群體的學術成就和科學貢獻，而是通過他們的個人檔案材料（童先生因後來擔任了中國科學院副院長，檔案調往北京，海洋研究所已沒有童先生的人事檔案），呈現在五十年代到「文革」前的「自我檢討」，也就是在 1949 年後知識份子的「思想改造」中他們的「交心」自白。

當時在翻閱這些檔案時我有一個疑問，就是這些老專家們的檔案袋裏看不到「文革」時期的片言隻語，「文革」時期他們應該寫下了更多的交代材料，但在檔案袋裏卻沒有任何痕跡，後來我釋然了，也就是說，「文革」時期的「交心」材料，在八十年代隨著「文革」的被「清理」，連帶「文革」中加戴在他們頭上的那些「帽子」一起被清理掉了。能夠從檔案中看出八十年代對檔案材料的清理，如有些「自我檢討」或「組織鑑定」的最後一頁（欄）往往有加蓋著單位人事政工部門公章的新寫上的文字，如「某某某思想『中右』，取消」等等。

「思想改造」早已經成了歷史名詞，但「思想改造」的作用卻影響深遠，在這些已成為歷史人物的學術權威身上，更是鐫刻著「思想改造」的時代烙印。

溫故而知新，這也是本書的宗旨所在。

序一

歷史的證據

周　實

一看《檢討》這個書名，我的心就動了一下。

很久以前，上個世紀，八十年代末期的時候，我就想過要出一本或者一套這樣的書，比如某一個人的從小到大的檢討，比如某個單位的各種各樣的檢討，比如全國範圍內的某個時期的檢討或者各個不同時期各種各樣的檢討，如果能編成，而且能出版，一定很有意思吧，想來應該有味道的。

然而，我卻沒有編，僅僅只是想想而已。為什麼？不說了。不說，人也明白的。

沒想，薛原也想了，不僅想了，而且做了，而且將要出版了。

這就是人的差別了，或者說是差距了。

人總是有差別的，就是雙胞胎，就是多胞胎，也會多少有點差別。然而，我讀這本《檢討》，寫的人雖各個不同，讀起來給你的感覺卻像面對同一個人，這個人在反覆檢討，今天在這裏，明天在那裏，彙報他對黨的認識，彙報自己過去的不是，彙報今後努力的方向，彙報徹底革命的決心，與我十五六歲的時候，為了能夠混碗飯吃，在工地上，在碼頭上，向各種領導彙報一樣。

可是，他們可不是我，我只是個挑土的，他們可是留過洋的碩士、博士、研究員，有的還是學部委員，他們是中國當代海洋科學領域的專家，他們留下的這些檢討，這些自傳和彙報，除了一些不同的經歷，與我們在那個時候所寫下的思想彙報，真的沒有多少不同。

一樣的思維和語言，一樣的模樣和腔調，即使說得斬釘截鐵，也深懷著某種恐懼，每句話都縮頭縮腦，每個字都戰戰兢兢。

恐懼什麼呢？恐懼被人打入另冊。

然而，即便就是如此，如此這般好好表現，有的結果依然還是被組織上劃入「中中」，劃入「中右」，比起他們同時代的研究社會科學的，他們的命運還算好吧，還能列為統戰人士，至少沒有一個人被劃為「右」或「極右」。

讀著他們的這些檢討，偶爾也有異樣的時候，或者某個不同的地方，特別其中還有一位顯得格外與眾不同，她就是吳尚勤先生（1921－1988），一位能幹的女科學家，專搞實驗胚胎學的，我在這裏摘抄幾條她檔案裏留的文字，那是她在上個世紀五十年代那個時候向黨交心所說的：

> 剛解放的時候，我盼望中立，既不倒向英美，也不倒向蘇聯，這樣才能避免戰爭，中蘇互助條約締結時，我實在不明白為什麼要這樣。
>
> 剛解放的時候，看到報上報導工廠超額完成任務，覺得把計畫定低一點，到年終來個超額，沒有什麼了不起！
>
> 解放後不久，看蘇聯電影覺得不像是娛樂，像上政治課。
>
> 解放後批判摩根的遺傳學，我覺得有點過火。

列別辛斯卡婭的新細胞學說證據還不夠，要求大家學習，未免過早。

李森科對待反對學派的態度不應扣帽子。

剛解放時，老幹部都喜歡穿髒的棉大衣，我認為以往條件不好，只能髒些，進城以後，有條件弄乾淨，應該講衛生了，為何還要這樣髒呢？

土改時我很擔心，我表兄要被鬥。後來知道他被評為開明地主，很高興。

三反運動中，鬥爭 C 時叫他跪下，要 Z 舉著木凳站著，我覺得是在用體罰，不符合政策。

三反運動以後，我把積極份子分成兩類，一類是真正積極的維護黨的利益的，另一類則是表面積極，實則是為了個人利益，為進步而進步，因此還有個別的人，是把自己的進步建立在別人的痛苦上的。

知識份子報告發表後，黨員同志對老專家都很客氣，我感到他們是在貫徹黨的政策，並非從心裏佩服老科學家，這種勉強的尊敬，有時使我很難受。

黨員同志犯了錯誤，除非十分嚴重，都留在黨內進行批判，不拿到群眾中去，我覺得不大公平。

「四害」中麻雀是否是一害，我還有懷疑，因為老科學家裏意見也未統一。

棉布供應，我覺得應該平均，為什麼北京地區要比別的地方多？

最近買不到雞蛋，我對青島的物資調配很有意見。

到醫院看病，一等就是半天，心裏很彆扭，老想找個熟大夫，私自解決問題。

> 在北京乘坐公共汽車，車子因為要省油，到站時要溜車，走得很慢，我心裏老想，為了省油浪費時間，到底值不值得。
>
> 我對黨對黨外人士的信任有懷疑，因此在大鳴大放時，右派說有職無權時，我對郭院長（郭沫若）在任國務院副總理時的職權發生了懷疑。
>
> 反右鬥爭開始時，我因實驗工作忙，覺得太費時間，運動與業務有矛盾，不積極。後來，雖有好轉，但對右派的仇恨仍不強烈。
>
> 反右時，我覺得批判右派份子是應該的，但是把右派的一切都否定，例如說錢偉長的彈性力學也不行，我覺得有些過火。

好了，好了，不引了，一共一百零四條，大家看書時可以慢慢看。

她是死在工作中的，死在她的科學研究與生產的結合之中，薛原在她那一篇中是這樣的收尾的：

> 1988 年 3 月 11 日，吳尚勤在趕赴山東日照的一養蝦場途中，因車禍不幸罹難。過了幾年後，當開始科學院院士增選時，有些老師議論，若吳尚勤還健在，以她在學術界的聲望，她應該能當選院士的。不過更有老師說，吳先生如果健在，恐怕也很難當選，就憑她的性格，估計也很難有人替她說話。

我想薛原記得實在，人們就是這樣看的。吳先生若沒有罹難，自己也會這樣看吧。

薛原是個有心人，是個一旦想到了就會認真去做的人，不然，他就不會在離開他曾供職的中國科學院海洋研究所已經十多年之後，還來編寫這本書，並要將它出版了。

薛原很幸運，我也很幸運，那個年代於我們畢竟還是遠去了，我們現在已不用再寫思想彙報了，也不用再面對某個偉大光榮正確的代表，有事無事地貶損自己，絞盡腦汁地揭批他人，反反復復地交代檢討那些不是問題的問題。

我這樣說對不對呢？我們真的是很幸運嗎？我反復地問著自己。我想應該算幸運的。

我喜歡薛原的這本新書，它呈現了歷史證據，讓我看到眼前的進步，叫我不要忘了過去。

2009 年 6 月 26 日

序二

歸海之水

邢軍武

2009 年 6 月 19 日雨夜，友人薛原攜新作《檢討》列印稿來訪，囑我為之序。是夜夏雨淅瀝，風催松濤，浪裂岸礁，有遠聲近音，天地交錯之情景。此時此刻，展卷友人之作，審視記載之人物，回顧已往之歲月，雖片段簡歷，寥寥數人，足引思緒遠馳，故舊相聞，即時光之倒流，昔日之重現也。

薛原選取中國科學院海洋研究所諸位先賢前輩載入個人檔案之自我檢討或交代其個人歷史之自述，其間組織評語，左中右之判別定性，乃上世紀中葉之中國社情，經歷者自能詳熟回顧，後來者亦可以史料視之。《檢討》所載之人物非關乎國家社稷之重臣名宦或關乎歷史之英雄豪傑，只是中國科學院海洋研究所的一代元老。但《檢討》的檔案史料對瞭解該時段中國自然科學家或更準確地說是海洋學界專家，如何完成自身之靈魂蛻變，實有不可多得之價值。

我供職中國科學院海洋研究所凡三十餘年，與《檢討》所載先賢前輩多有接觸，例如：曾呈奎先生和張德瑞先生，先後擔任我所在的植物分類組組長，長時間裏，實乃我之直接領導和師長。記得 1976 年我與曾先生一起去青島市交際處第五招待所聯繫藻類志編寫會議會址。至第五招待所後我向其孫所長介紹曾老，孫笑曰「知道知道，小球藻嘛！」蓋因 1960 年全國大饑荒，曾先生推廣小球藻人工養殖試圖以藻類替代食物之不足，故名聲遠揚。當時為養小球藻修建的水泥池遺跡，直到上世紀七十年代尚隨處可見。曾老關心國家民生之當前需求可見一斑。在那次《中國海藻志》編寫會議上，曾先生主持會議確定了第二年完成《中國海藻志》初稿的目標併發通訊記要。隨後歷次編寫會議皆以此為目標。事實上，以曾老為主編的完整的《中國藻類志》和《中國海藻志》，直至曾老去世，積數十年之時光，舉全國之學力，迄今未能完成。作為一代海藻分類學家，這定是曾老終生之遺憾。亦是國家長期之缺失。

1980 年我參加曾老領導的西沙群島生物資源考察，曾老偌大年紀仍親自下水採集。其間人民畫報社和新聞電影製片廠有記者隨曾老拍攝新聞紀錄片和其工作照，晚上在沙灘邊搭帳篷拍攝，黎明在海邊迎日出拍攝，曾老皆配合默契，不厭其煩。電影需拍攝曾老潛水工作畫面，為克服無水下攝影器材之困難，海洋所專從上海定做一巨大玻璃水槽運至西沙永興島，在水槽內放入珊瑚、海藻等海洋生物佈置成海底景觀，曾老在水槽外做採集遊動狀，攝影師則在另一側透過水槽拍攝，效果幾可亂真。拍攝完成後曾老即攜秘書周先生離開西沙。那個巨大的玻璃槽似就此留在永興島，因將其運回之費用實在太高。

我們繼續考察直至六月後返回。其間在西沙群島東島、琛航島採集時，每每出海歸來，張德瑞先生常和我在用椰子樹葉紮成的籬笆內沖水，先生則跳躍拍腿高歌家鄉小調，天真詼諧幽默迄今如在眼前。張先生好讀古典小說，但於學問則才思敏捷，識見通達。如按照曾老部署，他放下頗有成就之紫菜研究轉而開闢中國珊瑚藻的分類工作，因其博學，從山東半島中藥鋪所用的海浮石藥材中，敏銳發現大多系植物珊瑚藻，由此推究至《本草綱目》，在中國珊瑚藻分類學研究中建樹卓著。童第周所長去世後，曾老接任所長，分類組組長遂由德瑞先生繼任。當時分類組大約分為兩派，德瑞先生處此位置，常有難言之隱而每忍辱負重，寬以待人。先生尚烹調，嗜美食，尤喜食車禍罹難之貓。我每途中遇到即臨時改變行程，攜貓至其家中，先生必大喜。次日，則必送一飯盒紅燒貓肉給我，因我不好食肉，多散與植物室年輕同仁共食之。而食者多不問所食何肉，狼吞美味，此亦一樂事也。

張先生學識雖高深，然終生未帶研究生，自稱不欲誤人子弟。其妻蔡老師，主持家政。先生從不與之爭。先生有一子一女，女兒聰明優秀，後出國深造，留任美國大學副教授之職，兒子原在青島電大任教，後讀原生動物專家譚智源先生研究生，亦由海洋所而出國。至其晚年，先生有失女之痛，仍通達自持，於名利人生淡然隨遇如先生者，亦少遇也。

自上世紀八十年代以來，曾老居職日多，繁忙有加。雖不擔任分類組組長之職，但因惟曾老通曉各門類，其他專家或專於一屬一科，或一門一目，且往往不能最終確定新種鑑定之結果，故曾老仍擔負指導種類鑑定研究，並常幫助許多中青年專家鑑定標本和修改論文甚至撰寫英文。我曾目睹一次在標本館，曾老幫助某作者修改論文並劃掉了該作者寫在論文上的「曾呈奎」署名，後該作者堅稱標本鑑定和論文皆仰曾老之力，不得已曾老方同意名署其後。蓋曾老時任海洋所所長及《海洋與湖沼》等諸學報主編。

我與張兆瑾先生因專業和年齡原因而不熟，1976 年唐山大地震之後，海洋所許多家屬都到老食堂俱樂部避震，地質室的專家舉著中國地震帶分佈圖在會場上講解青島地質結構如何之牢固安全云云。會後我看見張老用輪椅推著一位精瘦精瘦、白髮蒼蒼的近百歲老太，識者告我那是張老的岳母。當時，張老還是地質室的副主任。這一幕給我留下了永久的記憶。似乎一幅圖像的定格，凝結了人生的全部內涵，也涵蓋了人生的全部外延。我相信圖像的資訊勝過千言萬語的說明。

後來張兆瑾先生之孫女張英又不幸患腎病，有緣成為拙內的病號，其友誼延至身後家人。

上個世紀的那場地震葬送了二十多萬人的生命和一座城市，也改變了中國的命運和走向。2008 年 5 月也是一場大地震，十餘萬人的生命在自然力的突發中終止。山川移動，天地翻覆。時值家父第二次癱瘓臥床一年，失去語言能力。家父醫藥護理費用開銷很大，仍由子女代表向災區捐款，隨後 9 月 8 日家父病逝。作為五十多歲的兒子，送走八十三歲的父親，我迄今感到空空蕩蕩、世界因父親的離去而空了。讀薛原的新作，我總聯想到他在家父去世前一天去醫院看望家父並送了幾本剛出版的書，父親很高興而我卻深感愧疚。父親的幾本書稿一直耽誤在我的手上，直到他去世也未能付梓。猶如曾老的《中國海藻志》。可見議論世事易，身體力行難。

閱讀《檢討》而思及家父，處身風雨而觸及蒼穹，時空之穿越，心靈之感應，憐螻蟻而惜蒼生，此物理之相通，人性之可共鳴者也。

家父十四歲參加抗日救亡，擔任過根據地的完全小學校長，後從軍至解放，上世紀四十年代曾在膠東解放區石島鹽管所工作，聽過日本留用專家大規洋四郎關於昆布養殖的報告。而大規者，乃中國海帶養殖之先驅也。曾老晚年成績卓著，榮譽日隆，此眾望所歸之必然，亦高壽之結果。然物極則反，勢盛則衰。此自然之理也。所謂蕘蕘者易折，皎皎者易污，陽春之曲，其和者寡，盛名之下，其實難副。亦所謂木秀於林風必摧之者也。

在曾老誕辰百年紀念之際，中國科學院海洋研究所為其塑深褐色頭像一尊，但該青銅塑像與其本人和照片相比遜色很多且幾近完全失真。如果不是底座上刻著曾呈奎三個金字，幾乎無法將其與我認識的曾老相聯繫。可惜真曾老已故去，音容固可長存於識者心中，然真身已滅，終不可復生。而傳世之雕塑則或限於藝術才能與技巧，或限於作者眼力與視野，像與不像已非後人所能知，更非曾老所能知，此正人生無可奈何之處。即令偉人如聖賢，豪傑如霸王者，亦徒喚奈何。此正聖人所謂：人不知而不慍，不亦君子乎？

在閱讀薛原新作前，我親耳聆聽曾老長女為曾老塑像揭幕儀式在海洋所當眾之發言。她簡單回顧其家父抗戰期間流離南方辦學和家教子女的經歷後，反覆陳述對中國科學院、海洋研究所和青島市人民政府的感謝，對在漫長的歲月裏幫助其父親做了一點事情的政府、長官、全體同仁和在座的所有同事們致謝（雖然那天在座的許多研究生因太年輕根本沒見過曾老，擔當不起這種感謝）。她稱：沒有大家的幫助，家父是做不了什麼事的。這些成績都是大家幫助的結果，是大家的。在此瞬間，我感到她是一個優秀的女兒，她為自己的父親畫上了一個圓滿的人生句號。

曾老是幸福的。無論有多少閒言碎語，都不足以動搖曾老的這種幸福。

張璽先生早逝，我不得相識久矣。然先生之大作我多有拜讀，受益匪淺，我青年時曾為《海洋》雜誌寫一船蛆科普文章，即多參考張老大作。張先生對中國貝類學之貢獻，無出其右者。及其門下亦人才濟濟。海洋所和南海所之發展受益於張公之識見學問者多矣。早在上世紀三十年代，張先生即率隊對青島膠州灣進行了連續多次考察研究，成為青島地區海洋生物及其海洋水文研究的先驅，這也奠定了青島日後成為中國海洋科學名城的歷史基礎。此次考察之資料結集部頭龐大印刷精美，皆為銅版紙印製。反映了那個時代對出版的注重和對質量與完美的追求。這套書是中國科學院海洋研究所最珍貴的館藏和鎮館之寶。也是青島市乃至山東省最珍貴的區域海洋學研究經典和歷史資料。當時國民政府青島特別市市長沈鴻烈先生對此次科學研究給與了鼎立援助，提供了大力支持。此情節張先生著作中有專門介紹和致謝。還有膠州灣海洋生物採集考察團成員與沈市長之合影。隨後日寇入侵，華北失守，先生遂轉入雲南開展淡水貝類及軟體動物之研究，亦廣有貢獻建樹。但自 1949 年之後，此段經歷和文獻逐漸成為先生之隱患，此時代之變異，非人所能料也。先生日後受沈市長之連累實無可奈何之事。然沈氏之於青島亦建樹頗多，自有青島建制以來，治青者多矣，而能持久為市民道者，或唯沈氏一人而已。尤其時值民族危亡之秋，沈氏秉持大義，抗戰守土，亦民族志士也。故其支持張先生之科學研究，非私心自利，實為國家民族之富強，盡市長之職責，亦如青島八大關之建設，正是沈氏之創舉。餘蔭遠澤，被及後代，居官如此，孰乎近矣。

2009 年我為家父墓地事考察青島各處陵園方知張璽先生身後安置於青島市福州路之福寧園內。此處乃浮山西麓之陰，松柏蒼翠。先生與青島有緣，蓋源於膠州灣之研究，先生為公務終生與家眷分居兩地，千里相望，直至逝世又安息於青島。正是青山處處埋忠骨之謂也。

齊先生鍾彥公仍健在，乃張璽先生門下舊部。與德瑞先生相善。君子也。有長者之風，嚴謹為學而淡於名利。論學術人品或早應為院士，先生退休前我常相遇於生物樓，後則終年不得一見。

我與馬先生繡同公曾共赴西沙考察，馬老溫文謙和，敬業勤謹。不會游泳，卻常年出海採集於野外灘塗，足跡遍佈中國海岸。馬老係當年隨張璽老膠州灣採集考察團成員，與齊先生一樣於中國貝類學和軟體動物學貢獻終身。1980 年在西沙群島考察時，馬老立身齊腰至胸的海水裏，借助一個圓筒水鏡尋找貝類採集。珊瑚礁鬆脆而多空洞，南海水深流急，時年馬老似是考察隊年齡最大的長者，而我則是最年輕的成員，可以潛水游泳，採集尚非輕鬆，馬老當時似已七十左右，其困難可想而知。當時西沙飲水、交通、通訊都極其困難，報紙書信往往經航班運輸至島上已近月，馬老後因家中有變故，與鄭伯林先生等提前乘「瓊沙」號輪離開永興島返回。

吳尚勤先生乃女中豪傑，其勤奮執著於工作事業或無人能比。先生之生物樓 101 實驗室內有鋼絲折疊床，晚上通宵達旦，每疲憊至極則就地稍息。終生追隨童第老，於發育生物學頗有建樹。其弟子高徒多為我之朋友，記得先生曾參加某生論文答辯，該論文有將海帶打孔以計量生長速度的方法敘述，先生質問道：「你怎麼知道打孔沒有影響生長？大家知道韭菜就是越割長得越快，還有頭髮越剃越長」。

尚勤先生個子矮小，身體受過創傷，走路似有側肢隱痛，不能舒展。但其顯微鏡下之細胞操作乃受童老真傳，極其靈巧敏捷。先生所用實驗材料常不限於海洋生物，蓋童老實以發育生物學為主，故材料多用金魚等淡水生物。此事在海洋所多為詬病，乃狹隘膚淺之見，不足以科學道也。但童老之文昌魚乃真海洋生物，亦生物進化之重大環節，此成果之學術地位已為學界所公認。尚勤先生身後，文昌魚似乎在海洋所已少有研究。亦一憾事也。另尚勤先生對中國對蝦之繁育有卓越之貢獻，其逝世也與先生赴日照一養蝦場育苗有關，我曾有短文記述其車禍經過。自先生身後，生物樓 101 房間徹夜不息的燈滅了。

毛公漢禮先生性直而爽，治學嚴謹嚴厲，門下高足皆今之學界泰斗，僅院士就有胡敦欣、袁業立、方國洪三人。記得一次在水族樓學術廳參加學生答辯，毛先生主持，多次粗暴打斷學生陳述，斥學生玩弄數字遊戲，質問其去過現場否？要求其到長江口現場觀察。並聲稱研究生三條結果：或畢業或延期畢業或退學。聲色俱厲，實屬非常。我問與會者此生何人之徒，答曰：毛先生。乃因此生自視甚高，不聽先生意見，對所提修改意見置之不理，故先生怒，設此預答辯會議，欲給其教訓。後該生亦成學界俊傑，惜不幸而染病早逝，使物理海洋學失一人才。毛先生失一高徒。

孫書記自平先生我不曾相識，然自我至海洋所至今，耳聞其人行跡作為，皆長者之風。人謝世數十年而口碑尤在，長留不滅者，幸矣。我與自平公之子孫北林先生為同事，且為友迄今，或間接知先生些許往事。《檢討》所載之史料，對理解自平公之身心壓力，對理解大時代中的人跡行蹤與去向，都是一條線索。作為一個共產黨的基層領導者，在海洋所留下如此持久的追念，這使我聯想到沈鴻烈市長在青島之口碑，事實上，一個人的個人品行是超越其政治立場之上的。能夠持久為人稱道的也惟有美德和善行。

檢討是一種能力，也是一種需求。曾子曰：「吾日三省吾身，」就是自我檢討。聖賢之所以為聖賢，即在自省自新。

此文結束於 6 月 29 日夜，其時忽又狂風暴雨，變化驟烈。風聲、雨聲、松濤聲、海浪聲，此起彼伏，似遠似近。然歷史如松濤海浪，可由遠而及近，亦可由近而及遠。人事如松柏與礁石，可由小而及大，亦可由大而及小。

雨夜瀟瀟，所有流水皆歸於海。

是以為序。

2009 年 6 月 19 至 29 日於青島八大關公主樓

目次

張璽

法國里昂的公費生

自傳

思想轉變過程

組織鑑定

張璽政治排隊資料

在高研組上的檢查

自我檢查

在「四清」運動中的總結

同時代人對張璽的回憶

法國里昂的公費生

張璽（1897～1967）字爾玉，河北平鄉人。海洋生物學家。中國海洋貝類學奠基人。

張璽曾擔任全國人民代表大會第二、三屆代表，山東省政協副主席，九三學社中央委員，九三學社青島市主委，中國海洋湖沼學會理事長，國家科委海洋組成員。中國科學院海洋研究所副所長。

張璽出生於一個農耕家庭，1921 年被保送赴法國學習。1927 年獲里昂大學理學院碩士學位，1931 年獲法國國家博士。1932 年回國，受聘國立北平研究院動物研究所任研究員，從事海洋學與動物學研究，並在北平中法大學生物系任教。

1935 年至 1936 年北平研究院與青島市政府聯合組成「膠州灣海產動物採集團」，張璽任團長，對膠州灣及其附近的海洋環境及各類動物進行了調查。1937 年抗日戰爭爆發，動物研究所隨北平研究院遷往雲南昆明，張璽曾任動物研究所所長並兼雲南建設廳水產研究所所長。他對陸地、淡水動物進行研究，對滇池、洱海的漁業進行調查，同時對青魚人工孵化做了研究。抗日戰爭勝利後，北平研究院動物研究所復員北平，仍舊在西郊動物園建置。1949 年後張璽和童第周、曾呈奎等一起籌備建立了中國科學院水生生物研究所海洋生物研究室，並任研究室副主任，這個研究室逐步擴大為海洋生物研究所，以後發展為中國科學院海洋研究所。

張璽先生與青島有「緣」，早在 1935 年春天，他就來到了青島，在當時的青島市長沈鴻烈的資助下，張璽和他的助手開始了第一次青島膠州灣海洋動物調查，這也是我國學者組織的第一次海洋動物綜合性考察，對於學科建設有著開拓性意義。

1950 年夏天，作為原北平研究院動物學研究所所長的張璽先生帶領著原班人馬來到了青島，與從老山東大學出來的童第周、曾呈奎一起，創建了中國科學院水生生物研究所青島海洋生物研究室，即中國科學院海洋研究所的前身。萊陽路 28 號就是當初的幾處他們工作和生活的場所之一。

張璽先生來青島工作並非他的本意，是服從新中國成立後科研部門統一佈局和建設的需要，張先生的夫人和子女都沒有來青島，他是孤身一人率領著老部下們來青島創業的。但來到青島後，他漸漸習慣並喜歡上了這座城市。對於新中國的海洋科學事業，張璽先生的貢獻為人稱道的是走出學術象牙塔的實用的貝類學，他的《貝類學綱要》一書是我國第一部系統論述貝類動物學的專著，他還組織領導了我國海洋無脊椎動物的調查，全面查清了我國海域蘊藏的無脊椎動物資源。

其實，對於我們來說，歷數張璽先生的學術貢獻已顯得多餘，倒是有一件張先生的軼事值得我們思索——張璽先生是 1921 年赴法國留學的，那時，在法國的中國留學生之間碰撞著各種各樣的思潮，那是一群有著格外敏感的愛國心的熱血青年。在里昂的咖啡館裏，張璽曾聽過周恩來慷慨激昂的演講，他是帶著好奇心來聽這些年輕共產黨人的演講的。在紛繁多樣的主張中，張璽沒有走革命的道路，而是決

▲在青島百花苑裏的張璽雕像

心踏踏實實地學到一門學問，像張璽這樣的選擇，在當時，被稱為科學救國派。不過，在後來「知識份子思想改造」運動中，張璽先生解剖自己的思想時，曾說過這樣的話，大意是他在法國留學時因為自己是「公費生」，便感受不到「勤工儉學」同學的艱難，也就缺少對「革命」的嚮往——當時在法國「勤工儉學」的青年大多選擇了走上共產主義道路。

張璽先生於 1967 年 7 月 10 日在青島去世。他的弟子說，要是沒有「文革」，以張先生的性格該是個活大歲數的人。

1950 年夏天，作為原北平研究院動物學研究所所長的張璽帶領著原班人馬來到了青島，與從老山東大學出來的童第周、曾呈奎一起，創建了中國科學院水生生物研究所青島海洋生物研究室。

張璽來青島工作並非他的本意，是服從新中國成立後科研部門統一佈局和建設的需要，張先生的夫人和子女都沒有來青島，他是孤身一人率領著老部下們來青島創業的。對於新中國的海洋科學，張璽的貢獻為人稱道的是貝類學，他還組織領導了我國海洋無脊椎動物的調查，摸清了我國海域蘊藏的無脊椎動物資源。

▲童第周（左二）與張璽（左三）

關於張璽先生，我更多的是從他的助手和學生那兒瞭解的。

其實，最初我並不知道張先生，而是在採訪幾位老先生的過程中，突然發現，張璽是個繞不過去的人物，作為「創所」的負責人之一，張先生尤其在貝類學上，屬於開宗立派的人物，他當年帶來的助手後來大多成了學科上的權威。我在 1997 接受了一個任務，為病中的一直管理海洋所生物標本室的老先生馬繡同寫一篇「特寫」。為了寫馬先生，我採訪了貝類學老專家齊鍾彥先生，並閱讀了馬先生的檔案。結果我發現，若要寫馬先生，先要弄明白張璽先生，因為馬先生是張先生一手帶起來的助手。而齊先生更是張先生的「嫡系」弟子，當年協助張先生撰寫了有著奠基意義的《貝類學綱要》。於是，我又閱讀了張先生的檔案。

在張璽的檔案裏，張先生在「自述」中記錄了一件事——張璽是 1921 年赴法國留學的，那時，在法國的中國留學生之間碰撞著各種各樣的思潮，那是一群有著格外敏感的愛國心的熱血青年。在里昂的咖啡館裏，張璽曾聽過周恩來慷慨激昂的演講，他是帶著好奇心來聽這些年輕共產黨人的演講的。在紛繁多樣的主張中，張璽沒有走革命的道路，而是決心踏踏實實地學到一門學問，像張璽這樣的選擇，在當時，被稱為科學救國派。不過，在後來「知識份子思想改造」運動中，張璽先生解剖自己的思想時，曾說過這樣的話，他在法國留學時因為自己是「公費生」，便感受不到「勤工儉學」同學的艱難，也就缺少對「革命」的嚮往——當時在法國「勤工儉學」的青年大多選擇了走上共產主義道路。

自傳

張璽在法國待了十一年，其留學經歷在他的後半生中成了「檢討」的重要內容，從他的檔案中不難看出，張先生的「自述」主要圍繞其留學和在 1949 年前在北平研究院任職的人與事，他的最詳細的一份「自述」是寫於 1956 年夏天的《自傳》——

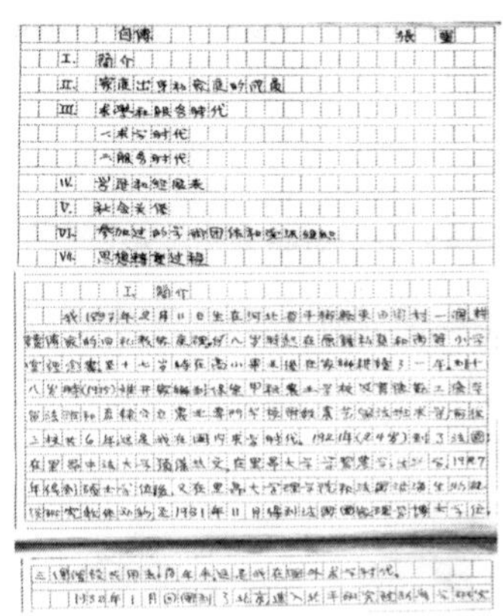

自傳　張璽

I. 簡介
II. 家庭出身和家庭的概況
III. 求學和服务時代
一、求学時代
二、服务時代
IV. 学歷和經歷表
V. 社會关係
VI. 参加过的学术团体和政治組織
VII. 思想轉变过程

I. 簡介

I 簡介

我 1897 年 2 月 11 日生在河北省平鄉縣東田固村一個耕讀傳家的舊禮教家庭裏，自八歲時起在原籍私塾和高等小學堂裏唸書，至十七歲時在高小畢業後在家耕讀了一年。到十八歲時（1915 年）離開家鄉到保定甲種農業學校及育德勤工儉學留法班和直隸公立農業專門學校附設農藝留法班求學，前後三校共六年。這是我在國內求學時代。1921 年（二十四歲）到了法國：在里昂中法大學預備法文，在里昂大學學習農學、生物學，1927 年得到碩士學位後，又在里昂大學理學院和法國沿海生物機構研究軟體動物，至 1931 年 11 月得到法國國家博士學位。三個階段共用去十年半，這是我在國外求學時代。

1932 年 1 月回國到了北京，進入北平研究院動物學研究所做研究和領導工作，一直到 1949 年北京解放後中國科學院成立，並在大學兼課。1950 年科學院調整機構時調來青島海洋生物研究室工作，至現在。這是我的經歷。

總計在國內求學約二十年，做研究工作三十年，發表研究論文共五十餘篇，其中在法國雜誌上發表了八篇，在美國和加拿大雜誌上發表了一篇，其餘的均在國內各有關刊物上發表。

以上所述，是我過去的將近六十年的生活和工作的簡介。

II 家庭出身和家庭成員

我於 1897 年 2 月出生在河北省平鄉縣東田固村一個耕讀傳家的舊禮教家庭裏，祖父是清朝的武舉，曾教過武學，吸鴉片，五十三歲就去世，當時我才幾歲，剛記得他病時的情況。我父兄弟二人，叔叔考秀才未中，在家務農，父親中了武秀才之後亦在家務農。家有地一百五十—二百畝，雇有一名或二名長工，忙時雇短工。我母親生我兄弟四人一姐一妹，兄弟三人和姐妹均在三十—四十歲間夭亡，我母在四十八歲時去世。

二弟瑞，僅上過私塾，在家務農。我在國外期間，他在本村附近一個村鎮上同姑丈等作糧店生意，不久吸上「白麵」，後來在鎮上作過精神官。1933 年病故，無子女。

三弟珍，只上過小學，為人忠厚，能吃苦耐勞，在家務農，至抗戰初期病故，有二子，現在原籍參加農業生產合作社。

四弟瓆，由我供給在北京上中學和中法大學生物系，接受新思想較早，曾患過肺病。「七七」事變回原籍侍父病。1938 年初參加革命工作，同年加入中國共產黨。曾任平鄉縣戰委會組織部部長，第二專區文救會主席兼專區農會宣傳部部長。不幸在 1942 年任巨鹿縣縣長時被偽軍捕去。仍與黨有聯繫，後被迫到平鄉縣「新民會」裏做偽事，曾得到當時平鄉縣委書記孫光瑞批准在敵人內部為黨工作，經常給縣委報告和敵人鬥爭的情況，終因勢孤吃力，舊病（肺病）復發而亡。（根據他的一位戰友現在中共河南省委書記處馬任平同志給我的信說。）遺有二子一女，現在原籍，長子參加農業生產合作社，次子和女兒上小學。

繼母杜氏生有一弟（名琇）二妹，二妹均已出嫁，琇弟初中畢業，現在原籍任小學教員。有子女六、七個。

繼母在平鄉原籍居住，是一個家庭婦女，由琇弟和侄兒們供給食用。我僅在年節時給繼母和琇弟侄兒們一些款。

我自 1921 年就離開原籍平鄉，迄今已有三十餘年，僅在抗戰前回過後和看父病時回過兩次家。抗戰前我每月收入四百餘元，每月均匯往家中百十元以供養父親（患半身不遂病數年和家中費用並還欠債。1938 年父病故後，我們兄弟們分居，當時我在昆明，家中來信說分給了我們全家四口（妻和二子）二十多畝地和閒院草房數間。我去信說不要，讓兄弟們耕耘使用。家中財產與我無關。

解放後琇弟來信說政府給我名下房地若干，我去信說不要，但弟侄等收下耕耘住用。後來政府認為不合理又收回去了。

以上所述，是我的家庭出身和我與老家的關係。

▲張璽與家人在北京寓所的合影（1950 年代）

我現在的家庭成員如下：

郭月梅，愛人，現年六十二歲，家庭婦女，無文化，愛勞動，在北京家中培養長孫昆生上小學，擁護政府政策，參加街道各種政治活動。自抗戰以後家中未雇過人，做飯拆洗等工作均由她一個人做。肯勞動，抗戰時期在昆明鄉間居住，四季種菜，足夠家中食用，有餘。現在北京庭院中仍栽種著各種各樣的東西。

張振東，長子，1915 年生，雲南大學醫學院畢業，現任保定河北醫學院病理學副教授，兩年前申請入黨，今年三月被批准為候補黨員。

張振西，次子，1918 年生，雲南大學工學院畢業，曾去法國實習二年，解放後回國，現任天津大學水能利用學副教授。民主同盟盟員，今年春假已申請入黨，學校初步決定選派去蘇聯進修一年，現在正準備俄文。

楊彩琪，長子媳，1921 年生，初中程度，在家教養子女兼任學校家屬委員會副主任。

劉育蘭，次子媳，1919 年生，天津護產學校畢業，現任天津公安醫院護士。

張昆生，長孫，1945 年生，北京市後廣平庫小學學生，少先隊員。

張仲生，次孫，1947 年生，保定北關小學學生，少先隊員，兼中隊長。

張元春，長孫女，1948 年生，天津大學小學學生。

張繼春，次孫女，1949 年生，保定河北醫學院宿舍。

張紀生，三孫，1953 年生，天津大學幼稚園。

張建生，四孫，保定河北醫學院宿舍。

張小蕙，三孫女，1955 年生，天津大學宿舍。

III 求學和服務時代

一、求學時代

（一）私塾和高小

少年時在家鄉私塾讀了幾年五經四書，在學中讀死書，死讀書，受的是一種封建的思想教育。十四歲時（1911）考入平鄉縣城內高等小學，在校三年頗知用功，畢業成績尚佳。高小畢業後，以家中經濟困難無力供給我上中學，只得在家耕讀，農忙時種地，秋收後自學，但是升學的志願並未打消。1915 年夏去邢臺投考第四師範（公費）未被錄取，適保定直隸公立農業專門學校附設甲種農業學校在邢臺招生，以此校不但費用少而且有獎學金，乃決定報名投考，幸被錄取。

（二）**保定甲種農業學校**（1915年8月～1919年6月）

在校四載，為了獎學金頗為努力，每學期都得到免費生，解決了經濟上的困難。在此時期正值日本帝國主義要獨佔中國、和俄國偉大的十月革命運動獲得勝利之際，促進了1919年反帝反封建「五四」愛國運動的爆發，當時我和許多的愛國同學如陳鳴岐（即生物地學部副主任陳鳳桐）等均參加了學生運動。初步地意識到非「科學與民主」不能救祖國，激起了我要以勤工儉學的道路到法國去學習科學、好把祖國建設起來的態度。

（三）**勤工儉學留法班**（1919年9月～1921年7月）

1919年夏在甲種農校畢業後考入保定育德勤工儉學留法班。在班內以學習鐵木工、法文和機械學為主。教機械學的是現在任清華大學副校長劉仙洲先生，他熱心提倡勤工儉學教育，當時天津河北工學院請他任比留法班工資多名位高的教授他堅辭不就。使我們青年大為感動。1920年夏畢業恰遇家鄉大旱，父樹二股業已分產，家中經濟更為困難，無法籌措赴法旅費，找工作亦找不到，正在無路可走之時，母校直隸公立農業專門學校亦成立了農藝留法班，一年畢業，並規定考試名列甲等前五名者每月津貼五十元保送出國。因此又在母校農藝留法班學習一年。在此一年過的是借債典當生活。1921年夏畢業時列為津貼生並保送法國里昂中法大學。因家中親友和母校老師（王炳文先生現任北京農業科學研究所園藝系主任）

的幫助，勉強湊出路費，才得到了法國，同船的有同班同學周發岐、楊堃等。

（四）法國里昂中法大學和里昂大學（1921年9月～1931年11月）

我們出國時有一百五十餘人，其中有自費生、半公費生、公費生。由國民黨反動派「元老」吳稚暉率領於1921年8月13日由上海乘法國郵船四等艙西渡，至9月25日到馬賽登陸。由上海到馬賽中途經過許多英、法殖民地，回想到祖國不強被人割據不能翻身之恥。

由馬賽到了里昂中法大學，正遇著國內軍閥代理人駐法公使陳籙與法帝國主義者勾結把一部分進步的勤工儉學學生（他們認為是「危險份子」）強迫送回祖國的時候，我對這些同學表十二分同情，因為我們同行的人中有一部分不是里昂中法大學當局批准的公費生，要我們交飯費，否則亦有強迫送回祖國或被趕出校外的可能。

▲留學法國時期的張璽

所謂里昂中法大學實在的是一個學生公寓，在裏邊食住預備法文，然後再進入里昂大學各院校。中法大學代交一切費用。當時的中法大學校長是吳稚暉，副校長是大漢奸褚民誼，秘書是汪逆走狗曾仲鳴。我們一部分人（二十一人如周發岐、夏康農等，他們稱我們為欠債者）為了爭公費生待遇，曾和他們作過激烈的鬥爭。我得到公費待遇以後，又有國內保定農校的津貼，一直在法國過了十年半（周發岐王炳文可作證明）。

1921～1922 年在中法大學預備法文，曾聽過法國共產黨員嘉香的公開演講，當時對共產黨並沒有正確的認識，只不過是一種好奇心而已。因為自己想以「科學救國」而不想搞政治。

1922～1927 年進入里昂大學求學。為了應付保定農校的津貼不得不先學習農業課程（如應用動物學、農業地質化學、農業植物學等），後來又學普通動物學、植物學和比較生理學至 1927 年得到碩士學位。

1927～1931 年在里昂大學理學院動物研究室作研究工作，以軟體動物後鰓類為題，到法國數個海濱生物研究站作試驗。1931 年 11 月得到法國國家理學博士學位。

在法國求學期間，曾和留歐同學組織過中國生物科學學會（林容、朱洗、貝時璋、周太玄等）和新中國農學會（林容、齊雅堂等）。在預備博士論文期間（1929 年）曾出席過在西班牙舉行的國際海洋水力會議。在這個大會上曾宣讀一篇研究論文，並到南非洲參觀餓一趟。

1931 年由於周發岐（他先回國在北平研究院和中法大學工作）的介紹，北平研究院邀我回國到動物學研究所工作。正在印刷博士論文之際，日帝侵我東北 9 · 18 事變消息傳來，心中甚為憤恨，曾和一些愛國的同學組織過宣傳大會向法國科學家和同情我們的學生宣傳日本帝國主義吞併中國及全世界的陰謀。12 月回國，一到上海看見反動政府毫無準備抵抗日本之意大失所望。

二、服務時代

1932 年 1 月到了北京，進入北平研究院動物學研究所做研究和領導工作一直到 1949 年北京解放。北平研究院是留法派的大本營，主要負責人均係留法同學，經費很少，人員不多，工作不易展開，全院人員最多時僅百餘人。而動物所從未到過二十人。

1932 ~ 1937 年間在北京，一方面在北研動物所任研究員，同時也在大學兼授動物學和海洋生物學課（如北京農學院、山東大學、中法大學、中國大學）。

我曾到過廈門、煙臺、威海、青島等沿岸採集調查，當時最感痛心的就是沿海重要地區均為外人佔據。我也曾代表北平研究院和偽青島市政府沈鴻烈權商組織了一個膠州灣海產動物採集團，由偽港務局派汽船和水族館人員參加，二年共作了四期採集調查，我領隊三次（張鳳瀛領隊一次），每次偽市長沈鴻烈招待北研工作人員一次，最末一次還照過一個合影。在北京曾同楊鍾健、裴文中、張春霖等在「世界日報」上創刊過「自然」副刊，當時的思想情況只是「為研究而研究，為科學而科學」，雖然也想過聯繫實際，但是在舊社會裏是不可能的。對國事雖然亦關心，如對一二·九的學生遊行很表同情，對冀察政務委員會的親日和特務憲兵十三團迫害學生亦極痛恨，但自己並無反抗他們的行動，主要原因是怕對自己不利，沒有鬥爭性。

1937 年「七七」事變，抗日軍興，由於蔣政權的消極抗戰，華北各地相繼淪陷，北京被日寇佔領，當時日法尚未衝突，我在中法大學暫時教書和動物所同事把重要圖書一起運到中法大學整理裝箱，由海運經越南至昆明。由北京到天津下車搭船，日寇憲兵和漢奸大事搜查、欺壓凌辱，由海防登陸過越南時，法帝國主義者對我們的搜查欺壓亦不亞於日寇和漢奸。

▲張璽在昆明時期的實驗室兼圖書室

到了昆明以後，物資缺乏，人力短少，工作進行甚為困難。為了研究湖沼動物方便起見與雲南建設廳合組一個水產試驗所在昆明湖西岸與北研動物所在一塊，由我兼任所長名義。進行雲南湖泊動物的研究，同時在中法大學和雲南大學兼課。動物研究所陸所長病故以後，1940 年起動物所由我負責，同時中法大學附中校長宋甄甫因婚姻糾紛不得已離開昆明，我以中法大學兼任教授名義代理了他半年校長職務。

為了保持所得工資不隨通貨膨脹化為烏有，曾同李樞（雲南大學教授）在昆明買過二畝多地，同周法岐（當時中法大學理學院院長）託北研同事劉為濤在四川（劉的家鄉古宋縣）買過兩丘地，並和劉為濤由黃明倫（堂弟之謙的同學）買過一次貨物縫紉針。這些行為雖然由於當時社會環境所迫，但都是地主富農和資產階級的表現。

八年使我最感興奮的就是德意慘敗、蘇聯出兵打敗日寇關東軍，致使日本無條件投降和毛主席親身飛到重慶協商國事，這種為國為民的偉大精神，使每一個愛國人都受到感動。使我最痛恨的就是反動政府的貪汙腐化不抗戰而鎮壓進步人士，特務橫行在光天化日之下打死聞一多教授，使文教界更加痛恨。

1946 年 9 月隨北研返回北京。日本投降，重返舊地，感到無限興奮。但因國民黨反動政府在美帝協助下想控制全國，勾結敵偽軍破壞「停戰協定」，向解放區進攻，挑起內戰。研究工作不能展開，只是整理在雲南搜集的研究資料。

初返回北京時整理舊存動物標本，據所中舊工人說，魚類標本一部分流散在東城椿樹胡同「世界社」裏，當時張春霖（現在動物室）和武兆發（現在北京師大生物系，當時他在該社「先進生物室」）均在該社工作。張、武均係舊識因而去訪，並參觀該社的研究室，因而結識了該社負責人唐嗣堯。該社曾發印刊物一種「世界科學」，內容完全是自然科學，看不出有何政治色彩。因張春霖的關係，唐嗣堯曾發給我一張「世界科學」的特邀編輯聘書，後來聽人說唐嗣堯是國民黨特務，他辦「世界社」出版「世界科學」作掩護偽裝進步。他請我吃過飯，並在一個年會（？）上合過影，但始終未給他寫過文稿，以後就斷絕往來。

1948 年底，北京在人民解放軍團團包圍和人民要求和平解放的壓迫下，終於在 1949 年 2 月解放了。北研在高教會領導下進行工作，動物學研究所仍由我負責，一直到中國科學院成立所屬各單位調整，1950 年 10 月調來青島本室工作至今。

IV 學歷和經歷表（略）

V 社會關係

尹贊勳　男，五十四歲，解放前在地質調查所工作，解放後曾任北京地質學院副院長，現任中國科學院生物地學部副主任、九三學社中央委員、北京市人民代表，與我係同鄉同學（小學、里昂大學），常往來。

王炳文　男，七十歲，解放前在河北農學院、河北農業試驗場工作，現任華北農業科學研究所園藝系主任。河北省人民委員會委員。自 1915 年在保定甲種農業學校和留法班均聽過他的課，我 1921 年出國時有困難，他曾以經濟幫助和精神上鼓勵我出國。迄今往來未斷。

劉仙洲　男，六十六歲，解放前任清華大學教授，現任該校副校長，係我 1919 年在保定育德勤工儉學留法班的老師。熱心學術，往來迄今未斷。常鼓勵我多作學術研究。

周發岐　男，五十四歲，解放前在中法大學任職、北平研究院化學研究所任所長，現任北京工業學院研究部主任。

在昆明任中法大學理學院院長時，他曾參加過國民黨，但未聽說他有任何活動。要求進步，已申請參加中國共產黨。保定農藝留法班同班同學，法國里昂中法大學、里昂大學同學，北研、中法大學同事。他比我回國早，在我未回國以前他曾把我的胞弟璸和長子振東叫到北京上中學，代我培養他倆。常往來。

劉為濤　男，五十四歲，解放前、後，均在四川大學任教。1921 年同船去法國，在里昂大學同學，在北平研究院和中法大學同事。要求進步，數年前即爭取入黨。在昆明時為了保持所得工資價值我和周發岐曾託他共同在四川古宋縣（劉的家鄉）買過兩丘地。解放後不大往來。

楊堃　男，五十四歲，解放前後均在昆明雲南大學任教。政治情況不瞭解。1919 年保定農藝留法班同班同學，法國同學。回國後不常往來。

齊雅堂　男，五十四歲，解放前在北京中法大學任教授兼生物系主任。現任廣州農業部熱帶植物研究所形態室主任。保定農校同學、法國同學，中法大學同事，不斷往來。

夏康農　男，五十三歲，曾任中法大學生物系主任。現任北京中央民族學院副院長。民主人士。1921 年同船去法國，里昂大學同學，北京中法大學同事。

汪德耀　男，五十三歲，解放前任廈門大學校長，現任該校生物系主任。1921 年同船去法國，在法國同學。1932 年回國，曾在北京農學院生物系任教授，在北研動物所兼任研究員一年。1932 年冬我曾代他在農院生物系授動物學課半年。

徐廷瑚　男，七十歲（？），解放前曾任過偽實業部司長、北平研究院秘書長，後來去臺灣化學肥料公司任經理，國民黨黨員。保定農校師生關係，北平研究院同事。他去臺灣後即失聯繫。

陳鳳桐　男，六十三歲（？），解放前在解放區工作，解放後任華北農業科學研究所所長兼中國科學院生物地學部副主任。「五四」運動時在保定甲種農業學校同學共同搞過學生運動。1949 年 2 月北京解放他首先代接管北研動物學研究所，後來曾談過幾次話對我的思想認識和工作上有很大幫助。

范秉哲　男，五十二歲，解放前任雲南大學醫學院院長，昆明解放前攜眷去法國巴黎。他在昆明是一個名醫，與雲南偽當局相識甚多。法國里昂同學，雲大同事，解放後無聯繫。

趙明德　解放前任雲南大學附屬醫院院長，昆明解放前去越南西貢作大夫。雲大同事，次子振西的連襟。解放後無聯繫。

李樞　男，五十二歲，解放前和現在均在雲南大學醫學院教書和醫院作大夫，從前不問政治，現在不瞭解，法國同學。1939 年在昆明時曾和他共同在西山根下買過二畝半地蓋草房數間，1946 年離開昆明前即賣去。

林容　男，五十五歲，解放前和解放後均在北研植物所，現任科學院植物所副所長，盟員，留法同學，北研、中法同事。

劉琪謌　男，五十八歲，解放前任北研植物所所長，現任中國科學院森林土壤研究所所長，留法同學、北平研究院同事。

張春霖　男，五十九歲，解放前在偽北京大學和「世界社」工作，後來在師範大學教書。解放後任師大生物系主任，現任中國科學院動物研究室研究員。我和他在法國相識，抗戰前他在靜生生物調查所工作時有往來，抗戰期間無聯繫。勝利後至現在時常往來。

顧光中　男，五十二歲，解放前在中法大學、貴州大學任教，現任貴州師範學院副院長，民盟盟員，今年春天已被批准入黨。自 1932 年至 1940 年和我一齊在北研動物所做研究工作。後來又在中法大學同事，在那時他曾經常對我宣傳解放區或延安的廣播消息，對我的思想上有一些好的影響。

李石曾　解放前任北平研究院偽院長，現住國外，國民黨反動派的「元老」。他任北研偽院長將近廿年，我和他見面不過數次，在他的六十壽辰論文集中，我曾作過一篇〈中國海產動物研究之進展〉。解放後無聯繫。

李書華　解放前任北平研究院偽副院長。全國解放後逃往外國。國民黨反動派中央委員（？），1921 年在法國里昂中法大學見過。自 1932 年到北平研究院至解放前一個時期內，在業務工作上經常聯繫。1950 年春他由巴黎來過一信，說想回國來教書，我曾把他要回國的意思轉告陶(孟和)副院長。並回信勸他早些回國來為人民服務。以後再無音信。

莊子毅　男，六十二歲，解放前任昆明中法中學校長，現任山東泰安中學教員。國民黨黨員。抗戰前他任煙臺芝罘中學校長，我由北京到煙臺採集動物標本時，常住芝罘中學，因而與他相識。抗戰時昆明中法中學校長缺人，他那時在成都一個中學教書，我向中法大學董事李書華介紹他當校長。

朱弘復　男，四十七歲，解放前在北研動物所任研究員，現任中國科學院昆蟲研究所副所長，九三學社社員。他係劉仙洲先生的女婿，因而相識，我向院中介紹他來動物所工作的。

沈嘉瑞　男，五十二歲，解放前在北研動物所任研究員，現任中國科學院動物研究室研究員，民盟盟員。由我向北研介紹來動物所的。

李萬新　女，四十三歲，抗戰前在上海教中學，抗戰期間去延安。現任林業部基建局副局長，中共黨員、九三學社社員。1932 年北農生物系師生關係。當學生時思想進步曾被反動派逮捕過。她處境困難我對她求學和找工作上均有些幫助和鼓勵。解放後曾會見數次，對我思想轉變幫助很大。

尹儴餘　胞妹丈，四十二歲，抗戰期間參加革命工作，在朝鮮參加過抗美援朝工作，現在河南公路局工作。解放後曾有信聯繫，他的女兒曾來北京看過我，並住了一個時期。

張之謙　男，四十二歲，是我的一個堂弟，解放前在貴州遵義、貴築做過偽警察局長及江西偽鄱陽稅務局副局長。解放後留用為稅務員。1950 年秋調浮梁稅務局工作。1951 年春他的愛人周雋珍來信說之謙以歷史不清楚被公安處捕去。現在內蒙農場受勞動改造。他的家中經濟困難當他在南京偽警高學校求學時我曾供給過他一些零用的錢。他被捕後，我曾寫信給他愛人轉告他好好交代問題。他的愛人在江西衛生所工作，1953 年夏來信說，因四個小孩均病向我借錢我匯給她二十萬，以後又要過五萬。之謙由內蒙來過信，我也未覆過他。

黃明倫　男，偽警高畢業，抗戰時期在昆明任第二區偽警察局長，與北平研究院宿舍很近，因堂弟之謙的介紹相識。1939 年他曾向我說現在有人去滬購做活的針，你若有存錢我可以把他們替你捎帶一些來。我和同宿舍的劉為濤同事每人給他五百元。後來他說越南物資被扣，不能運來了。我 1946 年離開昆明即無聯繫。

張光浩　男，三十四歲，係青年知識份子，解放前找不到工作在北京一個磨麵莊（餘慶源）上為人寫賬，為了支持這個米麵莊和穩定個人的位置，曾由他的親戚馬繡同介紹，要我加入了約合人民幣五十元的資金。解放後他考入稅務學校，現任上海市蓬萊區稅務分局人事科副科長，中共黨員。

瓦內（Vaney）　法國里昂大學動物系主任，師生關係。曾指導我博士論文，解放後未通信，聽說現在已退休。

鉤洛里（Caullery）　巴黎大學教授，法國科學院院士，在法國時相識，曾由他向法國科學院及其他生物雜誌上介紹論文。解放後無聯繫。

馬場菊太郎　日本東京文理科大學動物系教授，有名的軟體動物後鰓類專家。抗戰前常通信交換刊物及標本，以後失去聯繫。

VI 參加過的學術團體和黨派組織

我在解放前只參加過學術團體，未參加過任何反動組織。解放後參加了民主黨派九三學社。

法國動物學會：1928 年里昂大學動物學講師白勞斯先生介紹。

中國生物科學學會：1924 年同留歐同學朱洗、周太玄等在法國時組織的，抗戰後無形取消。

新中國農學會：1924 年同留法同學共同組織的，抗戰後無形取消。

中國動物學會：1934 年參加的，曾任過該會理事長及總編輯。

中國科學工作者協會：1948 年在北京由周岐發介紹填表參加。

中國海洋湖沼學會（1950 年 1 月北京）：曾任北京和青島分會理事長。現任總會理事長。

青島科聯：曾任秘書長(1951—1955)，現任副主任委員。

九三學社：由嚴濟慈、朱弘復介紹 1951 年 10 月填寫入社申請書，1952 年 5 月被批准為社員。1953 年 1 月總社委我在青島市委統戰部領導下發展組織吸收十二人，6 月成立直屬小組任副組長兼組織委員。1954 年成立籌委會任副主任委員，1955 年成立分社仍任副主委。1956 年 3 月全國社員代表大會被選為中央委員。

VII 思想轉變過程

在解放以前，因為有些自己相信的人參加了革命，並且有的同事常對我說共產黨好，我認為共產黨是一切政黨中最進步的，但是到底怎樣進步，我並不知道。解放以後，進行了時事學習和一些政治理論學習，同時我親眼看到人民解放軍紀律嚴明英勇善戰一舉渡江南下，在一個極短的時期內，把蔣匪幫殘餘趕出了大陸。此後不久又在政治經濟和文化各方面都取得了偉大的成就，人民生活逐漸改進。通過這些理論學習和許多活生生的事實的教育，使我對黨有了一個初步的正確認識。

通過有關抗美援朝的文件學習和人民志願軍擊潰美帝的輝煌戰果，證明了過去認為中國需要依賴美國才能搞好，完全是一種親美崇美恐美的錯誤思想。

1951年學習有關土改的文件並在青島附近村鎮參觀了審判地主惡霸大會，看到農民對地主的憤恨控訴，使我們體會到惡霸地主在反動政府統治下如何殘忍的剝削農民。

通過1951年夏季中國共產黨的三十年的黨史學習，使我瞭解到這卅年是光榮的、偉大的卅年。這是中國共產黨、中國工人階級和中國人民在毛主席英明領導下，向帝國主義侵略者及其走狗的英勇奮鬥，經過許多艱難曲折，克服自己隊伍中的各種機會主義傾向和各種錯誤，終於戰勝了敵人而取得勝利的三十年，這個偉大的勝利鼓舞了全世界勞動人民向帝國主義作鬥爭的勇氣和勝利的信心。

1951年冬結合鎮壓反革命的學習，我們進行了忠誠老實的檢查，我認識到每一個國家幹部都應當向政府和組織上忠誠坦白交代一切，分清敵我站穩立場，使我對組織上更接近了一步。

在「三反」開始的時期，我曾耐心的檢查了自己的一切，自以為一生作研究工作，是一個品質清高思想進步的學者。後來經過黨的啟發和同志們的幫助，使我認識到自己的資產階級的腐朽思想。通過「思改」批判了資產階級思想危害的嚴重性，認識到工人階級的大公無私，初步學會了使用批評與自我批評的武器。但同時亦產生了一種自卑感的副作用，直到最近才漸漸克服過來。

「三反」、「思改」之後，深深的體會到：政治水平若不能提高，業務工作就不能搞好，學術不能脫離政治。1952年參加了九三學社，在總社和市委統戰部的領導下，開始過組織生活，繼續進行思想改造，加強崗位工作。通過一系列的政治理論學習和黨的總路線總任務的學習，使我瞭解到社會主義社會的美好前途和自己應該努力的方向，對自己的工作加強了信心。當時曾考慮過是否可以申請入黨，但是覺得自己政治水平太低，年紀又大，沒有條件。

通過1954年的普及，憲法草案初稿的討論和修改，以及最近「1956年到1957年全國農業發展綱要」的草案學習，我親眼看到經過各階層認識反覆討論修改，最後才決定公佈，使我更感到民主集中制的優越性，自「五四」運動以來幾十年來夢寐以求而在舊中國決不可能實現的自由民主得到實現了。

1956年1月我參加了中國人民政治協商會議第二屆全國委員會第二次全體會議，聽到了周總理的政治報告和郭沫若院長的「在社會主義革命高潮中知識份子的使命」的報告，在大會期的晚會上毛主席和中共中央負責人和每一人親切地握手會談。這些報告和會談給了我很大的啟發和鼓舞。

在黨的全國性的會議上毛主席號召黨內外知識份子要更加團結一致，為迅速趕上世界科學先進水平而奮鬥，今春就在國務院領導下組織了全國科學家搞出了十二年的遠景規劃。為了社會主義建設，黨和政府這樣的重視科學和團結知識份子，在中國是史無前例的。我深深地感覺到中國共產黨真正是先進科學家的光榮歸宿。

回憶我在北平研究院動物研究所將近二十年，全所人員最多時期亦沒有到過二十個人，經費少的更是可憐。現在拿海洋生物研究室作一個對比，在短短的五年間由三十人增加到一百二十餘人，已超過北研動物所的人員六—七倍，經費每年用不完，現在科學規劃，只要有需要和可能，經費沒有限制的，這是我在解放以前舊社會裏夢想不到的。

我細心地檢查了自己的優缺點，同時也徵求了一部分同志對我的意見，作出了以下的鑑定：

優點：1 工作踏實，不急躁，不冒進。2 對人誠懇直爽，對幹部關心。3 要求進步，能虛心接受群眾意見。

缺點：1 工作有時比較保守，計劃性較差。2 對年青幹部督促不夠，不夠全面。3 缺少政治鍛煉，鬥爭性不夠強。

自從學習了周總理的「關於知識份子問題的報告」之後，我深切的感到必須加速改進自己，為響應黨的向科學進軍的號召而加倍努力，尤其是民主黨派的知識份子在社會主義革命和建設中，走路慢的，走曲路的，就要落後於群眾。周總理報告中指出知識份子進行思想改造的三條途徑，正是知識份子向共產黨員轉變的三條基本途徑。自從看到了去年 11 月青島日報登載的我三十五年前的老師劉仙洲先生在六十五歲的高齡還光榮的參加了中國共產黨，我從前認為年紀大不能入黨的錯誤看法已被打破。我熱誠地願意接受中國共產黨的綱領和黨章，在黨的直接督促教育之下，克服自己的缺點，提高政治覺悟和思想水平，在發展祖國科學的偉大事業以及社會主義建設各項工作中貫徹黨的政策，貢獻出一切力量，爭取做一個光榮的共產黨員，向著共產主義的光明大道前進。

1956 年 7 月 15 日

這份《自傳》是在經歷了知識份子思想改造等運動後，張璽向黨組織提交了入黨申請書，《自傳》當是入黨申請書的正式書面文本。

這也是張璽在五十年代對自己剖析最詳細的一次。在之後「反右」運動中，張璽再一次經受住了「考驗」，這從 1957 年 9 月組織上給他的「鑑定」中可以看出來：

張璽鑑定材料

姓名：張璽，字：爾玉。

性別：男。

出生年月：1897 年 2 月生。

民族：漢族。

籍貫：河北省平鄉縣人。

家庭出身：富農。

本人成分：職員。

何時參加何民主黨派：1952 年參加九三學社，現任九三學社中央委員，青島分社副主委。

文化程度：理學博士。

現任職務：

中國科學院海洋生物研究所副所長、省政協常委、市人民代表、中國湖沼學會總會理事長、科聯青島分會副主委。

社會經歷：

1915年至1919年在保定甲種農業學校求學。1920年9月至1921年7月在保定直隸公立農業學校專門留法班學習。1921年9月至1922年10月在法國里昂中法大學學習。1922年11月至1927年7月在法國里昂大學理學院研究。1927年11月至1931年11月在里昂大學動物研究室工作。1932年1月至1949年11月在北平研究院動物學研究所任研究員兼所長。1933年10月至1939年10月在中法大學兼任教授。1939年10月至1946年7月兼任雲南大學教授。1946年10月至1947年7月兼任北京大學動物系講師。1949年11月至1950年7月為中國科學院北京動物研究所負責人。1950年8月任中國科學院海洋生物研究室副主任。1957年9月任中國科學院海洋生物研究所副所長至今。

家庭情況：

愛人：郭月梅，現理家。

長子：張振東，現在保定市河北醫學院任副教授，中共黨員。

次子：張振西，在天津大學水利系任副教授，盟員。

家庭生活均以工資收入來維持，在生活上較富裕。

主要社會關係：

李書華，偽北京研究院副院長，國民黨中央委員，與張璽長期在業務上有聯繫，解放前逃往國外，1950年春曾由巴黎來信，表示要回國教書，張曾回信勸他早日回國，後無音信。

張之謙，係張璽堂弟，解放前做過警察局和稅務局副局長，解放後被捕勞改，1953 年張之謙的愛人向張璽來信求助，張曾幫助她人民幣 25 元。

齊雅堂，現任廣州林業部熱帶植物研究所形態室主任。同事關係。

解放前後的政治態度：

解放前：

1921 年至 1931 年在法國留學時，曾接觸過共產黨，因為想以科學救國，對政治不感興趣，並沒有正確的認識。1931 年「九一八」事變時，該在法國極為憤恨，和一些愛國同學組織過宣傳大會（僅自己交代，尚未查證）。1932 年回國在上海任教，做研究工作，曾對進步學生李萬新（當時被反動政府逮捕過）在學習和找工作上進行過幫助和鼓勵（已證實）。「一二九」學生運動時，他表示同情，憤恨反動政府的迫害，但無實際行動。抗戰期間赴昆明作研究和教學工作。

日降後，任北京研究院動物研究所所長時，對當時北京研究院院長、國民黨特務頭子李石曾、李書華極力擁護，並在李石曾的六十壽辰論文集中寫了一篇科學論文，在論文的序言中，讚揚過李。該在青島進行生物採集時，曾與匪市長沈鴻烈的關係密切，在一起照過相，並讚揚過沈對採集團的協助。根據查證的材料看：張主要是想巴結當時的國民黨要人，維持其研究工作地位，並未發現有政治性的活動。

解放後：

初期思想落後，名利思想較嚴重，當組織決定由北京把他調到青島工作時，他反對，並組織了數人聯名向上級請求留在北京成立分研究所。因未達其目的到青島後對政府不滿。抗美援朝時，有變天思想，曾企圖辭職回家。土改、鎮反運動時，持中立態度。三反運動及思想改造運動時，態度尚老實，能接受群眾的意見，運動中批判了資產階級的腐朽思想，具體檢討了自己的宗派主義、個人主義的思想。總路線學習時，對資本家的破壞行為表示憤恨。統購統銷時，對棉布計畫供應表示擁護，但對吃粗糧有些不滿。

三大社會主義改造及肅反運動中，表現積極擁護，其政治覺悟有了很大的提高，因此在 1956 年 7 月寫了書面申請，要求黨支部接受他入黨。

鳴放中表現積極，自始至終堅持正義，有力地批駁反黨反社會主義論點。5 月 8 日，由中共青島市委宣傳部召集黨外人士座談時，張說：「在海洋生物研究所的黨群之間未有牆和溝」，他的講話並在 5 月 5 日的青島日報上發表了。

當海洋生物研究所鳴放開始，在大字報上出現了謾罵黨污蔑黨的內容時，張即表示非常氣憤，當時正當該所邀請黨外人士給黨提意見幫助黨整風，召集了民主黨派座談會，張即首先發言駁斥了大字報罵黨是「地下黨」「走狗黨」，並說任何人對個別黨員有意見，應當對具體人提出正當的意見或批評，絕不能謾罵，這真是豈有此理，我堅決反對……。

在6月25日下午該所民主黨派（民盟和九三）聯合召開的反右派座談會上，張在會上曾表示儲安平所說的黨天下感到這是不對的，但儲提出的十二個副總理，沒有黨外人士他感到有些對。因為的確沒有一個黨外人士副總理，在這一點上他曾受到了儲的影響。

當陸侃如反黨反社會主義言行在各方面揭發以後，張因陪同蘇聯專家去煙臺作配合工作，後因要在九三內開展對右派份子陸侃如的鬥爭時，才去電催他回青，並擔任了九三學社青島分社的整風委員會主任委員，但在他剛回青島時，由於對九三學社青島分社主委（青島市右派首腦，儲安平右派集團主要成員）陸侃如所犯錯誤的性質開始認識不足，因而對領導九三青島分社的反右鬥爭表現有些猶豫，經中共青島市委書記孫漢卿同志找他談話以後，態度有了很大轉變。具體的參加了山東大學所組織的對陸侃如的全校性辯論大會，對陸的右派醜惡面貌有了較深刻的認識。因而態度較前更加積極，而隨著鬥爭的發展，認識的提高，在此期間領導九三整風委員會，以及在山東省、青島市人代會上向陸侃如開展面對面說理鬥爭中表現堅決。對鬥爭的認識和決心也逐步上升，日益高漲。對九三分社整風領導工作中的一些重大問題都能及時向黨請示，徵求市委統戰部的意見，本人也更加向黨靠攏。

根據以上情況來看，我們認為張應確定為左派。

工作能力：

該專長於原索動物及軟體動物學，特別是對軟體動物的後鰓類有研究。在研究方面達三十餘年，先後發表了五十餘篇論文，對膠州灣、煙臺、廈門的海產無脊椎動物和雲南省的部分水生生物（淡水）均進行過研究。解放後在黨的領導下其研究更加進展，現正進行著海產無脊椎動物分類的分佈、船蛆、鑿石蟲、扇貝、牡蠣等，有害貝類和經濟貝類的生態、培植研究工作，並獲得了一定成就。1955 年 7 月份曾著「中國北部海產經濟軟體動物」，此書出版後反映較好，對今後教學及提供海產經濟價值上有些貢獻。

代表性：

該在生物學界有三十年的研究歷史，資格較老，在研究軟體動物方面是我國最早開始系統的一個。在國外時曾組織過中國生物科學學會和新中國農學會，亦出席過在西班牙舉行的「國際海洋水力會議」。解放前曾在偽北京科學院及雲南大學做研究工作。解放後在黨的領導下發揮了他的專長，對貝類學進行了研究，獲得了一定成就，系我國僅有的貝類學專家（即軟體動物學）。在全國科學界中有一定的代表性。

有何政治歷史問題，結論如何：目前尚未發現有政治歷史問題。

安排使用意見：該系我國軟體動物學專家，有一定的研究能力，並獲得成就，為此擬安排為全國政協委員。減去省政協常委職務，保留市人大代表職務。

中共青島市委統戰部

1957 年 9 月 28 日

該份鑑定在 1965 的「四清」運動中又被中央宣傳部幹部處「抄」用（1965 年 9 月 13 日）。

張璽政治排隊資料

在「反右」後的知識份子思想整風運動中，組織上對知識份子進行了政治排隊鑑定，其中給張璽的政治鑑定如下：

> 張璽，男，科學界，中國科學院海洋研究所副所長，二級研究員，1952 年參加九三學社，現為九三學社中委、青島分社副主委、中國海洋湖沼學會總會理事長、全國人大代表、省政協副主席、青島市科技協會副主席。政治態度：原左派，現左派。
>
> 該解放後，在抗美援朝運動中有變天思想，土改、鎮反持中間態度，「三反」及思想改造，態度尚好，主要是三大社會主義改造中，表現積極擁護，政治覺悟有很大提高。
>
> 該在鳴放反右中態度積極，聽黨的話，能大膽的駁斥反黨反社會主義言論，如在座談會上說「海洋所沒有牆和溝」，並能對謾罵黨的大字報進行駁斥，反右鬥爭中，開始在鬥爭陸侃如時，有些猶豫，經教育後，表現堅決。但在交心運動中表現一般。該曾提出申請入黨，對入黨問題較關心，自今年參加巴基斯坦國際科學年會回國後，感到組織對他很信任，比過去更靠攏組織。在本所的老科學家中政治上提高較快，該專長於原索動物及軟體動物學，從事研究工作達卅餘

年，著作論文五十餘篇，如 1955 年曾著「中國北部海產經濟軟體動物」，此書出版後反映較好，對教學及水產工作有所貢獻，但該雖為我國國內研究貝類最早的學者，但在科學界的學術地位並不高，業務知識範圍較狹窄，所用分類方法較舊，對學習蘇聯重視不夠，活動能力不夠強，表現較保守，近二年來工作成績一般。整風以後，在政治上進步較顯著，能靠攏組織，聽黨的話，故其政治態度仍為左派。

中共中國科學院海洋研究所委員會
1959 年 8 月 26 日

在高研組上的檢查

「反右」後，知識份子經歷的另一場觸及靈魂的政治運動無疑是「四清」運動，這也是「文革」的前奏，在「四清」運動中，知識份子做了進一步的思想檢討，在張璽檔案裏，「四清」運動的檢討也非常詳盡：

我體會四清運動是社會主義革命，這場革命已深入知識份子中，牽扯到政治思想與業務工作中，我認識到這是資產階級知識份子，下決心投入革命中改造自己的大好時機。因此必須與舊的世界觀決裂，改造世界觀。

首先拿出勇氣揭開自己的思想蓋子、業務底子，我衷心歡迎同志們批評揭發。近幾年來，我怎樣對待黨的方針、政策和工作態度？走的什麼道路？思想生活是否適應社會主義要求？對青年的影響怎樣？對自己事實求是有一個正確估計，找出問題所在。在這次運動開展之前，認為在黨的教育下，已十多年了，聽黨的話走社會主義道路已不成問題了。四清開展之後，同志們以大字報揭發了許多問題，使我大吃一驚，與自己過去的估計恰恰相反，大字報揭發的問題，對同志們提出的意見有好多接受不了，認識不到。第一階段只看到有些不符合實際情況的支流問題。不看主流，本質的，因而睡不著覺，後來到濟南、北京聽了些報告，有了比較正確的認識。理解到任何一種革命，必須發動群眾，要群眾們提意見百分之百都正確，那是不現實不切合實際的要求。對待自己的錯誤不檢查這與自我改造沒好處。

對所裏的問題，自己是業務副所長之一，這是關係到要辦社會主義的研究所，還是辦資產階級的研究所，這是兩種世界觀，兩條道路的鬥爭問題。我們所裏舊的習慣勢力相當濃厚，我分工南海分所及無脊椎室，貫徹黨的方針政策我也負有重要責任，在室內。

大躍進時成立了養殖組，本來搞的不壞，又結合生產，但遇到困難就下了馬。對扇貝與牡蠣的研究本來可以結合生產，也未很好研究，沒有為生產服務。對分所的工作我管生物方面，對珍珠貝的研究中，對珍珠貝的漁場調查，與查核問題，就拿海洋的框框去調查，費了一、二個月的時間，只拿到一、二個珍珠貝。當時不瞭解什麼道理，這次在北京開會才瞭解調查的地方不一定有珍珠貝，有的地方未去調查，對查核問題，在湛江搞，湛江地方認為不宜產珍珠貝，要我們到實驗場，結果我們在海軍碼頭附近搞了，但養出來很少。珍珠養殖工作沒有搞樣板田。

我個人本身這幾年，不親動手，對青年指手劃腳，原來一套落後了，新知識未增加，感到年齡大了，有高血壓，社會活動多，以此作藉口，這是資產階級本性，自己不是不能作工作，自己光掛名，掛得南北都有名，真正與青年合作，自己作的很少，自己看看稿子就署名，把自己的名字寫在前頭，在運動以前未感到這是一種錯誤，運動以後才知道這是一種剝削，因為剝削是資產階級本性，所以看不到。

個人認為研究貝類不一定在本所本室。感到動物志的編號到底怎麼搞沒有譜，因而按外國的框框去搞，想早搞出來，認為動物圖譜是普及工作，就趕緊搞，而這個工作在我所是可少搞或不搞的。自己只考慮個人需要，沒有遠見，沒根據室、所的安排。

培養青年接班人問題，自己是個人名利至上，只專不紅，還願有一個名位，因此，對青年可塑性很大，自己有意無意影響他，階級鬥爭的特點是和平演變，毛主席也談過，階級鬥爭，特別是意識形態的鬥爭還是長期的，尖銳的，有時還是激烈的，資產階級用他自己的世界觀改造世界，影響青年。自己不認識到這一點，從各方面影響青年。如謝玉坎，他在分所搞的一套跟我在這相似，說明我在影響他，我帶頭集體寫書寫文章，主要是為了個人名利。對喜歡的青年是只要業務好就行，不管他政治如何。如 1958 年寫「貝類學綱要」，出版社要我們出版，我與齊鍾彥想趕快搞出來，就與孫自平商量，把妻子康（右派）找來當助手，因而，讓他搞了幾個月。認為寫書稿費可圖，都有利。

為了使幹部安心工作，他要求的問題就多方幫助他。如：研究生莊啟謙，提出調愛人來青島，我就向黨委強調，要把其愛人從遼寧省大連調來，不管她政治、業務如何。還有一人的弟弟繪畫，要我把他弟弟介紹給分所工作，我就介紹給邱所長說，用臨時工可考慮，這樣與黨的方針政策相違背的，去年夏天強調子女下鄉後，我才認識這一錯誤。

思想作風與生活方式多吃多占，鋪張浪費也是資產階級表現。例如，器材科姜元希把公家的鋁鍋和電爐讓我借回來使用直到大字報後才交回了，感到這不僅是浪費電也是特殊化。照顧高級人員的煙票交給本室的姜樹德分給大家吸了，去年夏天我到醫院看病，還坐小汽車。1964 年水產部與國家科委去湛江視察珍珠貝，住了羊城賓館，每天二十元，實在太貴了。雖說當時不得已，但的確太浪費了。其他方面在湛江買過蝦仁，在青島買過花生仁也是違背政府的政策。

認識最困難，實踐也不容易，有的事馬上可以改，如掛名問題，思想意識改造長期的，自己世界觀還是資產階級一套，因而改造時要下痛心，資產階級有兩面性，自己是被迫改造，舊勢力是很不容易打退的，不警惕常常會恢復舊的作風。我應該違背自己的本性。拋棄自己資產階級世界觀是脫胎換骨，不痛下決心是不行的，自己要革命化，勞動化，投入到三大革命運動中去，千條萬條黨的領導是第一條。千萬不要忘記階級鬥爭，千萬不要忘記自我改造。

1965 年 4 月 22 日

自我檢查

自我檢查稿（此件為列印稿）
（1965年5月12日）

張璽

同志們：

自本所的四清運動開始以後，我外出開會時間占的不少，缺少了很多課，現在補的還不夠。在外邊開會也受了些教育，因為現在開會也務需革命化批判資產階級思想，但是對自己的具體問題聯繫的很不夠，提高的就不多。所以我對這次偉大的社會主義教育運動，體會的還是很膚淺的。今天我向全室同志做一次檢查，希望同志們對我進行幫助分析批判。

我想檢查一下近幾年來（1）怎樣對待黨的方針政策？以什麼樣的態度和動機對待黨交給我的任務的？在工作中走的到底是社會主義道路還是資本主義道路？這是一方面。其次是在（2）思想作風、生活方式，是否都與社會主義革命的要求一致？（3）對青年一代的影響又是怎樣？對自己作一個實事求是的估計，找出問題所在，才會有改造的迫切要求和自覺革命，最後定出努力方向。

在未開展四清運動以前，自以為在黨的教育路線培養下已經十年多了。聽毛主席的話，跟著黨走社會主義道路，也就是「聽、跟、走」的問題，基本上解決了，沒什麼問題了。還是背的一個進步包袱的。但是四清運動展開以後，根據同志們對我提出的大量大字報一看，確實使我大吃一驚，震動很大，與自己以前對自己的估計，恰恰相反，「聽、跟、走」的問題並未解決。

同志們寫出的大字報水平是很高的。我對大字報提出的問題，限於自己舊習慣的牽制，不是一下子就認識的，第一個階段只看些支流，不看主流，只注意某些小問題，不看全面，甚至感到有的不完全符合事實，以至夜間睡不好覺。後來經過 23 條的學習，梁部長又對我談過話，後來到濟南聽了省委宣傳部張副部長的報告，學習討論，才逐漸以正確的態度理解大字報的作用，體會大字報對自己的幫助很大，認識到大字報與人為善使人改過的偉大意義。任何一種革命，必然是群眾運動。要在四清運動這場兩條道路鬥爭中改造自己，就必須面對群眾，閉門思過是改不了的。那種希望群眾的意見百分之百的「恰如其分」是不切實際的。革命就是要革掉舊的東西，非社會主義的東西，與無產階級思想，滅資產階級思想。如果自己還是戀戀不捨那些醜惡的東西，那只是自尋煩惱。對自己的改造是絕對不利的。

現在根據以下幾方面來做檢查——三方面和努力方向：

一

社會主義研究所還是辦資產階級研究所？這兩種思想，兩條道路的鬥爭，也是兩種世界觀的根本分歧。

資產階級思想與舊的習慣勢力在我所的科學研究隊伍中佔有相當的位置。我是本所的業務副所長、室主任、研究員並兼南海分所所長職務。在政治上黨和人民給我很高榮譽：如全國人大代表、中國海洋湖沼學會理事長、國家科委海洋組、水產組成員等。如何貫徹黨的方針政策是負有重要責任的。

在所內工作計畫沒有貫徹科學研究為社會主義建設、為生產服務、為工農兵服務，而是嚴重的脫離生產，脫離實際，脫離群眾，三脫離的。脫離國家的需要，而是為科學而科學的。完全把舊社會那一套「北平研究院動物所」的研究方向搬到新社會裏來了。58 年養殖組搞了不久又下馬了；牡蠣扇貝也未真正結合生產。

在工作方法上：沒有實行黨的領導、專家責任制、群眾民主，三結合的方法。沒把國家需要，黨的指示，群眾意見放在第一位。沒有能站的高，看的遠，站在中國看到世界，一切從全所全國科研出發，對室內學術方向也沒好好考慮（全室各組——此為鋼筆加寫）如何發展，而只是從自己專業貝類學方面著眼。（青島搞區系分類，廣州搞生態生理，北京搞淡水陸生——此為鋼筆加寫）

對所、室沒負起應負的責任來。就是開所長辦公會和所務會議時也沒提出過高明的意見，沒有好好考慮自己有那樣大的責任。認為上有黨委領導，所的業務方向有曾所長向黨策劃。對室內領導只是主持室務會議聽聽彙報，很少到各組瞭解情況解決問題。一切由組長去管理。就是由自己直接去抓的兩個試驗室：附著物推到黃修明同志身上，形態試驗室推到梁羨園同志去管，自己過問很少。形態試驗室完全自由化，沒按形態方向去搞而是搞分類工作。（柱頭蟲等）拿個人的興趣替代黨的方針，也就是掛羊頭賣狗肉，表面內部不一致的。去年上半年總結時就提出如何改進，我個人還堅持形態為分類服務的方針。想為中國動物志形態服務，計畫67 年出版，雖然計畫向科室內談過。釘螺工作與動物所合作也是一種自由化。黨委提出才停止。毛主席說：「資產階級、小資產階級，他們的思想意識是一定要反映出來的。一定要在政治問題和思想問題上，用各種辦法頑強地表現他們自己。」所內室內其他同志的資產階級各種表現，或多或少自己都是有責任的。表現出官僚主義作風。

南海分所在 62 年以前是中南分院的一個獨立的所。組織上派我兼任該所所長怕我不願接受，裴副院長說，你夏天在青島，冬天去廣東，春秋還可在北京住，不必搬家，希望我對南海所能起些學術方向性的作用。62 年合併為本所分所時黨委孫所長又讓我仍兼所長職務，希望能起一個好的橋樑作用。我兼南海所所長後每年去兩三次不等，邱所長和青年都是非常歡迎我去的，希望我能在所的方向任務方面起些指導作用。現在看起來南海分所基本上按照總所方向去搞的，雖然沒有專職的專家，由於我的影響把分所也弄成一個無「專家」的資產階級專家路線，也是三脫離。辜負了黨的信任和希望。拿生物室來說，珍珠貝的研究本來是一個聯繫生產的項目，可是迷信洋框框，把珍珠貝的漁場調查，按照海洋普查的框框硬套，費了許多人力物力在北部灣搞了一兩個月之久，結果只採到兩枚珍珠貝。珍珠貝搞養殖試驗，因依靠謝玉坎為組長，對工作計畫沒能嚴格執行，未達到預期的結果。去年春季湛江工作站要珍珠貝組的幹部下去勞動一個月，我當時強調總所所長辦公會曾決定上船的時間也算勞動，工作站就沒讓珍珠貝上船的青年去勞動。這是不重視政治的嚴重表現。也就是把本所的框框硬套在分所。

分所與總所的關係：分所對本所是有些意見的，有些問題是誤會，如人員、經費等問題。我既擔任橋樑的作用，就應當把這些矛盾正確的處理了它。但在某些問題上沒能好好解釋說明，把問題推到兩邊書記身上。

對外單位的關係：如上海、浙江、廈大、廣東等有關單位和專家，我在外邊開會時都向我分別提出意見說，我所對標本、文獻等不願給用，青年人說我們所的專家多，標本你們留下有何用等。這些問題自己是有責任的。

二、資產階級的思想作風

（一）求名利

沒從廣大勞動人民的利益、對社會主義建設有貢獻、人人稱讚、代代相傳的真名出發，而只是追求個人名利。自己是一個研究員，近幾年來自己不親自動手。對自己培養的青年只是指手劃腳的指導一下。原來那一套舊的本領，現在不適用了。自己坐不下，不親自動手，沒實踐，因而新的知識增進的就很少。自己常原諒自己，年紀大了，社會活動又多，所裏開會也不少，白天勉強支持八小時，到晚上就不能搞工作了，又有高血壓，左眼底出過血，看顯微鏡很困難。但是為了追求名利，自己仍以科學界的「權威」、貝類「專家」自居。有些工作借指導某些青年搞科研、寫論文為名，讓青年出很大勞動力，自己也掛上空名，美其名說是與青年合作的，自己實際工作很少，甚至只是修改稿子，進行一些加工，雖然不是自己把自己的名字列在前面，但自己並沒勾在後邊，從中剝削他人的勞動果實。有時自己不在所中，文章可就出來了。集體寫專著或論文時，也是把我列在第一名，其他人按工齡或等級排列，不管出力多少。在四清運動以前，我根本不認識這是一種剝削。自己反以為「專家」帶著青年一塊出文章，這也是師傅帶徒弟的一種辦法，我常對他人宣揚這還是一種好辦法，青年並不吃虧。這完全是由於剝削階級的偏見，經常歪曲社會的歷史，如同剝削階級地主說地主不承認剝削雇工、資本家的廠主不承認剝削工人的說法有何兩樣呢？但是真正青老合作還是一種很好的工作方法。老專家或者成熟工作者在工作中解決一些關鍵性問題，時間不一定與青年費的一樣多。青年並不要求與他們拿出一樣多的時間來。可是自己並沒有盡了應盡的責任。有時他人代寫，自己出名。例如：在武漢召開的中國海洋湖沼學會學術會議上理事長的發言稿和中國動物學會 30 周年紀念會「中國軟體動物研究三十年來的發展與成就」。

名利思想還表現在其他方面：內外刊物上或論文的文獻上，看見有自己的名字就很高興。社會團體或國家機構的成員，如全國人大代表、海湖理事長、國家科委海洋組、水產組、中國動物志委員會、九三中委等，都是沾沾自喜，內心也是非常高興。

（二）脫離政治

1、 用行政幹事姜樹德而不用岑順敏同志。岑是一個黨員，而姜是一個團員。若以政治為標準的話應該聽黨的話用岑，但是自己向黨提出要用姜樹德，強調他是男同志好跑跳，又是本室的老幹部，情況熟悉，在肅反運動時組織還派他出去，是一個可靠的幹部。所以先徵求黨委同意留他。自己業務副所長，不好過問。以後向人事科提出要把姜樹德留做本室行政幹事。有一天人事科朱同志說市委要叫姜樹德到嶗山縣去工作。我駁朱說，市委哪里知道姜樹德的名字，還不是你們提出他的。強調把姜留在本室作行政幹事。可是姜樹德在本室任行政幹事期間作了不少壞事。姜走後，我回所才知道他的行為。

2、 為了使幹部安心工作，免除顧慮，莊啟謙同志的愛人林惠瓊同志不問德才如何，再三要求黨委和人事科調來本所。

3、 我曾向鄭重同志提出把陳木同志的愛人調來。

4、 還有梁羨園同志的弟弟是一個未考上大學的社會青年，去年春受梁的託向南海分所介紹臨時繪圖工作。在廣州選出三種圖交邱所長，用臨時工時可試他。政治如何由他調查。雖然未成功，但影響青年上山下鄉的政策。去年暑期在九三動員成員子女上山下鄉時我才體會到這與黨的方針政策背道而馳的。

5、 張福綏同志的內弟（不知他的名字）據說是齊魯大學脊椎動物研究生，畢業已十餘年了，教過生物，現在師範學院教外文，學院領導同意他外調工作。去年春張向我提出介紹南海分所。我以他教書多年了，與分所業務不合適，拒未介紹分所，可是答應他有機會向其他生物系介紹。去夏動物學會三十周年遇見傅桐生（東北師大生物系主任）先生向他提了一下，傅問你認識他嗎？我說不認識。傅說你不認識不要介紹。

（三）**責任心不強**

無論對本所、本室、分所的學術方向、具體安排，很少用腦子詳細考慮，是思想上的懶漢。遇事很少去細心分析，常把事情看的很簡單，常孤立的看問題，把事情常推到旁人去辦。嚴重的不負責任，政治沒有掛帥。

（四）**脫離群眾，家長式的作風**

有權威思想，常擺老資格，學術不民主，自以為是，故步自封，獨斷專行。（如釘蟲、柱頭蟲等工作）只喜歡聽好話，聽旁人說自己進步的話，不耐心聽反對自己的話，常打斷旁人的話。

在室內只和幾位組長商談問題，依靠他們。很少對廣大青年談學術問題。

在室內學術方面主要依靠學術秘書劉瑞玉同志。貝類組依靠齊鍾彥同志，甚至一些零星事情都交給他代辦。

對能為自己服務的青年就使用他，不一定都是德才兼備的。這些青年也常利用我的名義為所欲為，例如謝玉坎同志在廣東對珍珠貝方面的問題。（以他的意見說成我的意見，壓人。）

（五）多吃多占，鋪張浪費

周總理在人大報告號召我們堅持實行勤儉建國方針問題時說：實行這個方針，不僅是為了節約人力、物力、財力，而且也是為了開展與無滅資的鬥爭。勤儉樸素，艱苦奮鬥，是無產階級的優良作風；鋪張浪費，追求享受，是資產階級的腐敗作風。我們發揚無產階級優良作風，使這種作風形成社會風氣，就可以抵制資產階級思想的侵蝕。這無論對於社會主義革命和社會主義建設，都是十分重要的。

自己最大的浪費是對研究所、研究室在學術方面沒有貫徹黨的方針政策，如以上所說的三脫離，貝類養殖又下馬等，只作些不聯繫生產的工作。因而人力、物力的浪費是不可估計的。

所、室其他人的浪費不是和自己完全無關，現在只檢查自己的。對於己於人我來說，表現在以下幾方面：

1、煙票：自己不吸煙，國家發給的煙票，自己只買過一兩條（過春節），其餘的都給九三學社的兩位同志和本室青年分用了（姜樹德管），自己不用，就應該把煙證退給公家，而自己卻未如此辦，這是不對的。

2、借用公家電爐和鋁鍋：61 年在市場上買不到，器材科主動的（姜元希同志）給我代借了一個電爐和一個鋁鍋。為了因開會吃飯晚熱熱菜和早晨有時下點掛麵吃。後來買到鍋時就先退還了。電爐一直使用到大字報揭發批判時才交還公家。電爐雖然不是整年用（冬季、出差不用）但也浪費了不少的電。

3、困難時期有很長的時期在修養所取飯，但交給油、菜票證很少。(只一兩個月)這都是多吃多占例子。

4、困難時期在湛江分所的同志代買過一次對蝦，還代製成蝦乾；在青島買過花生米。這對自由市場的氾濫，有一定影響的。這犯了國家制度。

5、64 年春季同水產部去廣東沿海鑑定珍珠貝育珠技術時由湛江回到廣州，省水產廳預先代我們定好房間，有十二和二十元兩種，他們把二十元的房間讓我年紀較大的住。我和張福綏同志就住一夜，第二天有了較廉的房就搬了。這類房間是部長級的，自己住覺著很排場了。

三、幹部培養

把青年領導到只專不紅的資本主義道路上去。對研實使用多培養少。要求不嚴格，技術不過硬。對研究生只訂一下學習計畫，提出論文題目，檢查不夠，關心不夠，不輔導。任期自流，注意的只是外文、論文。

（一）宣揚個人名利思想：

1、對某些研究實習員讓他們先寫一兩篇一般性的水平不高的文章，在生物學通報或一般性刊物上發表，鼓勵他們名利雙收。

2、對一些見習員或技術員讓他們作些工作，從稿費中津貼他們（編文昌魚：徐鳳山、崔可鐸）例如抄貝類圖譜文稿的同志。我雖然未直接對他本人說給津貼，但是我確對編寫圖譜的同志說過，找見習員抄稿，將來抽出一部分稿費給他們。

3、59 年（？）編寫貝類學綱要時，我向孫所長提出需要一個人協助編寫（原稿是山大教課時印出來的講義），孫所長同意樓子康，當時他雖然勞動改造一個階段回所，但尚未摘右派帽子。就留下他幫助編寫貝類學，不管對他改造有無利益，只要能為自己服務就行。書出版後，都有名利。

其他青年幫助編寫也分得一些稿費。

青年可塑性很大，自己的一言一行，都會有意無意的影響青年，況且對青年用以上的行動向青年灌輸資產階級名利思想，鼓勵多寫不結合生產的論文發表，講物質刺激，不講政治掛帥，把青年領向資本主義道路上走，與黨爭奪下一代。

毛主席說過：「在我國無產階級和資產階級之間的階級鬥爭，各派政治力量之間的階級鬥爭，無產階級和資產階級之間的意識形態方面的階級鬥爭，還是長時期的，曲折的，有時甚至是很激烈的。

無產階級要按照自己的世界觀改造世界，資產階級也要按照自己的世界觀改造世界。」

這不是向無產階級爭奪下一代嗎？

四、努力方向

從以上各方面情況，可以說明，反映在我身上的階級鬥爭是嚴重的。自己的立場還沒得到徹底的改造，工作方法，世界觀還是資產階級的，「聽、跟、走」還是沒有解決的。認識了這些根本性的問題，必須認真地在社會主義教育運動中接受教育，進行改造。總理在人大三屆首次政府工作報告中指出：「資產階級有兩面性，既有被迫接受社會主義改造的可能性，又有強烈要求發展資本主義的反動性。」對來自舊社會的知識份子來說（我在法國受資產階級教育十一年，在中國舊社會工作近二十年），是要違反我原來階級本性的。無產階級世界觀和資產階級世界觀是根本對立的，拋棄資產階級世界觀而樹立無產階級世界觀，是一種脫胎換骨的改造。不痛下改造的決心，就不可能全心全意地為社會主義服務，不可能在工作中做出對人民更大的貢獻。因此必須徹底背叛自己原來的立場和世界觀，一定要按總理指出的知識份子改造的兩個根本途徑實行。按毛主席指示積極投入三大革命運動中去進行徹底改造。在學習主席著作中，特別注意（1）克服資產階級的個人主義名利思想，（2）在工作上克服三脫離。在培幹上克服只專不紅的思想。在三結合上（領導、專家、群眾）要記住：千條萬條，黨的領導第一條，千難萬難，依靠群眾就不難。另外還有兩個「千萬不要忘記」：

（1）千萬不要忘記階級鬥爭！（提高警惕，克服麻痹思想！）

（2）千萬不要忘記自我改造！（活到老，改造到老，老當益壯。）

在「四清」運動中的總結

在這份「檢查」後，張璽還寫了一份「自我檢查」（在檔案中是手寫稿）——

題目：

近幾年來的成績和四清運動的收穫

存在的問題

優、缺點

今後努力的方向

一、近幾年來的成績和四清運動的收穫

我是一個舊知識份子，解放後十餘年來，在黨的正確的「團結、改造」政策下，在黨和同志們不斷批評和督促下，經歷了多次政治和思想運動，特別是這次四清運動受到了深刻的教育。通過自己的政治實踐、社會實踐和業務實踐，一步步地改造有機的思想，逐漸走上了社會主義的道路。

毛主席在「關於正確處理人民內部矛盾的問題」裏說：「我國知識份子的大多數，在過去七年中已經有了顯著的進步。他們表示贊成社會主義制度。他們中間有許多人正在用功學習馬克思主義，有一部分已經成為共產主義者。」這對我來說，是一個極大的鼓舞，也是一個很大的鞭策。這是黨對知識份子的「團

結、教育、改造」政策的偉大勝利，也是毛澤東思想的偉大勝利。

（一）最近幾年來，我在本所黨委的領導下，在出成果出人才方面作出一定的成績，培養了各級的科技幹部。自己社會活動雖多，但仍能抓些時間與某些同志合作，作出了具有一定水平的軟體動物研究論文和專門著作。為了擴大祖國貝類科學工作者的隊伍，並幫助本院動物研究所培養了一些研究淡水和陸生軟體動物的青年。通過幾年的調查研究基本上掌握了我國經濟軟體動物的資源情況，為我國貝類科學研究打下了廣泛的基礎。這些成就都應歸功於黨的教導和有關同志的共同努力，也就是領導、專家、青年三結合的結果。

在業務行政方面和其他同志一道協助黨委貫徹了黨中央的調整、鞏固、充實、提高八字方針，把無脊椎動物研究室的一百餘人整頓成七十餘人，把南海分所 1961 年的三百餘人整頓為一百餘人，對這一正確的方針，從未懷疑過。對南海分所的工作，我主要是制定和掌握生物研究室的方向任務，進行珍珠貝和附著物方面的幹部培養，調查瞭解珍珠貝養殖場對科學工作者的要求和存在的問題，我曾同有關單位到廣東沿海各地珍珠貝養殖區進行調查研究。

在學術團體、民主黨派和國外（巴基斯坦、越南、蘇聯）學術活動各方面，都能按照黨的指示完成任務。

（二）在我國連遭三年自然災害的同時，赫魯雪夫現代修正主義集團又給我們造成嚴重的困難，當時思想上有些波動，怕中蘇破裂影響社會主義陣營的強大。

由於黨給我各種機會儘先參加反對現代修正主義的報告會和學習會，通過一系列的學習討論，使我搞清馬列主義與修正主義的根本分歧，用毛澤東思想武裝了自己的頭腦，在現代修正主義掀起猛烈的風暴面前，能夠基本上站得頂得住、經得起考驗。

在暫時困難期間，黨對知識份子在思想上及時的進行形勢教育，在生活上加以各種照顧，我從內心裏感激黨對知識份子無微不至的關懷，對三面紅旗並在暫時困難期間，黨對知識份子在思想上及時的進行形勢教育，在生活上加以各種照顧沒發生懷疑，更堅定了信心，緊密地團結在黨的周圍，在這場嚴重的考驗中又得到了鍛煉。最近形勢的學習，我進一步認識到美帝國主義的本質，詹森就是今天的希特勒，他積極推行獨霸世界的反革命全球戰略，是世界憲兵，世界反動勢力和殖民勢力的主要堡壘，當代侵略和戰爭的主要根源，全世界人民最兇惡的敵人。我們必須毫無保留的援越抗美，因為它侵略越南，就是侵略中國。同時反帝必須反修，因為蘇聯現代修正主義集團執行的是三假三真和四聯四反的反馬列主義政策，起了帝國主義和各國反動派所不能起的作用，它企圖蘇美合作主宰世界。

（三）在四清運動中，我主要有以下兩點體會：

1、對大字報的認識：在未開展四清運動以前，自以為在黨的教育培養下已經十六年了，特別是自 1956 年向黨寫過入黨申請書之後，就以共產黨員的標準要求自己，現在雖然差的很遠，但聽毛主席的話，跟黨走社會主義道路，至少應該沒有問題了。可以四清運動展開以後，據對我提出的大字報來看，「聽、跟、專」的問題尚未完全解決，思想有些波動。我對大字報所提的意見，不是一下子就認識到的。起初只看些支流，不看主流，只注意某些小問題，不看全面，甚至感到有的不符合事實，不能接受。後來學習了二十三條，聽了梁部長的講話和省委宣傳部張副部長的報告，並認真地進行了學習和討論，才逐漸以正確的態度理解大字報的作用，從思想上體會到大字報的作用，從思想上體會到大字報確是本著「知無不言，言無不盡，言者無罪，聞者足戒，有則改之，無則加勉」的精神寫出的。任何一種革命，必然是群眾運動。要在四清運動這場兩條路線的鬥爭中改造自己，必須面對群眾，在短短的時間內，寫出大量的大字報。因此若希望群眾的意見百分之百的「恰如其分」是不切合實際的。社會主義教育運動是興無滅資，如果自己還對醜惡的東西戀戀不捨，那只能是自尋煩惱。對自己的改造是絕對不利的。如果沒有大字報的揭發和批判，就不可能在短短的時期內把從前積累下來的種種錯誤和缺點，迅速的加以認識並逐步加以改正。對大字報正確的認識之後，在所內九三小組認真地檢查了自己的缺點和錯誤，在同志們進行幫助的基礎上，加以補充整理，最後在全室人員大會上做了一次自我檢查，群眾比較滿意。在九三小組上並積極地幫助別的同志初步運用了「批評和自我批評」的武器。

2、 對階級和階級鬥爭有了進一步的認識：在黨的教育下，通過聽報告學習和參觀階級教育展覽會，雖然也對階級和階級鬥爭問題有所認識，但是認識不夠全面。只認識到敵我矛盾是階級鬥爭。人民內部的階級鬥爭，知道在工商界和文教藝術界有，對科學研究中的階級鬥爭認識不清。通過這次運動，我才從思想上認識到在科學研究單位以至在我們自己身上都有社會主義和資本主義兩條道路的鬥爭。自然科學沒有階級性的，但是自然科學工作者是有階級烙印的。毛主席說「無產階級要按照自己的世界觀改造世界，資產階級也要按照自己的世界觀改造世界」這個哲理，在四清運動中揭露的許多事例中得到了進一步的證明。資產階級知識份子在科學研究上的三脫離和幹部培養上的只專不紅，都足以說明他們是要按照自己的世界觀改造世界的。

二、存在的問題

在主觀願望上我是堅決聽毛主席的話，跟著黨走社會主義道路的，可是檢查過去幾年來的工作和思想作風時，在執行和貫徹黨的方針政策方面還存在著以下幾方面的問題：

（一）在所的研究工作上，我是為科學而科學的，沒有很好地貫徹科學研究為社會主義建設服務，而是脫離生產、脫離實際、脫離群眾。把舊社會資產階級那一套科學研究方法硬搬在新社會裏來了。1958 年本室成立了一個養殖組，養殖過貽貝和幼苗培養，並獲得了初步成果，但是由於我重視不夠，不久就下馬了。

在工作方法上，我沒有真正的貫徹黨的領導、專家責任制和群眾民主相結合。沒有能站的高，看的遠，站在中國看到世界，一切從全所全國科研出發。對室的學術方向也沒有從全室各組如何發展好好考慮，而只從自己的專業著眼，想成為一個永垂不朽的中國貝類學的奠基人。

對室的領導工作，我只是主持室務會議，聽聽彙報，很少到各組瞭解青年群眾的工作情況。

我兼南海分所所長後，每年去兩三次不等，分所書記和青年都是歡迎我去的。他們希望我能在所的方向和任務方面起些指導作用。現在看起來，南海所的工作，由於我的影響基本上也有三脫離的傾向。拿生物室來說，珍珠貝的研究本來是一個密切聯繫生產的項目，可是迷信洋框框，把珍珠貝的漁場調查，也按照海洋普查的框框硬套，費了許多人力物力在北部灣搞了一兩個月之久，結果只採到兩枚珍珠貝。

（二）在幹部培養方面是只專不紅或重專輕紅。黨要我們按照毛主席提出的五個條件培養又紅又專的接班人，可是我呢？沒能按毛主席的指示去辦，而以重專輕紅的指導思想培養幹部，認為紅是黨支部和人事部門的事情，把青年領到只專不紅的資本主義道路上去了。

對研究實習員使用多培養少，沒有要求他們經常按照三敢三嚴的精神去做，對研究生只訂一下學習計畫，提出論文題目，檢查不夠，不輔導，關心不夠，多少任其自流，注意他們的知識外文和論文，而對馬列主義的學習則很少過問，認為這是人事部門的事，對某些高級研究實習員則讓他們先寫一兩篇一般性的、不一定聯繫生產的文章，在《生物學通報》或其他刊物上發表，認為這是培養青年寫作由淺入深的起點。但實質上是引導他們走向名利的起點。

最大的錯誤是我沒有貫徹好黨的階級路線，自己依靠的青年不一定都是德才兼備的，依靠的標準是只能為自己服務就行。

青年的可塑性很大，自己的一言一行，都會有意無意的影響他們，鼓勵青年多寫不結合生產的論文，灌輸資產階級名利思想，不講政治掛帥，把青年領向資本主義道路上去。這也就是按照自己的資產階級世界觀培養青年，向無產階級爭奪下一代。

（三）我對黨的方針政策積極擁護，但遇到具體問題，有時認識不清。檢查出來的有以下幾個問題：

1、我對黨的調整、鞏固、充實、提高的方針是積極擁護的，學習周總理報告有關方針時毫無疑問。但在貫徹時，本所人事部門要本室精減人，口頭雖然同意，但在思想上總是感到人數減的太多了，只是從人數上考慮，而忽略了八字方針的全面意義。

2、在多次的學習會上我是反對「三和一少」的修正主義觀點的，但是當有人提出「支持古巴（大米）恐怕卡斯楚將來像納賽爾那樣忘恩負義」的看法時，我也同意。就是說本國有自然災害，糧少，卡斯楚是否可靠還不知道，應當少支持些，或者不支持，這是一種狹隘的民族利己主義思想，沒有站在馬列主義立場上看問題。革命勝利了的國家特別是社會主義國家，應當充分發揮國際主義精神，支持一切反對帝國主義的國家。任何一個國家革命戰爭和反侵略戰爭，既為本國本民族的利益而戰，又都是對其他國家革命鬥爭的支持，都是對已經勝利了的國家的支持。只要當時卡斯楚反對全世界最兇惡的敵人美帝國主義，我們就應該支持他，這是社會主義國家義不容辭的責任，援助別人，也就是援助自己。

3、 在暫時困難時期，對「三自一包」的問題，我在任何場合都是反對的，但仔細檢查起來，對自由市場並不那麼反對，因為它對自己方便，例如我在青島曾買過花生米。這對自由市場的氾濫有一定影響。

此外，在世界形勢問題上我存在著僥倖麻痹思想，認為美帝國主義在朝鮮戰場上是我們的敗將，現在我們比以前更強大了，我們有偉大的國家，偉大的人民、偉大的解放軍、偉大的黨和偉大的領袖毛主席，美帝國主義不敢進攻我國。這是忘記了毛主席指出的「搗亂、失敗、再搗亂、再失敗、直到滅亡——這就是帝國主義和世界上一切反動派對待人民事業的邏輯，他們決不會違背這個邏輯的。這是一條馬克思主義的定律」。

在思想作風上還存在著資產階級個人名利思想和封建式的家長制。

4、 追求名利

沒從廣大勞動人民的利益、對社會主義建設有貢獻、人民稱讚、代代相傳的真名出發，而只是追求個人名利。自己是一個研究員，近幾年來未能親自動手，對自己培養的青年我只是原則地指導一下。原來那一套舊的本領，現在不適用了。自己社會活動多，坐不下，時間少，沒實踐，因而新的知識增進的就很少。自己常原諒自己年紀大了，社會活動又多，所裏會也不少，白天勉強支持八小時，到晚上不能搞工作了。又患高血壓，眼底出過血，看顯微鏡更困難。但為了追求名利，自己仍以科學界的「權威」自居。有一些工作借指導某些青年搞科研寫論文為名，讓青年出很大勞動力，自己掛空名。美其名說是青老合作。實際自己工作很少，剝削了他人的勞動果實。與青年集體寫專著時，也是把我列在第一名，其他人員按工齡和級別排列，不管出力多少。在四清運動以前，我根本不認識這是一種剝削行為。反以為「專家」帶著青年一塊兒出文章，這也是師傅帶徒弟的一種方法。我還常對他人宣揚說這是一種好辦法，青年並不吃虧。這完全是剝削階級的偏見，實質上這與地主不承認剝削雇工、資本家的廠主不應承認剝削工人的說法是一致的。但是真正青老合作還是一種很好的工作方法。老專家或者成熟的工作者在工作中解決一些關鍵性問題，青年多花一些時間作些初步地調查工作，雙方互相結合取長補短，對工作還是很有利的，可是我並沒有盡到應盡的責任。

5、 封建式的家長作風

無脊椎動物研究室的組領導，有不少是我的老同事或學生，因此，不知不覺的常以封建式的家長作風對待他們。有權威思想，擺老資格，自以為是，固步自封，不善於團結對自己有意見的人。只喜歡聽好話，聽人說自己進步的話，不耐心聽反對自己的話，甚至常打斷旁人的話。這完全違反了毛主席的教導：好話，壞話，正確的話，錯誤的話，都要聽，尤其是對那些反對的話，要耐心聽，要讓人把自己的話說完。

三、優、缺點

優點：

（一）服從黨的領導，擁護黨的方針政策。參加社會活動工作較多，在歷次運動中立場堅定。

（二）要求進步，積極參加政治理論和時勢政策的學習。在暫時困難時期，擁護三面紅旗，經得起考驗。在現代修正主義掀起猛烈的風暴時，能基本上站得穩。

（三）四清運動態度比較端正，積極參加運動，認真批判檢查自己身上的缺點和錯誤，並積極向一切不利於社會主義的錯誤思想作鬥爭。

缺點：

（一）在科學研究上是為科學而科學，有三脫離的現象，在培養幹部上重專輕紅。

（二）在思想作風上，還存在著資產階級個人名利思想和封建式的家長作風。不善於團結對自己有意見的人。

四、今後努力的方向

從以上各方面的情況來看，可以說明，反映在我身上的兩條道路鬥爭是嚴重的。自己的立場還沒得到徹底改造，工作方法、世界觀還是資產階級的，「聽、跟、走」還沒有完全解決。認識了這些根本性的問題，就必須按照周總理提出的知識份子改造的兩條根本途徑努力進行徹底改造。

毛主席在「關於正確處理人民內部矛盾的問題」裏說：「廣大的知識份子雖然已經有了進步，但是不應當因此自滿。為了充分適應新社會的要求，為了同工人農民團結一致，知識份子必須繼續改造自己，逐步拋棄資產階級的世界觀，而樹立無產階級的、共產主義的世界觀，世界觀的轉變是一個根本性的轉變，現在多數知識份子還不能說已經完成了這個轉變。我們希望我國的知識份子繼續前進，在自己的工作和學習的過程中，逐步地樹立共產主義的世界觀，逐步地學會馬克思列寧主義，逐步地同工人農民打成一片，而不要中途停頓，不要向後倒退，倒退是沒有出路的。」我一定要繼續按照毛主席的指示加強改造，逐步地樹立無產階級世界觀。

為此，我今後要加強學習毛主席著作，活學活用，學用結合，急用先學的方針。帶著問題學，逐步解決下列問題：

（一）為瞭解決科學研究方向的三脫離問題，必須認真地學習毛主席的「實踐論」和「人的正確思想是從哪裡來的？」兩篇哲學論文。因為實踐才是一切知識的源泉，要做好任何工作，必須從實踐出發，大興調查研究，堅持理論聯繫實際的原則。

（二）為了正確分析國際國內各種矛盾和正確處理各方面關係的實際問題，學習毛主席的「矛盾論」和「關於正確處理人民內部矛盾的問題」。

（三）為了克服資產階級個人主義名利思想和重專輕紅的思想，要不斷學習毛主席的「紀念白求恩」和「為人民服務」。

（四）樹立領導、專家、群眾三結合的工作方法，必須要記住：千條萬條黨的領導第一條，千難萬難依靠群眾就不難。

（五）經過這次四清運動，必須牢記兩個「千萬不要忘記」：1.千萬不要忘記階級和階級鬥爭，提高警惕，克服麻痹思想。2.千萬不要忘記自我改造，幹到老，改造到老，老當益壯。

在「小組鑑定」一欄指出了張璽在自我檢討中所列的自身的優點和錯誤。標明時間是：1965 年 9 月 12 日。小組長簽名是一枚印章的印，印名是：鄭執中。在被鑑定人一欄是張先生自己的簽名。後邊是「中國科學院海洋研究所」的公章，寫有：「同意小組對張璽的鑑定意見。」時間是：1965 年 9 月 20 日。

在張璽的一份檔案材料上蓋有「絕密」字樣，是當時組織上給他的鑑定，看時間應該是「四清」運動後的鑑定。在這份〈張璽材料〉上寫道：

> 張璽，男，1897 年生，漢族，河北平鄉人，家庭出身：地主，本人成分：職員，1952 年參加九三學社，1949 年 11 月北京解放後留用，現任全國人民代表，九三學社中委，青島分社主委，中國湖沼學會理事長，科聯青島分會付主席，海洋研究所付所長兼南海分所所長，無脊椎動物研究室主任，二級研究員，原政治態度中左。
>
> 歷史表現：
>
> 該社會關係及個人歷史比較清楚，未發現重大政治歷史問題，本人曾交代：1946 年 9 月認識世界科學社負責人唐嗣堯，唐曾發給張一張「世界科學」特邀編輯書，經查證：唐係軍統特務，「世界科學社」是為進行特務活動而作掩護的，但名單中未有張的名字，為此，張未參加「世界科學社」。
>
> 解放後，張在抗美援朝運動中，曾有變天思想。「土改」「鎮反」持中立態度，「三反」及思想改造，態度尚老實。五七年正風反右中，表現積極，能主動批判儲安平「黨天下」及所內一些反黨份子的反動言論，反右鬥爭初期對鬥爭其老朋友有些猶豫，經教育後尚能認清，表現較好。正風後在政治上劃為左派，1963 年市委統戰部決定改為中右。
>
> 現實表現：
>
> 對黨的領導的態度：

該對黨的領導的一般是擁護態度，但在某些問題上有不滿情緒。

三面紅旗在公開場合發表的都是正面言論，沒有起壞作用。口頭表示擁護。如他表示「形勢好轉的主要原因是由於黨的英明領導，三面紅旗的正確和貫徹了各項方針政策所取得的」，但當九三成員問他時，他卻打著哈哈說「黨的領導嘛！」表現了半信半疑的態度。對國內外形勢的認識該發表了不少正面言論。在一些會議上還常常教育別人要正確認識，但在某些重要問題上，仍保著懷疑動搖態度。如他說「東風壓倒西風是肯定的，西風比以前弱了，我們更加強大了，修正主義危害性雖大，但並不是不得了，世界革命大旗在我們手裏。」有時他又表示「我感到越學越糊塗，剛弄清一個問題，遇到另一個問題就又糊塗了。」

63 年組織要他通過與蘇聯專家聯繫關係寄去關於國際共產主義運動總路線的建議，他表現猶豫動搖，開始遲遲不寄，並說「四國漁委會時，我還要跟古教授（蘇專家）見面呢。」後見我國再次廣播，才寄出。

在形勢學習中，他說「我不親美，但也恨不起來」，「我們同印度打仗，一下就打到新德里，但同美國打，怎麼能打到華盛頓」。他擔任九三學社主委，在九三的黨員幾次叫他去市委統戰部彙報，他都不願去。

該對黨的科研方針在和個人利益不衝突時，能夠積極擁護，對自己抓的幾個組的工作尚能注意督促檢查。但一與個人名利相抵觸，就不能接受，在科學方針上不是全心全意。如他為了個人名利，63 年對海軍交給的任務，態度很不積極。

四清運動中暴露的問題：

在人事問題上和我們黨爭領導權——

在作法上，張採取了培植親信，擴大建立他所需要的研究組，以作為他的政治資本。如自 50 年以來，張璽就培養了一套忠實為他服務的人馬，這些人都是剝削階級家庭出身，社會關係複雜，思想落後。如齊鍾彥（副研，貝類組組長）、婁子康（右派，已摘帽子。研實）等十餘人。張對其親信業務上大膽使用，外出為他們吹捧，生活上對他們照顧有加。去京講課，向新華社吹噓婁是一個有才的青年。為梁羨園提職問題多方遊說，將梁與人合作的一篇論文通過答辯達到了提升助研的目的。研究室業務會，如果他的親信沒有通知到，他就大發雷霆。一次為貝類組調出人員，他發火說「齊鍾彥這個人不爭氣，我為他創業，他卻不能守業。一次他為了要留一個他認為聽話的幹部當行政幹事，竟對人事科同志發脾氣說「是你領導我，還是我領導你！」

散佈資產階級思想影響——

張在工作上是不負責任，長期不親自動手，熱衷於追求個人名利，向青年散佈資產階級個人主義思想，以物質刺激拉攏青年人，無償的佔有別人勞動果實。他的工作大部分是出差、視察、開會，別人寫文章他掛名拿錢，解放以來他積極鼓勵手下的研究人員忙於編寫論文，甚至在 63 年還組織大量人員編計畫之外的「中國動物圖譜」等。這些東西，他自己從不動手，只簽上名，就可以分得多半稿費，很多稿件根本不仔細審查就寄出，甚至錯誤百出的文章也不惜為了幾元小利而掛上名。平時對青年灌輸的是資產階級名利的思想。如 64 年為了「中國動物圖譜」能早日出版，到處拉攏人員，對見習員劉銀成說「抄一張稿子八分錢」，鼓勵劉多抄多拿錢。還利誘一些同志的家屬為其抄稿。由於他的散佈的這些毒素，對青年影響很壞。

這次運動中，初期對大字報抵觸情緒較重。見大勢所趨，才作了檢查，檢查一般尚好，也開始注意抓業務工作，但該人言行不一致。五月初，該室莊啟謙、婁子康接到自然科學名詞編輯室來函要求他們校正軟體動物名詞，張不向工作隊及黨支部彙報，竟然命令莊啟謙停止二天鑑定急用的中越合作標本，而鑑定名詞。運動後期，張璽仍持有不滿情緒。如說「黨的方針政策我們不能掌握，如果我們掌握了說你篡奪領導權，過去室的專職書記沒有，叫室主任抓，我們一管就放毒」。「過去有些人因為沒有升級就對我這個室主任有意見，因此運動中有些故意為難。」

綜上所述，解放以來，張璽在政治上有一些進步，對形勢學習比較關心，可以跟著黨走社會主義道路。口頭上擁護黨，但內心有懷疑與抵觸，其資產階級世界觀沒有得到很好改造，資產階級思想對青年影響較大。其業務專長為軟體動物，但學術水平不高，長期以來沒有接受新的東西，在動物學界及所內威信不高，群眾對他期望不大。

根據以上表現，其政治態度原為中左，現擬劃為中中，並建議保留全國人民代表大會代表職務。

中共海洋研究所委員會

1965 年 8 月　日

張璽先生於 1967 年 7 月 10 日在青島去世。

同時代人對張璽的回憶

曾呈奎：

我第一次見到張璽教授是 1934 年成立不久的中華海產生物協會在廈門召開的暑期研究會議上。當時張璽剛從法國回來不久，在北平研究院任研究員，而我剛從廈門大學畢業，在該校任助教工作。我們全體參加研究會議的人員一起照了像。我對張璽教授的印象是一個豪爽的「山東」大漢，一個實幹的科學家。我們的第二次見面是在 1950 年解放後的青島，他同吳征鎰和王家楫兩位先生一道，奉剛成立不久的中國科學院的指示來青島同童第周教授和我商議成立青島海洋生物研究室的有關問題。

1949 年 6 月 2 日青島解放不久，北京準備召開中華全國自然科學工作者會議，電報邀請童第周教授和我前往參加籌備委員會。在會議期間，我們會見了正在籌備成立中國科學院的竺可楨教授。我們討論了關於成立海洋研究所的問題。當時中國研究海洋的力量一共只有二十幾人，除了兩位搞物理海洋學的人員，即山東大學的赫崇本和廈門大學的唐世鳳以外，都是搞海洋生物學工作的，包括以張璽為所長的北平研究院動物研究所，人員最多，但有關人員也只有十幾人；以童第周和我為首的山東大學動物系和植物系，有八人；以王家楫為所長的中央研究院動植物研究所，有四人。所以竺可楨表示應當首先把這些人組織起來，先成立海洋生物研究室。這個研究室有一個附帶任務，就是積極擴大力量，為成立海洋研究所創造條件。

1949 年 11 月 1 日中國科學院成立了，下設幾個研究所，其中有水生生物研究所，所長為王家楫研究員。這個所創建在上海，包括淡水和海洋生物的研究，王所長和伍獻文副所長都是水生生物學的研究人員，王研究原生動物學，而伍是研究魚類學的。院部有意接受王和伍的意見，據說也徵求了張璽的意見。他們都表示同意，1950 年初春，院部派王家楫、張璽二人加上吳徵鎰教授組成三人小組來到青島，首先同山東大學商量調童和我出來主持海洋生物研究室，其次是同我們商量成立研究室的有關具體問題。這是十幾年後我同張璽的第二次見面。不久，中科院決定在青島成立海洋生物研究室，將北平研究院動物研究所大部分人員調入，以童第周為主任，我和張璽為副主任。同時還在廈門成立廈門海洋生物研究室，以北平動物所的沈嘉瑞教授為主任，二年後因國民黨飛機轟炸廈門而內遷長汀，不久就停辦了。

研究室 8 月 1 日正式成立時，除了童第周和我以外，還有跟童工作的吳尚勤，跟我工作的張峻甫、婁康後和分配來所工作的大學畢業生紀明候、管秉賢、任允武、郭玉潔及孫繼仁等人，另有四位職員及兩位工人共計十六人。當時張璽副主任正在北京組織來青人員的搬遷工作及留京人員的安排，因此，他沒能參加研究室的成立會，而是於兩個月後，1950 年 10 月率領齊鍾彥、劉瑞玉、李潔民、馬繡同等同志並攜帶有關標本、儀器及圖書來青島參加工作。以後張鳳瀛、張孝威、成慶泰、鄭執中、吳寶鈴、鄭守儀等海洋動物學家及許多青年相繼來室工作。在建室的十七年間，張璽及他領導下的工作人員對中國海洋無脊椎動物的分類、區系、形態和生物學做了大量的研究工作，對北自鴨綠江口南至西沙群島進行了多次的調查。張璽 1957～1960 年擔任中蘇海洋生物調查團中方團長，領導了青島、塘沽、大連、舟山、湛江和海南島的調查，特別是對海南島的調查規模最大，前後做了春、夏季及秋、冬季兩次調查，獲得了豐富的資料和標本，推動和發展了我國的潮間帶生物學研究。

張璽先生個人擅長軟體動物後鰓類的研究，他在法國完成的《普妻旺薩沿海後鰓類的研究》和回國後完成的《青島沿岸後鰓類的研究》，以及以後的《海兔的研究》等都是他的代表作，都曾受到國際同行的高度評價。他在調查中對海洋中危害極為嚴重的船蛆和海筍以及對養殖非常重要的牡蠣、扇貝和珍珠貝等的分類、生態和生物學都做出了貢獻。對這些動物的防除和養殖都打下了堅實基礎。

張璽先生的另一工作是原索動物的研究。1935 年他首次在青島發現了腸鰓類中的柱頭蟲，這是研究進化問題很重要的動物，過去高等院校都依靠從國外進口的材料，自從張璽發現在中國沿海也有柱頭蟲的分佈之後，各高等院校即不需要從國外進口了。以後於 1963 年和 1965 年又發現了腸鰓類的另外的種類——多鰓孔舌形蟲。1936 年他在青島發現了廈門文昌魚的一個新變種，對它的形態、分佈，以及與廈門文昌魚做了詳細地對比，發表了論文，以後於 1962 年又發現並發表了短刀偏文昌魚在中國的分佈。

張璽先生曾是中、蘇、朝、越四國漁業會議的成員。他參加了會議的歷次學術會議，並於 1959 年代表中國參加在越南召開的學術會議。1961 年赴蘇聯參加分類區系學術討論會，另外還於 1958 年代表中國參加巴基斯坦的科學年會。在歷次的會議上都宣讀了學術論文，擴大了中國的影響。

在籌建南海海洋研究所時，孫自平黨委書記請張璽參加，他不顧年邁體弱和海洋所的繁重任務，毫不猶豫地慨然應允。從那時起，他便每年抽出時間到廣州，為南海所籌畫設計研究課題。他提出南海所生物方面的研究應以珊瑚礁的調查和珍珠養殖為主，同時對污損生物及其他生物的研究同步發展的戰略，得到南海所同志的擁護。按照張璽的部署，南海所從事生物研究的同志陸續來我所學習。現在南海所的這些方面都有很大發展。

張璽先生是中科院動物研究所的兼職研究員，為動物所培養了研究陸地及淡水軟體動物的研究人員，在張先生的指導下，他們做出了很大成績。張璽是中國海洋湖沼學會的第二任理事長，他組織團結全國海洋學及湖沼學研究人員開展各類學術活動，為繁榮祖國海洋湖沼的科學研究做出了貢獻。

張璽先生學識淵博，除研究工作外，他還先後在中法大學、雲南大學、北京大學、山東大學等高等院校任教，講授海洋學、組織胚胎學、動物學和貝類學等。他經常接受國內外各有關單位的研究人員來所進修。中山大學、北京大學、湛江水產學院、南京古生物研究所和越南都曾派研究人員來跟他進修貝類學，在海洋所內他也培養了一批研究生及青年科學工作者。在培養人才和發展事業上他取得了不可磨滅的成績。

我與張璽先生相識三十幾年，與他共事也有十七年，深知他是一位德高望重，善良和藹的同志。他從不在名利地位上計較，對黨的指示和安排絕對服從。這從他由北京調來青島工作和領導南海所的事情上就是很好的說明。他從不以領導自居，遇事和同志們商量，集思廣益，把事情辦好。他待人和藹，與人為善，關心後輩，這些優良品質深受群眾的愛戴。

吳徵鎰（中國科學院院士）：

張璽先生，字爾玉，常以字行。「璽」本是古代皇帝御用的印信，但他的品格卻連一點作「素王」，當「素臣」的意思都沒有，而是一位腳踏實地的我國老一代科學家的典範。他所以常用「爾玉」這個字，大約取其「守身如玉」，「潔身自好」的本意。他比我年長十九歲，本應屬於老師輩的長者，每當回憶起我們之間幾十年的隔行「忘年交」便不禁使我深深陷入一段含辛茹苦的回憶之中。

七七事變，抗戰軍興，許多學者名流一時都薈萃到昆明這個比峨眉山稍覺安穩些的「風物居然似歸京」（陳寅恪詩）的大後方來。前此由國民黨元老之一，留法、比、瑞歸國學者的先驅李石曾創辦，與南京「國立中央研究院」略有抗衡之意的「國立北平研究院」，連同原在北平西郊三貝子花園（今北京動物園）中，陸謨克堂，以紀念法國大學者，進化論創始人之一的 Lamarck 的三層樓建築中的三個研究所，也就先後「播遷」到昆明。植物研究所雖然本有個退步在陝西武功縣陽陵，但所長劉慎諤（士林），還是和郝景盛，簡焯坡，匡可任等幾位在西山華亭最後面，租用了「藏經樓」的樓上，作為在昆採集標本和籌建植物園的基地。簡剛從西南聯合大學生物系畢業，後又做過我的老師吳韞珍先生和我的助教和助手；匡則剛從日本北海道林校於抗戰開始後經騰沖回國。他們後來都和我在由經利彬奉教育部令籌辦的短命的「中國醫藥研究所」裏共事四年。抗戰中間，郝就任雲南省林業廳技正，士林來往於昆明、武功之間，最後僅留下西站附近一小片苗圃，於解放之初併入我現在工作的昆明植物研究所的前身，與北平私立「靜生生物調查所」有淵源的「雲南農林植物研究所」中。那座樓在「文革」後遭雷火焚毀，今已蕩然無存。國運家運緊密相連的這一段悲歡離合的故事，是我和爾玉先生得以很早相識的契機，距今已五十多年了。

還昆後的北平研究院動物研究所原由陸鼎恒任所長，生理研究所則由經利彬任所長。已如前述，經先生雖然是國民黨另一位元老經亨頤的兒子，但由於研究設備在昆全無基礎，工作開展不了，只得改弦易轍當了短命的另一個在昆明大普吉陳家營土地廟內安家的「中國醫藥研究所」所長，而生理研究所則因他在抗戰勝利後赴臺灣依靠陳儀而從此消聲匿跡了。但在當時這兩個所相依為命，在西山腳下蘇家村裏建了一連幾間的草頂土基牆的「陋室」，暫且存身。物理研究所，化學研究所，地球物理研究所（顧功敘）則由嚴濟慈老率領，在與西山成東北西南對角線的黑龍潭，即現在的昆明植物研究所主體，與該所前身原公私合營的「雲南農林植物研究所」望衡對宇地建起了幾排同樣的「陋室」作為各所的實驗室和宿舍。歷史語言研究所的徐炳昶，蘇秉琦，黃文弼等則擠在黑龍潭黑水祠的偏殿裏與泥塑木雕的道教天尊為伍。那時我還是個剛從大學畢業當助教的毛頭小夥子，只是隨西南聯合大學的老師們如吳韞珍老師到這些地方作採集實習時，才逐漸認識這許多位前輩。儘管他們都很平易近人，但畢竟不同輩份，都屬交往不多。

在動物研究所裏，我最先結識的卻是陸先生。記得那是1938年10月以後。李繼侗老師讓我做他的助手參加一個國民黨賑濟委員會主辦的滇西考察團，那次可以算是較大的綜合考察，目的是在芒市、遮放、猛卯（今瑞麗）三個傣族聚住的壩子邊和景頗山上尋找荒地，移難民來開懇。團裏有民族學家（江應樑），社會學家（李景漢），也有地質、地理、生物學家，甚至物理探礦專家（張丙吉）。迄今我還保存著一張陸先生在保山玉皇閣（？）留下的頭像。他的大腦袋和凸出的前額倒也有些和爾玉先生相似，表明他們都具有相似的智慧和幽默。但據聞，陸是一個老「革命」的後代，父親遇刺時，他膝蓋裏留下了一顆子彈，考察結束後沒有兩年就病逝了，拋下了剛回國後才結婚的嬌妻幼子而去。接陸的所長職的正是爾玉先生。

我之真正和他更進一步交往倒是在吳老師貧病交加，英年早逝以後。抗戰了三四年，艱苦條件日甚一日。我雖還是一個單身漢，一則由於老師已逝，作為冷門的植物分類學在昆明幾所大學裏沒有人教，遂承乏在這幾所大學同時開課，包括雲南大學和中法大學。那時主持中法大學生物系的是夏康農教授，他是率先翻譯過小仲馬《茶花女》的，聰明，活躍，具先進思想的民主人士。還有後來是爾玉先生大弟子的齊鍾彥的令尊，齊雅堂教授，他則是非常敦厚樸實的植物形態學家，解放後我們引進橡膠的工作中又有接觸。他是研究橡膠皮層中篩管分佈的第一人。他們又都是爾玉先生先後留法的好友。再則由於我帶學生去西山實習，當時只能從篆塘碼頭上小船，經大觀河、草海而到楊家村和蘇家村下船上山。動物所是我們一定要歇腳或吃「摩登粑粑」野外冷餐的處所。在他們所中又有當時剛畢業的易伯魯，朱寧生兩位聯大同學做張先生僅有的助手。那時張先生是國內僅有的貝類學家，他正在研究滇池的螺螄。這種螺螄是個深水底棲的螺類，外殼很精美，有點像古代「七級浮圖」，但底盤稍寬，往上是一圈圈方形凹槽。研究結果，證實該屬原近於海產相關屬，保留在許多高原湖泊中，作為有各不相同種的特有屬Margarya。他還發現在草海水草間的一種兩棲類有紅黑斑的小蠑螈，以後成為聯大生物系作動物形態、生理等實驗的好材料。1938～1945 年間他和易、朱二人廣泛搜集研究了昆明地區湖水環境和各類動物，也括浮游生物和魚類，兩棲類等。在發現的十九種魚類中就有十二種是地方性種，開國內湖沼生態系統研究的先河。於 1949 年發表了「昆明湖的形質及其動物之研究」。這也是昆明湖的真正本底調查。可惜以後由於圍湖造田，引進四大家魚，大量引進太湖銀魚，連帶了青蝦、白米蝦和河蚌，大規模網箱養魚等不合理或不盡合理的生產措施，導致目前草海蹤跡全無，大觀河臭不可聞，滿覆著耐污和吸污的水葫蘆（鳳眼蓮）。水生環境和滇池原有動植物區系都已經過幾次改朝換代，螺螄，小蠑螈，金線魚乃至它們的棲息地、產卵所如海菜花、草排子等都已破壞殆盡，這些種類已成稀有或已絕種。這恐怕是先生當初意想不到的，即使他來做挽救工作也難於下手了。

然而我真正和先生深入接觸，則是解放以後的 1950 年。那年為了調整舊社會遺留下來的科研機構，為了集中力量創辦海洋生物研究所和水生生物研究所，我奉命追隨爾玉先生和中央研究院王家楫先生從北京專程去青島。一則拜訪當時在山東大學任副校長的童第周、葉毓芬夫婦和在生物系任教授的曾呈奎先生，二則為當時即將開闢的海洋生物研究所尋找初步集中人馬的落腳之處。在約一個多月的接觸中，我才進一步認識這位身材高大壯實的「燕趙之士」，並不總是慷慨悲歌，「銅琶鐵板」那樣的人物，卻也是溫柔敦厚，細心和耐心皆備的真正的學者。他們雖然來自舊社會各立門戶的不同學院和學校，受過不同國家的科學訓練，個性也各自不相同，但在解放初期，號召團結協作，共謀發展我國底子原本很薄的科學技術口號下，都是以學者的氣質經過切磋琢磨與有關各方商定，取得一致的建所方案，並選定臨時所址。那就是海灘旁的 Dutch Village（娛樂場）和萊陽路的一所旅館。都是駐華美軍撤退後的遺跡。從這裏開始，為後來獲得較大發展的海洋研究所作了充分準備和良好的開端。他本人原在三十年代組織過「膠州灣海產動物採集團」，和弟子馬繡同發表過四期報告，又有《膠州灣之海洋環境及其動物之分佈》等文的豐富常識經驗作基礎，但他從原「北研」班子中只帶來了齊鍾彥，馬繡同等少數幾位，易伯魯和朱寧生則歸宿到創址於武漢的水生生物研究所，他們後來都成為該所的骨幹。而他卻將自己年過五十，已抱孫的家庭逐步搬到了青島（該所建所後我記得有一次遇到他，當時家尚在北京），從頭開始創業，從不計個人的名利和已有的地位。那種獻身、創新、求實、協作精神足以作為後學的楷模。據聞後來創辦南海海洋研究所還想調他主持該所，那時他已六十出頭了。

他對貝類研究，特別是後鰓類的研究早有兩篇代表作，在解放以後的較大發展中獲得許多方面的成就，具體見 1983 年貝類學論文集第一輯中齊鍾彥的〈張璽教授對我國海洋學和動物學研究的貢獻〉一文。由於隔地隔行，我只是先從北京後到昆明聽到一些他對船蛆和海筍的研究為我國的碼頭建設和船舶工業立下了無可代替的功勞。這些有害貝類，鑽木鑿石藏身，他和助手們從深入研究其生活史著手而求得有效防治方法。他不但研究防治了有害貝類，還對食用貝類如牡蠣、扇貝（乾貝和鮮貝）、貽貝（淡菜）等產區生活史、產卵、繁殖和生長過程的研究，為這些如今已成美食便餐的食物資源的養殖事業奠定了基礎和開闢了門路。他以廣博深入的無脊椎動物學學識總結了建國三十年來這方面調查研究的成就（單他本人就有一百四十三篇文章），他對脊椎動物的始祖原索動物也有重要發現，如青島的文昌魚變種，柱頭蟲和舌形蟲等。然而他卻始終沒有進入院士的行列，我想這是他只問耕耘，不求名利，生性恬退，留機會扶掖後進之處。他本來有「壽者相」，但卻在「文革」開始後一年只到了七十歲就過早辭世，我至今也還沒有瞭解是什麼原由。

然而我和爾玉先生還有一段未了的因緣。我在 1953 年去海南搞橡膠問題之後，就逐漸迷上了海濱拾貝的業餘愛好，以後在日本，在美國 Miami 都想方法搜集了不少暖溫帶至熱帶的貝殼。每當看到這些天然美麗的貝殼，就想起爾玉先生的言容笑語。只是我已無法再向他求教 Conchology（貝殼學）的知識了，不禁為之長歎，而已而已。

劉瑞玉（中國科學院院士）：

張璽教授是我國海洋動物學的奠基人之一，我國貝類學的開創者。他長期任中國海洋湖沼學會理事長和中國科學院海洋研究所〔前身是青島海洋生物研究室（所）〕的副所長。為發展我國海洋生物學奉獻了全部精力。他於 1967 年 7 月溽暑之中過早地離開了我們。當我們回顧我國海洋科學事業發展的過程，檢閱海洋動物學、特別是貝類學，取得的巨大成績時，總要懷念起它的奠基人和開拓者張璽教授及其所作出的貢獻。

張璽教授 1897 年 2 月出生於河北省平鄉縣，是早期被派往法國勤工儉學的留學生，1931 年獲法國國家博士學位，1931 年被聘為北平研究院動物學研究所研究員，後任所長。他滿腔熱情，要為祖國的強盛和建設事業奉獻出自己的年華。但解放前的舊政府，根本不重視科技工作，海洋科學基本是空白。經他努力與青島市政府組織了膠州灣海產動物採集團，在經費不足的條件下，辛勤工作多年，先後將調查採集研究的結果出版了《膠州灣海洋動物調查採集報告》和多項研究論文，真實地反映了當時該灣的環境與海洋動物分佈情況，成為寶貴的基礎資料，這些成果使他成為我國海洋動物學的奠基人之一。1937 年抗日戰爭爆發後，北研遷往昆明，他的理想難以繼續，但他熱愛專業的心毫不改變，他和動物所幾位同志主動進行了昆明湖湖泊和水生動物的調查研究，出版了報告，也成為我國早期湖泊學的寶貴資料與成果。

抗日戰爭勝利，北研復員，我 1946 年有幸進入了北研動物所，張老安排我作沈嘉瑞教授的助手和學生，做甲殼動物分類與生活史研究。從此，我一直在張老關心愛護下做研究工作。當時，研究所經費少得可憐，1948 年組織第 4 次膠州灣調查採集，經費只夠張老和夏武平、齊鍾彥、馬繡同四位，張老做我的思想工作，我因年輕，後學，不能到青島採集是意中事，故無思想問題，但張老的關心一直使我記在心中。對比解放後科研經費大幅度增加，能按計劃到全國各地採集調查，我覺得十分幸福。

1949 年中華人民共和國和中國科學院的建立，為我國海洋科學事業的迅速發展創造了條件和保證。張璽教授受中國科學院郭沫若院長之命，帶領動物所主要人員攜圖書儀器前來青島，與童第周、曾呈奎二位教授組建並領導了青島海洋生物研究室（隸屬水生生物研究所）；他們三位如魚得水，有了施展個人才華的機會與場所。童老除在實驗胚胎學和發育生物學領域不斷深入創新，廣攀登世界高峰外，提議我們開展對蝦人工育苗和養殖研究，並親自動手做人工受精實驗，瞭解對蝦精、卵的特點。曾老對藻類分類、生態、養殖和海藻化學等領域有了全面推動與發展，對整個海洋科學主要分支領域作了通盤規劃設想。張老在全面發展貝類學的基礎上，率領學生們開展了主要經濟貝類（牡蠣、鮑、貽貝、扇貝、珍珠貝等）實驗生態和養殖生物學研究。他們為海洋研究所建立了高度重視基礎研究與生產建設相結合的正確科研路線。並使這一優良傳統得以繼續發揚光大，取得了優異成績。

張璽教授為海洋所的建設與發展貢獻出了全部精力。他到青島是一個人隻身來的。生活十分簡單，保持著儉樸的優良傳統，除因公赴京時能與夫人和兒孫團聚外，從不請假探親。他為本所海洋動物學的發展作了有步驟的安排。與此同時，他還為南海海洋所的建立（任所長）與發展，為北京動物研究所淡水和陸生軟體動物研究，為南京地質古生物學研究所的貝類化石研究，費盡了心血，培養了不少幹部，進行了具體指導和幫助。北京大學地質系著名進化生物學專家張昀教授，就是他早期為該校培養的研究生。讚譽他桃李滿天下，確是名副其實，毫不誇張的。

除去有關貝類學研究和附著生物生態學（他指導建立了課題組）的奠基研究外，還親自領導和負責中蘇「黃海和海南島潮間帶海洋生物學研究」專案，參加了黃海和海南島的野外調查工作，推動了合作研究發展。此外，他還與曾呈奎教授共同策劃、支持和安排吳寶鈴先生赴蘇聯科學院動物研究所隨烏沙科夫教授學習多毛類環節動物研究，成了著名專家；安排我開展底棲生物生態學研究；支持譚智源隨張作人和斯特列爾柯夫教授學習放射蟲研究，他們在各自領域中都作出了顯著成績與貢獻。總之，張璽教授的科學活動，遠遠超出他本行貝類學領域範圍，有力地推動了我國海洋動物學的全面發展。

張璽教授熱愛社會主義祖國，擁護中國共產黨，他服從黨的領導，忠心於黨的事業，多年如一日，即使是在文革期間處於逆境中受到迫害時，也絲毫未動搖過他對黨的忠心。這是十分難能可貴的，是值得後輩學習的。

張璽教授關心、愛護青年一代的成長，他不僅是一位循循善誘的師長，還是一位慈祥的老人，寬厚的長者。在他的關心培養下，許多年輕同志已經成長起來，成為我國貝類學和海洋動物科學事業的接班人，作出了多方面的貢獻。一輩新人的成長，浸透著張老的心血和汗水。回顧我國海洋動物學的迅速發展壯大，更激起我們對張老的懷念與崇敬。

夏武平：

在張爾玉老師領導下，我做過一些水生動物的工作，如在昆明做過雲南湖泊一帶的動物研究，在北京又做過白洋澱水生動物的考察。這些工作也或多或少地取得了一些結果。後來為什麼改做獸類學呢？這是與張老師的指引有關的。

1949 年 10 月 1 日中華人民共和國成立，11 月中國科學院成立，當月在張家口死亡了 4 個鼠疫病人，北京感到很恐慌，所以組織力量進行考察。當時醫學方面沒有搞動物的人員，科學院也只有張璽先生領導下我們這幾個研究動物的人，都不是研究獸類的，但是對這個任務我們還是接受了。張老師講了這個工作的意義與它的重要性，我就承擔了這個任務。

鼠疫是一種非常可怕的流行病。歐洲中世紀流行時，曾經導致 1／4 的人口死亡。1920～1921 年在東北流行時曾經死亡了 6 萬多人。東北解放戰爭中西滿地區也因流行鼠疫，死了好幾千人。鼠疫在距北京不遠的張家口發生，引起了很大的震驚。1949 年 12 月我決定參加此項工作。1950 年 2 月初，也就是在春節之前參加了衛生部組織的考察組到流行地區進行現場考察。流行地區在當時的察哈爾省和內蒙交界地區的農牧交錯地帶，所以衛生部就成立了一個察蒙鼠疫防治所。我 4 月份就參加了這個所的野外工作，工作中一項重要的任務就是對當地的家鼠和野鼠進行鼠疫菌檢查。幾個月時間做了成千隻老鼠的檢查，結果都沒有發現有染菌的老鼠。這樣，我自己覺得應該擴大檢查面，不僅僅限於流行地區那幾個村莊，而應將檢查面擴大到草地上去。經過他們同意，我們一個工作組前往當時的正白旗所在地布林東廟檢查，結果發現了六隻黃鼠染有鼠疫菌。這樣證明了在這個地區存在有鼠疫疫源地，這也算我工作的初步結果。後來我又做過其他疾病的鼠害和林業鼠害、草原鼠害、農田鼠害的研究。

▲張璽與同事們

獸類學是動物學裏最重要的一個分支學科。雖然二三十年代有人做過一些工作，但是經過八年抗戰的破壞等原因，到 1949 年、1950 年時已經沒有人搞了，在國內成了空白。我來搞這個工作在一定程度上有一些開創的意義。這樣，我們就想到張老師視野廣闊，眼光遠大，他能夠看出獸類學的

> 重要，並且安排我去做它。現在，國內獸類學的隊伍已經有相當的規模，成立了獸類學會，出版了《獸類學報》。在我國獸類學建立的初期階段我做過一些貢獻，這與當時張老師的安排和鼓勵是分不開的。

在張璽的檔案袋裏，放在那一厚摞裝訂起來的張璽檔案最上面的，是一份論文的抽印本，這就是齊鍾彥在 1978 年中國動物學會年會上所作的《張璽教授對我國海洋學和動物學研究的貢獻》的報告。在這篇報告中，他詳細總結了張璽先生的學術成果和科學貢獻，對張璽先生的一生作了客觀的評價——

> 其早年到法國留學，專攻貝類學，對海洋學亦頗有造詣。1929 年曾參加第一屆國際海洋學會議。以《普婁旺薩沿岸後鰓類的研究》論文獲法國國家博士學位。1931 年回國，任國立北平研究院動物學研究所研究員。1935 年組織領導了「膠州灣海洋動物採集團」首次對膠州灣的各類動物及海洋環境做了全面調查，發表了採集報告以及一些門類，特別是貝類的研究論文。抗日戰爭以後，張璽同志隨北平研究院動物學研究所遷往雲南昆明，就任研究所所長，對昆明湖（滇池）的環境和動物進行了調查，乃我國系統研究湖泊的開端，對雲南的許多類動物，著重對各湖泊的軟體動物進行了研究。解放以後參加組織籌建並參與領導了中國科學院海洋研究所和南海海洋研究所的工作。具體領導並親自參與了我國無脊椎動物，特別是貝類的資源調查和分類區系的研究和海產貝類養殖原理的研究。還在動物研究所指導淡水、陸生貝類的研究，開展了白洋澱、

洞庭湖、鄱陽湖以及全國許多省分的淡水、陸生貝類調查。除了研究工作以外。曾在中法大學、雲南大學、北京大學、山東大學等校任教，並通過培養研究生和接受全國各地，如南京地質古生物研究所、地質科學院、中山大學、山東大學、北京大學、廈門大學、上海水產學院等的科研、教學人員進修，為國家培育了許多人才。

張璽熱愛黨、熱愛祖國、堅定地擁護社會主義，勤勤懇懇地為社會主義的科學研究事業服務，為黨，為人民做出了卓越的貢獻。他受到黨的培養和政府的重視，生前任中國科學院海洋研究所副所長；南海海洋研究所所長；曾奉派到蘇聯、巴基斯坦和越南參加學術會議；被選為第二、第三屆全國人民代表大會代表，山東省政協副主席，九三學社中央委員，在學術領導上他曾任中國海洋湖沼學會理事長，中國動物學會常務理事，國家科委海洋組成員，水產組成員並兼珍珠貝研究組組長。

張璽是我國貝類學研究的奠基人，在貝類學的研究方面卓有貢獻，他勤勤懇懇為祖國科學事業貢獻終生和嚴謹的治學精神為我們樹立了榜樣……

馬繡同

老人與標本

張璽所看重的

簡單履歷

「絕密」的鑑定材料、自我檢查

竺可楨野外工作者獎

老人與標本

在南海路七號，海洋生物標本室是值得驕傲的，其收藏的海洋生物標本在中國乃至亞洲都是最豐富的。現在已經有了專門的標本館，但在相當長的時間裏，標本室是散佈在生物樓裏的。

標本室可以說是馬繡同一手建立的。

我認識馬先生是在 1984 年，當時我正為我們海洋地質室集體撰寫的第一部專著《渤海地質》做謄清文稿工作。一天，主持具體編寫統稿的 Z 先生遞給我一摞我剛謄清的稿子，讓我拿著到標本室找馬老——馬繡同先生再審查一遍。我打聽著來到三樓的標本室，那時馬老辦公的地方就在標本室裏面。我沿著顯得擁擠的走道向裏走——兩邊的櫥排成了牆，聽到敲英文打字機鍵盤的聲音，循聲過去，看到一位頭髮已花白的老人正坐在桌前敲著一台舊式英文打字機。我問：馬繡同老師在嗎？老人停住手，頭略一側，摘下眼鏡，說：我就是，你有什麼事？我說明來意，他接過稿子看看，說：你明天來拿。第二天下午，我來到標本室，馬老把稿子遞過來，又拿過一張打著英文字母的信箋說：我已經校對一遍，沒什麼問題，這是我打的一份英文名，下面畫上橫線就代表斜體，也就是拉丁文名，手寫的字母容易看錯，你拿回去

▲晚年的馬繡同在工作中

一個個剪下來貼上去吧。我拿回去後，Z 先生感歎不已：老先生就是老先生。

《渤海地質》完成後，經 Z 先生的安排，我找到馬先生取來鑰匙——馬先生再三叮囑離開時一定要拉上窗簾鎖好門，陪著從北京來的該書的責任編輯參觀了一樓的標本陳列室。好大的一把銅鎖，開門時我暗自一驚。一踏進這間標本室，一股濃濃的福馬林氣味撲面而來。房間裏光線昏暗，深色厚實的窗簾拉得密密的，一排排放置標本的大玻璃門櫥肅然矗立著，打開燈，拉開窗簾，房間裏亮堂起來。

我從此知道了在海洋研究所有這樣一個標本室。

十多年間，我成了這間標本室的常客。尤其在夏天，我曾帶著許多外地師友來過這裏，每次取鑰匙也不再通過馬先生，而是找他的助手張素萍。

這期間時常遇到馬先生，馬先生總是拎著一隻小黑皮包，不管節假日還是星期天都按時上班。外界的變化彷彿與他無關。

後來與馬先生突然有了直接的關係，就是在 1997 年 3 月為馬先生寫過一篇特寫〈老人與標本〉。當時我在文章裏寫道：

> 怎麼會想到寫馬先生呢？真正的原因是週末下午接到的一個電話。
>
> 電話是黨委辦公室主任打來的，問我能不能寫一篇關於馬先生的通訊。因為最近馬先生病了，已不能來上班，所領導說這位老先生一手建立了標本室，八十多歲了還天天上班，直到生病了，才不得不待在家裏，我們有責任介紹他……我一口應承下來。可真要動筆了，卻突然發現自己一直感到熟悉的老人竟然是那麼陌生。我通過辦公室主任借閱了馬先生的檔案。翻著那些發黃字跡已模糊的紙張，我的心急劇地

跳了起來，馬先生本身就是一本大書，一本沒有打開的大書，顯然，這本大書的內容不是我這篇通訊所能覆蓋的……

「分類」這一觀念起源於人類的實際需要，遠古傳說中的神農氏嘗百草正是一種分類，對各種生物進行分類是人類認識自然的內在要求。早在古希臘時期，亞里斯多德便提出了「屬」和「種」的概念，作為生物分類的依據。近代以來，「博物學」所積累的材料已十分驚人。於是一門新的科學出現了，這就是生物分類學。到了十八世紀，生物分類學在一個瑞典人的工作中達到了前所未有的高峰，這個瑞典人就是林奈。在他看來：知識的第一步，就是要瞭解事物本身。這意味著對客觀事物要具有確切的理解，通過有條理的分類和確切的命名，我們可以區分並認識客觀物體……分類和命名是科學的基礎。

林奈建立分類原則的基礎是擁有大量的標本。

中國現代海洋科學的最初建置也是一座標本館。

1930 年，蔣丙然、宋春舫兩位先生倡議建立青島水族館及中國海洋研究所，這一倡議得到了蔡元培、楊杏佛、李石曾諸先生支持，經多方呼籲捐款集資，歷時一年多的時間於 1932 年建成青島水族館。這也成為我國現代海洋科學的起源，1936 年，在此基礎上成立了中國海洋研究所。

張璽所看重的

隨著水族館的建立，中國現代海洋科學的重心逐步從南方沿海移向了青島。1935 年，一位動物學家率領著一支調查隊來到了青島，開始了膠州灣現代海洋科學意義上的第一次海洋生物調查。這位動物學家就是張璽。

在 1935 年張璽領導的第一次青島膠州灣海洋生物調查中，馬繡同作為一名見習員參加了這次調查。行前，北京中法大學的一位教授曾公開懸賞：誰要是採集發現了柱頭蟲，就給誰一百塊大洋。這在當時，是一筆可觀的款子。柱頭蟲值這個價錢嗎？這是因為柱頭蟲是連結無脊椎動物和脊椎動物之間的生物進化上的橋樑，而在我國當時還沒有發現過，只能參照國外學術界的報導，在大學生物學的教學中講到這裏時，並沒有實物標本，甚至連一張我們中國學者自己拍照的照片都沒有。

正是在這次調查中，馬繡同採集到了柱頭蟲標本，這不能說僅僅是運氣，更重要的是他的認真和耐心。當然，馬繡同並不認識這就是柱頭蟲，但對於標本的敏感使得他對於採集到的標本都有一種天生的認真。張璽先生據此發表了一篇論文，宣佈了在中國沿海採集到了柱頭蟲標本，從而結束了在生物學教學上只能引用外國的資料的歷史。

▲馬繡同（左）參加第一次膠州灣調查

從那時起，馬繡同採集標本的認真和管理標本的耐心，給張璽留下了深刻的印象。在北平研究院動物學研究所，採集和管理標本成了馬繡同的專業。

1950 年，中國科學院水生生物研究所青島海洋生物研究室在童第周、張璽、曾呈奎等學者的領導下組建成立。作為創建者之一的張璽先生率領著原北平研究院動物研究所的原班人馬來到青島，其中就有齊鍾彥和馬繡同。

時間已過去了半個世紀，在已耄耋之年的貝類學家齊鍾彥先生的眼裏，馬繡同依然是他最好的合作夥伴，遠的如於 1961 年面世的張璽與齊鍾彥合著的《貝類學綱要》一書，那是我國海洋動物學研究的奠基之作，這其中就凝聚著馬繡同的心血。在張璽和齊鍾彥等合著的一系列研究專著中——如《中國北方海產經濟軟體動物》（1965）、《中國經濟動物志· 海產軟體動物》（1962）等，都有馬繡同付出的辛勤勞動。近的就更多了，在齊先生主持編寫的每一本研究專著中，幾乎都有馬繡同的名字。

馬繡同的主要貢獻就是標本的採集和採集回來後的分類收藏管理。在馬繡同幾十年的工作中，標本採集和管理已成為一門科學，一門由經驗和學識創建的科學。

只要來到海邊，馬繡同先要看海灘上有沒有標本。只要注意就會有發現。採集標本需要經驗，這要掌握潮水的漲落，月亮的圓缺。近半個世紀的採集，馬繡同積累了大量資料和實踐經驗，在貝類採集和研究工作之餘成就了一本書，這就是 1982 年出版的《我國的貝類及其採集》，這是我國第一本也是唯一一本談論海產軟體動物標本採集的專著。

他多年來每次出野外採集標本時，到達採集地點尚未正式開展工作之前，總是先到海邊揀些標本。這是因為許多種貝類死後的遺殼，由於波浪的沖刷常常堆積在高潮線附近，只要仔細尋找就會揀到不少種類的貝殼，特別是一些微型的貝類，如三口螺、小塔螺等。為採集這些小型的貝殼，他還找來極細的篩網做成篩子，從海灘上的泥沙中篩選。每當暴風驟雨之後，他更是來到海邊去揀貝殼，因為他知道潮下帶棲息的貝類往往經不起巨浪的衝擊而被捲到海邊上來，這時，平時在潮間帶採不到的貝類，就有採到的可能了。他曾在海南島三亞海灘上，大風之後採到很多平時採不到的標本，而在西沙群島，正是這種海邊的「漫步」，他採集到了不少東西，有一次還揀到了一隻很少見的鸚鵡螺的貝殼。在海邊揀貝殼，不僅可以採到一些平時採不到的種類，他還從揀到的貝殼的多寡來判斷這一海灘棲息的貝類是否豐富，這是坐在實驗室無法得到的經驗和第一手研究資料。正是這種積累，才使得他不僅僅是一個標本採集者和管理者，而且成為一名實踐經驗豐富的學者。

馬繡同還到菜市場搜集所需的標本。因為沿海地區的居民，每逢農曆初一和十五大潮時，許多人——尤其是女人和孩子喜歡到海灘上「趕海」，其中貝類是主要的對象。他們常把採到的東西拿到菜市上去賣，這樣，便給了馬繡同一個非常好的搜集標本的機會。他還找到規律，去菜市的時間，如果早上低潮就下午去，如果下午低潮就次日早晨去。在菜市上他補充到一些少見和不易採到的種類。但有一些種類，如大竹蟶、總角截蟶、滿月蛤和紫蛤等，棲息在較深的泥沙中，不大容易採到，他在菜市上買到時，總是再三詢問從哪裏採來的，環境如何，藉以瞭解產地。

在他的眼裏，海邊岩石海灘上的貝類標本也是在有規則地排列著，等待著他去發現，去採集。從海灘岩石，到潮下帶，到海中游泳的貝類，到漂浮在海水中的貝類，這一切都是那麼有序地存在著，這種有序就是他的經驗。

現在來看，我的描寫雖然充滿文學色彩，但基本上仍客觀記錄了馬先生的行狀。當時為了寫馬先生，我還多次採訪了齊鍾彥先生。齊先生談了他眼中的馬繡同：

馬先生這個人值得好好地寫寫。馬先生最大的特點就是能吃苦，出野外採集標本時，他非常能吃苦，而且很認真，比別人有耐心，當時張（璽）先生最看重他的就是他的這個特點。他是個很有毅力的人，每次出野外時，他都堅持記日記，每天都記，採了什麼標本，在哪裡採的，環境如何等等，這點我不如他，我做不到天天記。時間長了，有些情況我們都忘記了，但只要問問他就行了。

馬先生採集標本很認真，他採集的也很多，從北到南，中國沿海他都去了，他掌握了大量的第一手資料，經驗也很豐富，標本室的標本，主要是貝類，都經過他的手，當然還有許多是別人採集回來的，但採回來後，都是他一點點整理分門別類地收藏好。對我們來說，沒有標本室是不可想像的，發表論文必須要有標本，沒有標本怎麼能寫論文呢？標本都要放好，你文章中出現的書上寫的，都要有據可查，這就需要標本室。有些東西損壞了，可以再恢復，可標本損壞了，卻無法恢復，標本室對海洋研究所來說，太重要了，這是真正的寶貝。從他在北平研究院動物學研究所起，他就負責標本採集管理，主要是貝類，當然那時只是幾櫥子標本，後來搬到了青島，慢慢地發展起來，馬先生貢獻很大。

馬先生不是一般的管理標本，他還深入地研究，主要是對腹足類，他完成了一部關於寶貝科的動物志的編寫，還寫了許多文章，比如《黃渤海軟體動物》的專著，就是我們一起編寫的。

馬繡同的努力當然沒有白費，標本室終於有了一個正式名稱：中國海洋生物標本館。儘管這是一座分佈在生物樓中的標本館，但它的館藏是豐富的，已擁有標本近六十萬號，其中最早採集的標本是在 1929 年，這是幾代中國海洋生物學家的積累，這在中國乃至亞洲都是足可以自豪驕傲的。無脊椎動物標本近四十萬號，其中軟體動物標本有十餘萬號，這十餘萬號標本馬繡同都經手「摸」過一遍。

對於馬繡同和標本室來說，採集標本的一個收穫時期是從 1958 年到 1962 年的全國海洋普查。從北方的鴨綠江口，到最南邊的熱帶海域，都留下了馬繡同和同事們的足跡，一批批標本被採集了回來，標本室被充添了起來。那是一個收穫標本的季節。在生物樓一樓的標本陳列室裏，許多標本的標籤上，在採集時間一欄裏都寫著這一段時期。

在標本採集和管理中，馬繡同成了一位名符其實的專家，1963 年，他被邀請到天津、北京的自然博物館，為這些博物館採集收藏的貝類標本鑑定命名。那一年，是他第一次應邀為外單位鑑定標本。

簡單履歷

馬先生的簡歷表相對顯得簡單：1952 年：技術員；1957 年：技佐；1979 年：副總技師；1985 年：總技師。

在 1987 年馬繡同的「退休登記表」上，職務欄裏寫著副教授，也就是說馬先生的職稱相當於副教授。

在「簡歷表」中，馬先生漏寫了一項內容，這就是 1984 年中國科學院曾授予他竺可楨野外工作者獎。

在學者雲集的海洋研究所，馬繡同的職稱屬於非主系列，相對來說，屬於輔助系列。

在中國科學院編的《科學家名錄》裏查不到馬繡同的名字。

1987 年，馬繡同在理論上退休了，那年他已經七十五歲，但實際上，他依然風雨無阻地天天來標本室。在馬繡同辦理退休手續的前兩年，一個年輕人來到標本室，這就是張素萍。馬繡同為有一個接替者感到高興，標本室太需要年輕人了。兩年來看著張素萍的工作態度和精神，馬繡同放心了，他把自己的經驗一點不漏地傳授給張素萍。

在海洋所的大院裏，與生物樓相對而立，是一棟帶著一個玻璃閣樓的三層樓，這就是水族樓，這是生物樓的姊妹樓，到了八十年代末九十年代初，一棟十五層的高樓拔地而起，這就是物理樓，現在，又一棟近三十層的大樓又快要完工，這就是海洋大廈，從這也可看出，海洋研究所在發展著，變化著，儘管有著許多欲說還休的話題。相對靜止的是寂寞的標本室，儘管中國海洋生物標本館已經成立。標本室留不住年輕人。外面的世界太精彩了，誰願意待在這清湯寡水的標本室呢，儘管海洋所為了穩定基礎，仍然讓標本室的管理者吃著皇糧，但這份皇糧對年輕人來說，比起外邊，甚至於比起經費充足的課題組，又算什麼呢？在種種現實面前，已過不惑之年的張素萍也萌生了離開標本室的念頭。但怎麼對已在一起工作十餘年的馬先生談呢？

張素萍終於在一個下午把自己要離開的決定告訴了馬先生。馬先生坐在那裏，一句話也沒說，只是看著窗外。

第二天淩晨，張素萍家裏的電話響了起來。

電話是馬先生打來的——

馬先生在電話中說：小張，你還是不要離開標本室吧，標本室需要你，標本室不能沒有人啊！我們在一起已共事了十多年，對你，我是放心的，我請求你，如果你實在要離開標本室，等我老了，不能來上班了，我看不到標本室了，那時你再離開吧……

聽到一個八十多歲的老人在電話中這樣的請求，張素萍的眼睛濕潤了。

張素萍留了下來，她不知道這一切到底是為了標本室，還是馬繡同先生打動了她。

有好長一段時間馬先生沒來上班了。張素萍提起馬先生，眼裏洋溢著敬佩，她說起前幾天她去探望正在醫院裏治療的馬先生，老人說：沒想到這次生病拖了這麼長時間，等過幾天身體恢復了，就馬上來標本室，還有一些標本，我和你一起來整理一遍，標本室還有許多工作要做……

張素萍願意老人好好地在家休養，但她也期待著老人出現在標本室裏。

……

記得這篇〈老人與標本〉在《青島日報》的「獨家採訪」專版上刊載後，馬先生也出院回家了。張素萍帶著我去了馬先生家。馬先生非常客氣，非要從躺著的床上坐起來。接著，馬先生讓家人給我取來幾張老照片。其中一張是當年他們第一次來青島進行膠州灣海洋調查時與當時的青島市市長沈鴻烈的合影照片。但這張合影大照片卻只有一半，張璽先生和馬先生幾位站成兩排，明顯的張先生本來在中間的位置，但另一半被剪掉了。馬先生說，張先生旁邊的人是沈鴻烈，他倆是站中央的，照片在文革時為了不惹麻煩，讓他剪掉了沈鴻烈他們的那一半。為了這張合影，張先生在被批鬥時成了一個多次交代的問題和罪證。

「絕密」的鑑定材料、自我檢查

其實在採寫〈老人與標本〉的過程中，給我更深印象的還有一件事，這就是讀到馬先生檔案裏的那些思想交代和關於他歷史問題的說明和審查等，當然，這些事情我一概略過去了，但卻「保存」在我的記憶裏。

在馬先生的檔案裏有一份印有「絕密」的《馬繡同的鑑定材料》：

> 馬繡同，男，現年五十三歲，家庭出身：富農，本人成分：職員，河北省平鄉縣人，原有文化程度鄉村師範畢業，現有大學程度，現任中國科學院海洋研究所技佐，級別八級，青島市市南區政協常務委員。係民盟盟員。
>
> 歷史問題：
>
> 據 1957 年海洋生物所為馬作的結論草稿中說「經查證馬繡同於 1928 年參加國民黨為普通黨員，於 1933 年斷絕聯繫，已查清。於 1938 年參加本鄉我抗日縣政府工作，在財務科任會計，並由張濱介紹於同年參加了共產黨，1939 年由於當時覺悟不高，革命意志不堅定，脫離黨，脫離革命，脫離後未發現有危害革命和危害黨的行為」。
>
> 一、對黨的領導和黨的方針政策一般是擁護，願意跟著走社會主義道路，但有懷疑動搖。在暫時困難時期，工作情緒一般，說話謹小慎微，膽小怕事。沒有暴露抵觸不滿。

但在思想深處是同情資產階級「三自一包」的反動綱領的。如，他在學習中說：「我認為自由市場對人們是方便的，包產到戶能刺激農民的積極生產性。」馬與黨委的關係很疏遠，而和資產階級專家張璽的關係很密切，經常往來，群眾反映馬是張的「孝子」，「內政部長」「管家人」等。

二、對反帝、反修鬥爭一般是表示贊成，但思想深處對帝國主義特別是對美帝國主義的反動本質認識不清。在學習中他曾暴露說「帝國主義有吃有喝，為啥還偏要侵略別人？道理上好像懂，但思想上又弄不通。」又說：「文件上說帝國主義不會接受教訓，但我思想上總感到美帝國主義不敢再打我們了。」馬的資產階級和平主義怕戰爭，怕死的思想比較嚴重。他說：「我不怕戰爭，好象不怕，因為打不起來，真打了起來，我就不願意打了，因為戰爭要死人，抗日戰爭死了多少！不打，不怕，打了怕，遠打不怕，近打怕。」對反修鬥爭，馬的態度是「修正主義不對，應該反，但與己無關，如何反，反到何時，這是中央的事。」

三、在四清運動中的態度及暴露的問題

馬在四清運動中表現一般。沒有發現抵觸不滿情緒，表示一般的擁護，通過運動，馬在思想認識上也有所提高。如他說：「對黨的方針政策又有了進一步的認識，黨對犯錯誤的人，只要認錯改錯黨就歡迎，黨是偉大。」但是馬繡同對張璽的資產階級作風是瞭解的，但在運動中根本沒有揭發，相反在運動中對張的問題有所庇護，如群眾揭發張璽搞的形態組的問題，馬繡同就不同意群眾的揭發。

在運動中群眾對馬繡同揭發的主要問題是資產階級名利思想，如馬主要是搞標本室的工作，但馬為了名利拋棄正業，在張璽指導下忙於寫文章，掙稿費，使有些標本採集後長期未加整理。這一問題雖經群眾揭發批評了，但並未作深刻檢討，仍認識不足，張璽並為馬辯護。

四、平時工作表現和自我改造的態度

馬在日常工作中有雇傭觀點，當一天和尚撞一天鐘。他在檢查中說：「我為誰服務的問題還不明確，而是認為上班、下班，就是為人民服務。」實際上馬的工作沒有為人民服務的工作積極熱情處處謹小慎微，怕犯錯誤。缺乏主人公責任感。

自我改造的態度一般化。馬不拒絕參加學習會議，但很少發言，不肯聯繫思想，沒有自我革命的精神，更沒有幫助別人改造的精神。馬的處世之道是「與人無爭」的資產階級觀點。

五、結論意見

綜合上述表現，馬繡同在政治上總的說來，還一般可以接受黨的領導，但對黨的態度是若即若離，對黨的方針政策時有擁護時有懷疑。在四清運動中表現一般，只能作一般的自我檢查，對別人沒有揭發。平時工作一般化，有雇傭觀點。對自我改造不是積極的表現。為此，其政治態度原定為資產階級中中份子，現仍定為中中份子，建議保留其原政協常委的職務。

中共海洋研究所委員會

1965 年 8 月　日

在此「密件」的最後，有手寫體的兩行字：此材料有「其政治態度原定為資產階級中中份子，現仍定為中中份子」應否定這一結論。

落款為：中科院海洋所人事處。時間為：1986 年 4 月 7 日。

這份鑑定其實是馬先生在四清運動後組織上給予的鑑定，四清運動中，馬先生的「自我檢查」如下：

> 自解放十餘年來在黨的教育下雖然不論思想上或行動上都有不同程度的提高，在三年自然災害困難時期尚經得起考驗而未動搖，但這仍距離黨對我的要求相差很遠，政治覺悟還很低，必須在黨的教育下繼續加強自我改造。由於過去放鬆了改造，因為在思想上還存在著一些問題，今將幾年來思想上的收穫、存在的問題及優缺點總結如下並提出今後努力方向。
>
> **一、收穫**
>
> **（一）思想方面：**
>
> 1、 山東省政治學校學習後之收穫
>
> 在省政校學習之後不論在思想上政治上都有不同程度的提高並認識到組織上讓我去濟南學習是對我的重視和培養，學習不僅是使我在政治理論水平上和思想上提高，更重要應該是在政治提高的基礎上如何更好地作好工作來報答組織對自己的關懷和培養。因此自濟南返青後用毛主席矛盾論遇事抓主要矛盾的話分析了我的工作，標本室的工作應為主要矛盾，研究工作應居次要矛盾，二者不能平衡對待，自此研究的時間即占很少了（大都業餘時間進行，結束以前未完成的部分研究工作）。

2、 對階級鬥爭觀點有了進一步的認識

通過四清運動揭發出來的大量事實，不但所外，即所內也存在著尖銳的階級鬥爭和社會主義和資本主義兩條道路的鬥爭，在黨的八屆十中全會曾經指出在社會主義過渡整個歷史時期都存在著階級和階級鬥爭以及兩條道路的鬥爭，對此，在我思想上也承認存在著階級和階級鬥爭，但我們所內是否也存在著階級鬥爭和兩條道路的鬥爭認識得就不清爽了，認為有，一定是會有的，但縱有也不會太嚴重，但事實與我想的相反，因而使我又受到一次教育和狠狠的敲了一下警鐘，使我提高了覺悟對階級觀點有更進一步的認識。

3、 對黨的方針政策有了更進一步的認識

通過四清運動看到和聽到的事實，使我對黨是說到那裏做到那裏坦白從寬抗拒從嚴的政策不論在政治上經濟上犯過多少罪行貪污過多少錢款，只要徹底坦白都得到寬大處理，對犯錯誤的人都細心地耐心地反覆講說明黨的方針政策，循循誘導說服教育使犯有錯誤的人認識錯誤而悔改，只要願意悔改，黨都歡迎。因此在運動中對黨的「懲前毖後、治病救人」這一方針政策有更進一步的體會，完全是挽救人的運動。不僅僅是從泥潭中挽救了犯錯誤的人，更重要的挽救了不少已接近泥潭邊緣的人，教育了廣大群眾，因此這次運動不論對任何人都是一次革命和接受教育的運動。

這次運動黨中央為什麼投百萬以上的幹部和幾年的時間教育大家過好社會主義關，成為一個忠誠而積極的社會主義建設者呢，是為了人民和鞏固無產階級專政，拔掉兩個根子（資本主義和修正主義）和改變落後的面貌，使六億五千萬人民過上幸福的生活而逐漸向共產主義過渡。通過四清運動之後，全國各條戰線上一定會出現新的生產高潮，黨中央和毛主席的理想不僅為了解放全中國人民而是要支持全世界受壓迫受剝削的人民也得到解放。所以使我進一步認識到這次運動不是為黨一己的利益而是為全國人民和全世界未解放的人民，因為只有我們富強了才有力量使被剝削的人民得到解放。

4、 對科學方針的認識

以往我對於所內的科學方針政策是不大過問的，因為自己大都是作些具體領導分配什麼即做什麼，至於科學方針似乎同自己的直接關係不大，因而不大過問。四清運動我們所在研究方面不少是：不是以任務帶動學科的發展而是為科學而科學或為論文而論文，脫離實際脫離生產在研究計畫方面也大都是少數人制訂很少與群眾商量，就更談不到與工農群眾相結合了。專家們迷信自己而忽視群眾的智慧，事實尚沒完全脫離資本主義國家辦海洋科學的舊框框，而與黨所提出的科學為生產服務為國防服務的方針是不符合的。通過運動認識到我們所在這方面在很大成分上還存在著社會主義和資本主義兩條道路的鬥爭。

（二）**在工作方面：**

我的工作主要是標本室的標本整理工作和前幾年（59—62）參加全國海洋工作（出海調查及在所內整理鑑定軟體動物前鰓類標本）以及寫得區系分類論文和軟體動物的書（有的是與別人共同著作）。

在工作當中尚能認真負責勤勤懇懇不挑不揀，分配什麼工作按部就班工作，在工作中尚能任勞任怨。

同我在一起工作的青年同志幾年來通過工作已基本上能獨立工作了。

二、存在問題

（一）**思想方面：**

1、 政治學習較差，缺乏政治掛帥

由於政治學習不夠，以致在思想上缺乏政治掛帥，雖然主觀上要求進步跟著黨走，走社會主義的道路，想作好工作，但十餘年來進步很慢，政治覺悟還很低，遇事不能用階級觀點分析以致對某些問題仍有一些不正確的認識，如階級鬥爭、反修鬥爭的認識都是比較模糊的。雖然通過省政校學習之後在思想上有所提高，但正如所內在運動中揭發出來的問題，最初也是認識不清的。且由於政治學習不夠，以致對人提出批評意見較少，運用批評與自我批評的武器較差，而表現性不強，同時思想不夠開展，不能站得高看得遠，缺乏雄心壯志而且保守，如：如何將標本管理的更好自己所想的也是僅局限於標本室內而如何將全室的標本管好，想的較少。

2、 對三面紅旗的認識

對三面紅旗我是擁護的，沒有懷疑。在理論上也知道其優越，而一旦遇到具體問題時在思想上有時發生矛盾或疑問，而用形而上學的觀點看待問題，如過去三年災害時在工作中發生缺點或錯誤而與人民公社聯繫。通過在省政校學習之後認識到自己的錯誤認識是把人民公社的制度和工作中的缺點和錯誤混淆在一起了。通過實踐論的學習，認識到作一個新的認識循環往復的「實踐認識再實踐再認識」的發展過程，在工作中有時出現問題或錯誤是在所難免的並認識到黨的各項方針政策也都是通過三大革命運動的實踐中總結出來的。

對「三自一包」的問題，在未去省政校之前不知道「三自一包」這一名詞，自從到農村中去看過，但聞聽包產到戶，錯誤錯誤的認為如此或者可以刺激農民的積極性，不然怎會包產到戶呢？但並未認識到如此會滋長農民的落後勢力走向資本主義道路。又如對自由市場的看法也是只看到有自由市場買東西的方便與自己有利的一面，而未看到有自由市場會給盜竊投機倒把份子一可乘之機來破壞集體經濟，這裏面存在著嚴重的兩條道路鬥爭的危害性而未認識到。

3、對階級鬥爭的認識

以往對階級鬥爭觀點的認識也是比較模糊的，認為已經把地主資本家打倒，即使有少數暗藏的反革命份子他們也不能為力了。通過學習認識到他們的經濟基礎雖已被消滅，但已被推翻的反動階級還不甘心死亡，仍妄圖復辟死灰復燃，而更進一步認識到資產階級的思想意識還要影響和侵蝕人，同時世界上還有帝國主義存在，因而在今後長時期內還存在著尖銳而複雜的階級鬥爭。

4、現代修正主義的認識

過去對修正主義僅知其然但對其認識並不清楚，而對反修的前途感到更模糊了，並認為反修是黨中央的事與己無關，經過幾年來反修鬥爭教育了廣大群眾（包括我自己在內），否則有變為修正主義的危險而不是與己無關了。通過學習認識到修正主義的本質（不革命不反帝不要社會主義）及其危害性，檢查一下自己的思想，不是沒有關係，而且在思想上不管自覺或不自覺，對其觀點，如在政治上「和平主義」即千絲萬縷的聯繫，因為資產階級個人主義的思想是產生修正主義的根源，因此如不興無滅資就有可能作為修正主義的俘虜。

最初對反修前途的認識也是比較模糊的，認為只寫文章反修，他們不聽，對他們又不能實行專政。通過學習分析及我們幾年來反修的成績以及歷史上反修都證明馬列主義必勝，修正主義必敗，是社會發展必然規律。如國際第一次反修是列寧同考斯基伯恩斯坦，第二次是史達林同托洛斯基布哈林，都取得勝利。在中國歷史上，在毛主席的正確領導下同「左」傾冒險主義和右傾機會主義進行激烈的論戰取得了中國革命的勝利。因此不論在歷史或現階段的實踐，也都證明馬列主義必勝修正主義必敗的真理。

三、工作方面

以往認為老老實實勤勤懇懇按部就班的工作即是為人民服務了，通過學習，認識到資產階級個人主義尚未轉化為無產階級立場之前是不可能作到全心全意為人民服務的，即有一時的努力也是在個人利益和集體利益一致的情況下如此，否則便會考慮個人的得失了，如 1958 年 8 月標本室成立時讓我負責標本室工作，這一任務我是接受了，但之後我有一種想法，負責標本室工作責任較大，人員多（10 人）管不好要受批評，不如只管貝類標本同時接觸的面也窄，有時間作研究工作。這種想法完全是從個人得失方面去考慮的。

1958 年 12 月參加海洋普查工作，1962 年冬回標本室，從 62 年冬至 63 年 9 月初在這將近一年時間內，現在檢查起來，在時間的安排上是不合適的，我的時間並未完全放在標本室的工作，是用一部分時間去作分類研究工作及編寫我所分擔的貝類圖譜工作。以往認為拿出一部分時間作些研究工作是領導所允許的（標本室成立時），同時認為管理標本需有分類的基礎，不然怎樣能管理好標本。通過分析為什麼願意接受研究工作是因為符合了個人的名利思想，作研究雖是組織上所允許，但自己卻強調了符合個人利益的方面，忽視了將標本管理好之後有時間再去作研究的主要方面。

如何將標本管理好而我所想的也是僅局限於標本室內的標本，其他方面的標本如何管好想的比較少。

四、優缺點

（一）優點

1、中央提出的方針政策以及所內制訂的各項規章制度都是擁護並能遵守執行，在困難時期尚能經得起考驗而不動搖。

2、對工作尚能認真負責聽從組織調動，在工作中尚能勤勤懇懇任勞任怨。

3、在工作及日常生活中比較謙虛能平等待人，有事能與大家商量，聽取眾人意見，群眾關係比較好。

4、工作中尚能貫徹黨的勤儉辦科學的方針，平日能注意節約。

（二）缺點

1、政治學習較差，缺乏政治掛帥，因而思想不夠開展，而有些保守，對某些問題的看法比較模糊。

2、鬥爭性不強，運用批評與自我批評較差。

3、在工作中有些輕技術重研究的思想。

4、主動爭取組織對自己的幫助不夠。

五、今後努力方向

1、學好毛主席的著作要求達到活學活用結合目前先學《為人民服務》、《紀念白求恩》、《愚公移山》及《實踐論》、《矛盾論》等。

2、通過學習毛主席著作逐步克服存在的缺點，作好自己的工作，作到毛主席所說的「是徹底地為人民的利益而工作的」人。

3、主動接近組織爭取幫助以便加速自我改造。

在該「自我檢查」的最後，是小組鑑定：

優點：

1、對黨的領導和黨的方針政策一般是擁護的，願意走社會主義道路。

2、工作比較積極、細緻，對分工的工作有一定的責任心，能聽從領導分配，群眾關係比較融洽。

3、運動中表現一般，尚能檢查自己。

缺點：

1、政治上不夠開展，有與世無爭的思想。缺乏向上級靠攏、爭取組織幫助的表現。

2、工作上滿足現狀，有輕技術、重研究的思想。

3、對政治學習重視不夠。

小組長：曾呈奎

1965 年 9 月 16 日

下一欄裏是被鑑定人馬繡同的簽名，並填寫上「同意」二字。最後一欄是「上級組織審查意見」：同意小組對馬繡同做的鑑定。落款蓋章為：中國科學院海洋研究所人事保衛處。時間為：1965年9月24日。

竺可楨野外工作獎

馬繡同先生於1984年獲得了中國科學院給予野外工作人員的最高獎勵——竺可楨野外工作者獎，同年12月他重新加入了中國共產黨。在他的檔案裏有幾頁紙張已變色的手寫的稿紙——他自己在六十年代寫的當年脫離共產黨的經歷，還有一份明顯新填寫的字跡工整地入黨志願書。記得1984年春天，當時地質室的支部書記讓我為地質室的一位張老師抄寫事蹟，張老師多年來負責海上地質採樣的工作，其中有一份表格要填寫，表格是用來申請獲得「竺可楨野外工作者獎」。當時有進來找書記的老師看到了，問這是啥表格，書記答：是推薦申請院裏竺可楨獎的。當時是首屆。問話的老師聽了，說老張能獲得嗎？所裏還有誰申報？書記說：所裏好象申報好幾位，還有搞標本的老馬。來人舒了一口氣，說：肯定是馬先生獲獎了，別人沒戲。這麼多年過去了，至今想起來依然如在眼前。而馬先生，也已經去世多年了。南海路七號的新標本館也建成多年了，馬先生是沒能看到新館啟用的。

齊鍾彥

潮漲潮落尋貝人

協助張璽先生

《貝類學綱要》

張璽先生之後

「你從哪兒知道我的過去？」

潮漲潮落尋貝人

本書中涉及的老先生都去世了，只有一位健在者，這就是齊鍾彥先生。關於齊先生，十餘年前我寫過一篇特寫〈潮漲潮落尋貝人〉，刊載在 1998 年 5 月 9 日的《青島日報》的「獨家採訪」版上。這次為了撰寫本書，我又去核查了許多老檔案，但只有齊先生的檔案沒能如願再次核查，根據檔案管理規定，健在者的檔案是不允許借閱的。說起來荒誕，當年調閱馬先生和齊先生的檔案是沒有任何限制的，也許當時是為了完成所裏交給的任務。

關於齊先生，我和他的接觸就是當年為馬先生的採訪，後來又和他有過多次的交流，大多是我問他答。後來那篇文章在報紙上刊載後，一次在南海路七號的大院裏，我正要進樓，齊先生出門，在臺階上見到我，老先生雙手抱拳，連聲道謝。齊先生的聲音很小，臉上仍是很平靜地樣子，但露著笑容。之後，見到齊先生，相互就是淡淡笑笑，打個招呼就過去了。我離開南海路七號後，再沒見到齊先生。聽他們室裏的年青人說，齊先生現在很少出門了。今年春天去天津拜訪張璽先生的後人——張先生的小兒子已經九十二歲，張先生的小兒子還問起齊先生，說齊大哥當年就和他們的家人一樣，在昆明的時候他們經常在一起。張先生的孫女說，她們每次來青島，都要去看望齊先生的，現在齊先生基本上臥床不起

▲齊鍾彥先生

了。我有時候在車上路過齊先生住的那棟舊樓，會不由得想到齊先生淡淡的笑容和滿頭的白髮。但我不想再去打擾老人。

我與張先生的後人聯繫上，說起來很偶然，這要感謝網路。因為我把〈老人與標本〉與〈潮漲潮落尋貝人〉兩篇文章的原稿都貼到了我的博客上，有一天，突然收到了一封郵件，自我介紹是張璽先生的孫女，因為看到了我博客上的這兩篇文章，瞭解了她爺爺的一些往事……由此，在檔案之外，與張璽先生的「生活」有了接觸。

如果說別的老先生我都是通過查閱檔案而寫，只有齊先生是通過採訪並結合參考檔案撰寫的——

1997 年迎春花還沒有盛開的時節，我撰寫了〈老人與標本〉——記述和海洋生物標本打了六十多年交道的馬繡同老先生。在寫作過程中，我得到了和馬先生共事已逾半個世紀的貝類學家齊鍾彥教授的幫助。完成了〈老人與標本〉後，我產生了寫一寫齊鍾彥先生的念頭。可是真要動筆寫了，我卻突然發現，竟不知從何落墨——齊先生平淡的人生簡直沒有一點故事。後來通過對齊先生的訪談和查閱他的檔案，我寫了〈潮漲潮落尋貝人〉，以記錄他的經歷——

1998 年元旦後，我來到齊鍾彥先生的辦公室，齊先生正在伏案寫著什麼。聽到我的來意，齊先生微微的笑了起來，已到耄耋之年的老人微笑中含著慈祥。齊先生低聲說「嗨，我沒有什麼好寫的，就幹了這麼點事。」說著，老人又輕聲笑笑。我趕緊說，「齊先生，你幹的事很有意義，我們這一代人很想瞭解你們這些老人走過的路。」齊先生依然笑笑，「沒有什麼，就是幹這個工作麼。」我說：「你能不能介紹一下你的工作呢？」齊先生沉思了一會，慢慢說道：「我就是跟著張璽先生學著搞了點貝類。」我又問：「在這一點上你和馬先生有相似的地方？」齊先生說：「是的，我從跟著張先生起，就一直在作著貝類分類工作。張先生給我的影響很深。」接下來老人依舊微笑著，對我的提問簡單的回答著，讓我感到了採訪的艱難。在他很少的答話中，齊先生再三強調，他沒有什麼好寫的，他提起最多的就是他的導師張璽先生。

問：齊先生，你為何總說張璽先生呢？

齊先生：沒有張先生也就沒有搞貝類學的我。

問：齊先生，在你眼裏，張璽先生是一個怎樣的人呢？

齊先生：張先生是一個很隨和的人，和我在一起無話不說，知識非常淵博，不只是局限於生物分類學。

問：齊先生，你從張璽先生身上學到了什麼呢？

齊先生：從他那兒給了我很多的教益，從做人到治學。

問：齊先生，你能不能談談張璽先生的治學特點？

齊先生：張先生不是那種靠著聰明來做事的人，他就是靠著耐心和毅力，一點點的摳。他選定的題目，就一定要完成，追根究底，一直做到查清為止。現在再想想，張先生的這個特點，也正是一個科學家最起碼的素質。

協助張璽先生

當我離開齊先生的辦公室時，我忽然明白了，齊先生和張璽是密不可分的，要寫齊先生，必須從張璽先生開始。

張璽先生，對我來說是一位歷史中的人物。我從老一代學者那兒，聽到許多關於他的治學和軼事。在《中國大百科全書》中，「張璽」目，我已逐字細讀過，但讀著這些簡潔規範的辭典文字，對這位原中國海洋貝類學的主要奠基人，我仍然無法在腦海中勾劃出一位學者的形象來，於是，我翻閱起了一卷卷「塵封的歷史」。漸漸地，我的眼前，一代海洋生物學大師從歷史的風雨中走來……

1897年2月11 日張璽出生在河北省平鄉縣東田固村一個耕讀傳家的舊禮教家庭裏。少年時在家鄉私塾念了幾年四書五經，學習孔孟。稍長入本縣城內高等小學堂，在學三年，頗知用功，學習中外史地數學，還有物理——當時稱「格致」，每次考試，總是名列前茅。十七歲高小畢業後，因家庭經濟困難，無力升普通中學，只得在家耕讀，農忙下地，秋畢自修，但是仍常常懷念著上學。

1915 年夏天，張璽巧遇保定一所農業學校招生，因學費少而且還有獎學金，於是張璽立即決定報考，他以優秀成績被錄取。在這所農校四載，為了獲得獎學金，他非常勤奮，每次考試成績總是優秀，這樣也解決了求學經濟上的困難。畢業時正值「五四」學生愛國運動爆發，張璽的熱血沸騰，毫不猶疑地參加了這場學生愛國運動。他感性地認識到非「民主」與「科學」不能救中國。就在那時，受時代潮流的影響，他萌生了走勤工儉學的道路到法國去學本領，回來後報效祖國。原來在 1912 年，國民黨人李石曾和吳稚暉在北京發起留法儉學會，並設留法預備學堂。同年，第一批赴法勤工儉學的學生自北京啟程。1915 年，蔡元培、吳玉章等又組織了留法勤工儉學會，明確提出了「勤於作工，儉以求學」的口號。「赴法勤工儉學」也影響到了保定。

1919 年秋，張璽考入保定育德勤工儉學留法班，為赴法留學打好基礎。一年後張璽畢業了，碰巧遭遇到河北省罕見的大旱災，家中無力為他籌借赴法川資，不能起程，他感覺到萬分痛苦。就在這一年，赴法留學形成了一個高潮。正在張璽感到無路可走時，他的母校——那所農業學校創設了留法班，規定畢業考試名列甲等前五名者，每月津貼五十元，保送赴法。張璽因此決定再在母校學習一年。為瞭解決生活困難，他除了典當衣服之外，在課餘閒暇時曾組織同學到四鄉收購水果，進行果品加工賣錢，以資生活補助。一年後，張璽畢業時以優秀成績列為津貼生，學校保送他赴法國里昂中法大學留學。但學校只資助學費，並不承擔到法國的路費和路上的生活費。張璽興奮之餘又感到了失望。這時，他得到了許多師友的鼎力幫助，這樣才勉強湊夠路費，始得成行。

1921 年 8 月 13 日，張璽由上海搭法國郵船離開祖國，為了節省路費，他選擇了四等艙。同船出國的有一百五十餘人，統由國民黨元老吳稚暉率領。經過一個多月的海上顛簸，終於在 9 月 25 日由法國的馬賽港登陸，又轉乘火車到了里昂，中法大學的校址就建在這兒。

張璽剛到了里昂中法大學，正遇著當時的駐法公使與法國政府聯手把中國的一部分進步勤工儉學的學生——被認為是「危險份子」——強迫送回祖國。張璽對這些同學非常同情，他突然想，假如他在育德留法班畢業後就來法國，現在亦或被遣送回國。所謂的里昂中法大學其實就是一個學生公寓，學生們在這兒食住，預備法文，然後進入里昂大學的各個學院，由中法大學統一供給學費。當時中法大學校長就是率領他們來法國的吳稚暉。初到里昂，波瀾頻起。由於他們這群新來的學生中有一部分不是大學當局批准的公費生，於是校方便要他們交飯費，否則亦有強迫送回或者趕出校門的可能。張璽他們二十幾個同學曾為了理應得到的公費生待遇，同校方作過激烈的鬥爭。最終，張璽他們取得了勝利。有了公費保證，張璽能夠安心攻讀學業了。他在法國的十一年中，大半時間都是在中法大學食住。

第一年，張璽先在中法大學預備法文，並時常出去聽講演。當時的法國各種思潮在這群中國留學生之間互相碰撞，這是一群有著格外敏感的愛國心的熱血青年。在里昂，張璽曾聽過法國共產黨人的公開演講，在一個咖啡館裏他還聽過青年周恩來的演說。對於張璽來說，是一種好奇心促使著他去聽這些共產黨人的講演。在留學生中，既有積極投身於共產主義運動的，也有選擇了國民黨的道路的，在紛繁多樣的主張中，像張璽這樣的留學生其實是很多的，他們被稱為科學救國派。張璽決心踏踏實實地學到一種專門的學問，然後回國為中華民族效勞。

1922 年，張璽進入里昂大學理學院求學，起初學習農學理論，後來他瞭解到沒有生物科學理論的基礎，研究不能深入。於是，他又專攻生物科學。

1927 年 10 月，張璽獲得碩士學位。接著他進入里昂大學動物研究室，開始研究海洋軟體動物。

張璽在 1929 年亦曾出席過在西班牙舉行的國際學術會議，在會上他宣讀了一篇關於地中海後鰓類動物的學術論文，這是他後來一生學術的起點。他還到南非洲進行了一次長途考察旅行，殖民地黑人的痛苦給了他深深的刺激，這也加深了他科學救國的思想。

在里昂中法大學裏，他的生活並不單調，除致力於專業之外，他交往了許多獻身學術的留法學生。他們組織過中國生物科學學會，以促進學術交流；後來他和幾位朋友還成立了新中國農學會，其中有一位從事植物學研究的河北老鄉叫齊雅堂，便是齊鍾彥的父親。他還和各種學科的同學組織過學術講演會，每週開會一次，輪流報告心得，相互溝通。會員每月交納五個法郎作為開會時的茶點費用，因而就叫「五方會」。

為研究軟體動物，張璽到過巴黎，還在法國沿海的各個實驗所實習。

春去秋來，轉眼間到了 1931 年的深秋，張璽結束了他的求學，他獲得了法國國家博士學位。於 1931 年 12 月啟程回國。

1932 年 1 月，張璽進了國立北平研究院動物學研究所作研究工作。張璽發現這兒的設備雖不甚好，但工作唯能隨個人的興趣進行。對這一點他非常高興。他首先到了山東半島和廈門沿海，一南一北，沿著海岸進行野外調查研究。工作條件雖然簡陋，但研究所學術氣氛很濃厚，他的中國海洋軟體動物學的研究工作逐步開展起來。

1935 年 5 月，由張璽領導的膠州灣海產動物採集團來到了青島，開始第一次青島膠州灣海洋動物調查。這是我國學者組織的第一次海洋動物綜合性調查，有著深遠的開拓性意義。青島膠州灣調查，持續了兩年，進行了四次海上和沿岸的調查採集，取得了許多重要的生物標本和資料。張璽沉浸在純科學的道路上，他後來回憶說，當時他的純技術觀點非常濃厚，認為「科學無國界」，常與外國貝類專家通信交換刊物或標本，在法國雜誌上發表論文。他把中國的貝類學研究引領到了國際學術界的舞臺上。他還同楊鍾健、裴文中、侯德封、夏康農、尹贊勳等著名學者在「世界日報」上創辦「自然」副刊，以普及科學知識。

1937 年「七七」事變，華北各地相繼淪陷，故都也被日寇佔領。當時日法尚未衝突，他和同事們把重要圖書儀器運至北京的中法大學，整理裝箱，由海道經越南運至昆明。然後他們由北京到天津下車搭船，轉道越南，最終抵達昆明。

當時的昆明，人力物資極度缺乏，他們進行工作甚為困難。為了進行調查工作方便起見，張璽與雲南建設廳合作成立了一個水產試驗所，設在滇池西岸山根下，和動物學研究所在一起，由他負責，進行滇池動物的研究，調查雲南的湖沼水生經濟動物，並試行魚類人工養殖。張璽在困難中苦苦地支撐著這個小小的研究所。

1945 年 8 月，抗戰勝利了。張璽慘淡經營的研究所也有了生機，他把剛剛從大學畢業的老朋友齊雅堂的兒子召到了自己的身邊。這是齊鍾彥和張璽的「初識」，從此，齊鍾彥的人生融匯進了張璽開創的學術世界，齊鍾彥的名字也和中國貝類學密不可分的聯結在一起。

坐在齊先生的對面，我感到了歷史的份量，這是一種寧靜人生書寫的歷史。齊先生是沉靜的，他說話也是那樣沉靜，他坐在他那張陳舊的桌子前，身後是一個古樸的卡片櫃，一個一個小抽屜收藏著關於海洋中的寶貝的秘密。我問齊先生這個櫃子是啥時候作的，齊先生抬手搔搔耳邊的一縷銀絲，笑笑說：「這是從北京搬來青島時帶過來的，有點年數了。」我坐在齊先生這兒，如同感受著時間的河流，汩汩流水攜帶走了渾濁的泥沙，留在河床裏的是堅硬的石頭。我的眼前幻化出一片月牙形的沙灘，潮水漲上來了，又退了回去，沙灘上散佈著一枚枚千姿百態的貝殼。有一個孩子奔跑在撒著陽光的沙灘上，不時的彎腰揀拾著讓他驚喜的貝殼。孩子的口袋裏已塞滿了五顏六色的寶貝，他仍然在挑揀著……

我突然想起錢鍾書曾說人在回憶時常常會有可驚可喜甚至可怕的想像力，這話用到齊先生的身上顯然相差千里，齊先生在回憶往事時呈現出的是可敬的單純，每一句話都是字斟句酌，就象他從事貝類學分類研究那樣，簡直是一絲不苟。

問：你當年選擇跟著張先生從事貝類學研究，與什麼有關呢？

齊先生：一個原因是我學的是生物學，再一個呢和我的家庭有關，我父親和張先生在法國時是同學，都拿了法國的國家博士。

問：在這之前你就認識張先生吧？

齊先生：認識，張先生是我父親的老朋友，還有我在大學時，張先生來給我們講過課。

問：齊先生，你說過你父親是搞植物學的，而你跟著張先生搞了貝類，你為何當時不去搞植物學呢？

齊先生笑笑：都是生物學嘛。

我儘管採訪了齊先生，卻無法從齊先生這兒得知他自己的故事。用齊先生的話說，他根本就沒有什麼，只是一個普通的人，盡心盡力作了力所能及的事情。正是齊先生的普通，讓我看到了一種不平凡的人生。為尋覓這種人生的足跡，我又打開了一本關於齊鍾彥先生的歷史——

齊鍾彥，1920 年 3 月 12 日出生於河北省蠡縣大麯堤村。他的曾祖父務農兼做著小生意。他的祖父讀書考中了舉人。這是一個典型的勤勞起家，培養兒子刻苦讀書的家庭。到了他的父親，家道已破落，成了一個詩書傳世長的讀書人家了。在齊鍾彥四歲時，他的父親齊雅堂到法國留學攻讀植物學。在法國，齊雅堂和張璽結識並成為志同道合的朋友。齊鍾彥 7 歲時，隨性情溫和的母親到了北京寄居在在一家中學裏服務的外祖父家。

1927 年 8 月齊鍾彥入了孔德小學。因為居處遷移，他輾轉上過別的兩家小學。

1933 年夏，齊鍾彥小學畢業。接著，他便考入中法大學附屬的溫泉中學。學校在北京的西郊，學生需要駐校，齊鍾彥第一次離開了家庭。這年冬天，齊雅堂從法國回到北京，擔任中法大學的教授，另外，他先後在北平大學、中國大學等多家大學任過兼任教授。用齊鍾彥的話說，在「七七事變」前，他們一家經濟完全靠父親每月的教授薪水，母親在家中照顧孩子料理家務。在齊鍾彥的回憶中，父母生活上非常樸實和節儉，對孩子們的管教特別嚴格。

1935 年 8 月，齊鍾彥考取北平市市立第一中學。少年時代的齊鍾彥喜歡打球和收集郵票。當「一二・九」學生運動暴發時，齊鍾彥也走在學生遊行的隊伍中。

「七七」事變，齊鍾彥恰好初中畢業。在淪陷後的北京，他又讀完了三年高中和兩年大學。五年的淪陷區生活對齊鍾彥留下了深刻的記憶，當時，他很佩服也很羨慕那些到大後方去的老師和同學，有的同學沒有旅費，他就到處去設法籌集，他印象最深的是有一位國文老師到河南去打游擊，還有一位同學到河北中部參加游擊隊。但性情溫和、好靜不好動的齊鍾彥對自己有清醒的認識，他只是壓抑著自己的思緒，按步就班的來讀書，打好基礎，將來努力於中國的建設。在他高中畢業那年，父親隻身隨學校遷往昆明。他同母親和弟弟們仍留在北京。因為不願意投考日本人辦的大學，他暫時進了私立中國大學的生物系，一年後轉入輔仁大學生物系。

1941 年秋，父親來信讓他們去昆明。齊鍾彥立即跟母親和弟弟們動身先到了陝西省的寶雞。因為父親打算到河南大學教書，讓他們先在寶雞等著他的消息。同時父親還讓他就近到西北農學院讀書。後來父親仍然決定留在昆明，又來信讓他們到昆明。

1942 年 2 月，齊鍾彥和母親弟弟們動身經成都、重慶輾轉到了昆明。到達昆明後，學校面臨暑假，齊鍾彥不能即刻入學，而家中又因長期旅行消耗太重，經濟很困難。於是，經父親留法時的老朋友周發歧先生的介紹，齊鍾彥便在中法大學的教務科做了臨時職員，幫忙招生、整理卷宗，這樣也能貼補一點家用。署期後齊鍾彥本打算入西南聯合大學，但因為交涉結果必須要他由二年級讀起。齊鍾彥不願意耽誤一年，便入了中法大學的生物系。

1945 年夏天，齊鍾彥從中法大學生物系畢業。他畢業後很快就進了位於昆明西山滇池之畔的北平研究院動物學研究所。齊鍾彥來到所裏，連他加上，這個研究所只有六七個人，讓他高興的是，這兒的工作環境好像世外桃源，與外界很少聯繫，是個專心做學問的好地方。齊鍾彥到所裏沒多久，抗戰就勝利了。大家都沉浸在對未來的憧憬中。

張璽先生對待所裏的年青人要求很嚴格，也很愛護。齊鍾彥和另外一個年青人的法文不好，張璽就找來一本法文的小書，每天給他們講一段，然後讓他們翻譯出來，這樣來提高他們的法文水平。在提高他們法語水平的同時，齊鍾彥跟著張璽先生做了昆明湖和其他一些湖泊的淡水軟體動物研究，張璽讓齊鍾彥他們幾個年青人實踐採集標本，鍛煉他們野外調查的能力。在跟隨張璽先生「實習」的日子裏，有一些工作是獨特的，如雲南螺螄的研究，這種螺螄是雲南所特有的，經過調查和研究，他們搞清了它的種類、生活習性和生態分佈等。

很快，他們就接到通知，準備復員回北京去。張璽領著大家趕緊忙著整理標本和資料等。歸路難啊，他們直等到來年的初秋才經上海回到北京。

這時，張璽的工作又開始回到海洋貝類學上來，他指導著齊鍾彥，把研究方向投到了海洋貝類動物上。

1947 年秋天，在張璽先生的安排下，齊鍾彥和馬繡同來到了青島。齊鍾彥帶著張璽先生寫給當時在青島的山東大學生物系童第周教授的信，找到了童先生。張先生的來信是請童先生給予齊鍾彥他們提供幫助的。童第周先生很高興他們的到來，膠州灣的海產動物調查又可以繼續了。童先生給他們提供了許多生活上的便利，並派學生協助他們開展野外生物標本採集工作。這是齊鍾彥第一次在海邊採集生物標本。張璽先生認為一個動物分類學家必須有採集標本的能力，只有看到實際標本，才能真正的搞研究。齊鍾彥這也是第一次來青島，這個海濱城市給齊鍾彥留下的印象很美，但他和馬繡同都沒想到後來會來青島安家，更沒想到會在這兒生活了大半輩子。從那時起，齊鍾彥和馬繡同在貝類學的世界裏相伴著已走過了半個世紀。

1949 年 10 月新中國建立後，張璽先生帶領著齊鍾彥他們幾個人，到了北戴河，從北方海域開始，新中國的海洋貝類調查工作有系統的開展起來。

1950 年夏天，在童第周、張璽、曾呈奎的領導下組建成立了中國科學院水生生物研究所青島海洋生物研究室——即中國科學院海洋研究所的前身。初秋季節，作為創建者之一的張璽先生率領著原北平研究院動物學研究所的原班人馬來到青島，其中有齊鍾彥、劉瑞玉和馬繡同。

張璽清醒地認識到自己今後的工作重點應放在海產無脊椎動物的資源調查和一些有益貝類生態習性的研究上，當然，這個「自己」，也包括齊鍾彥。他們的研究工作逐漸由理論結合實際，走出了純學術的象牙塔。張璽逐步改變了在法國留學時形成的為個人興趣而研究的觀點。他帶領著齊鍾彥他們有系統地致力於中國海產軟體動物分類學、生活習性和生態學研究。在工作中，張璽先生統一了大家的認識，這就是必須搞有用的分類學，分類學是一門實用的科學，是直接為社會生產和人們的生活需要服務的，不是單純地為

「分類」而分類。張璽的這一治學思想，促進了我國海洋生物養殖事業的建立和發展。在張璽為了實用的分類學的思想指導下，我國的海洋貝類分類學開始展開了。為了查清我國海產貝類的分佈，他們從北到南，自鴨綠江口起，直到海南島和西沙群島，都留下了他們的足跡；對於任何一個有經濟價值的軟體種類，如：貽貝、蛤蠣、扇貝、牡蠣、鮑魚等等，幾乎都有一個人或一個課題小組在研究著它的分佈特點、生態習性和人工養殖；對於那些有害貝類，他們更是投入了大量的力量，調查它們的分佈，尋找防治辦法。

1953 年，天津塘沽新港的建設者找到了他們。原來海港防波堤上生長的一種叫海筍的貝類動物已成了災害。原來海筍能把防波堤的石頭鑿成很多很深的洞穴，這種小動物對碼頭有很大的破壞性。張璽聽到後非常焦急，立即帶領著齊鍾彥等人，投入到對這種小動物的研究中，他們從分佈於我國的海筍的種類、習性、生活史、繁殖等等各方面進行了詳細研究，幾年後，他們終於搞清了全國沿海海筍的種類分佈特徵和生活習性。他們對碼頭的建設者提出，海筍主要生長在石灰石上，建設碼頭時不用這種石頭，就可避免這種災害。結論看似簡單，可這是好多年的野外調查和實驗工作才換回來的，灑下了多少辛勤的汗水。同時，張璽還組織力量研究了另外一種有害的貝類動物——船蛆。船蛆從小便挖鑿木材，把木材鑿成很深的洞穴，住在裏面。它對海洋中的木質建築物，像碼頭的木柱、護木，漁民用來支架魚網的網檣，特別是木船，為害很嚴重。為了查清船蛆的習性，張璽讓大家在青島、海南島和浙江沿海等不同的海域裏放置上一塊塊木頭板，用以觀察船蛆的生長。春去秋來，幾個寒暑交替，他們摸清了我國各個港口的船蛆種類特徵，也找到了防治的辦法，最終給碼頭的建設者們提交了一份滿意的答案。

《貝類學綱要》

一門「實用」的科學是需要年輕人投入進來的。1953 年，張璽先生在山東大學水產系和生物系開設了一門新課程——貝類學。張先生不在青島的日子裏，就有齊鍾彥代替他去講。正是這次持續一年的講課，結出了碩果，在齊鍾彥的協助下，張璽完成了一部大書——《貝類學綱要》。

到底什麼是「貝類學」呢？

貝類學又稱軟體動物學，是研究軟體動物分類、形態、發生、生理和生態等各方面問題的一門科學，它所包括的內容其實很廣，研究的問題涉及分類學、解剖學、發生學、生理學和生態學等範圍。

貝類學在西文有 Malacology 和 Conchology 兩個不同名詞，前者是從希臘文 Malakos 而來，是柔軟的意思，按字義看，它研究的對象包括所有具貝殼和不具貝殼的種類，而且包括這些種類的貝殼和肉質部分；後者是從拉丁文 Concha 而來，是貝殼的意思，按字義看，它所研究的內容僅限於有貝殼的種類，而且不包括它們的肉質部分。到了近代，學者們應用這兩個名詞時往往並不嚴格，因而它們所含的實際內容並沒有什麼顯著地不同。但儘管如此，張璽和齊鍾彥還是採用了前者，表明了他們眼中的「貝類學」，這是一門內容博大視野開闊的科學。

這部由張璽和齊鍾彥合著於 1961 年面世的《貝類學綱要》，是我國第一本系統論述貝類動物學的專著。這部著作是我國貝類學的奠基之作，具有里程碑的意義。「碩果」不僅僅是一部著作，在聽課的學生中，有幾位於畢業後直接來到了張先生的身邊，從事海洋生物分類學的研究，成為一代學術開拓和傳承的中堅力量。張璽很重視後備力量的培養，從 1956 年開始，他招收了攻讀貝類學的研究生。畢業於山東大學的張福綏來到了張璽和齊鍾彥的身邊。張福綏在齊鍾彥的具體指導下，開始了海產貝類動物的分類學和生態學研究。

實用的貝類分類學自然要走出象牙塔。

我國出產的貝類品種繁多，資源豐富，為了讓社會大眾瞭解我國豐富的海產貝類，張璽和齊鍾彥還合作撰寫了一本小冊子——《我國的貝類》。這本書從生物演化的角度，系統地介紹了我國出產的主要貝類二十六種，如：貽貝、蚶子、珍珠貝、扇貝、寶貝、紅螺、鮑魚、鸚鵡螺、烏賊、章魚等等，以深入淺出的文字，扼要地介紹了這些海貝的外部形態、內部構造、生活習性、經濟價值和養殖方法，書中還配有精美的插圖，以幫助讀者加深理解。這是一本大學者撰寫的小書，體現出了兩位學者的科學情懷。

經過十多年的耕耘，張璽和齊鍾彥們對我國的海產貝類，尤其是經濟貝類，基本上摸清了家底，他們撰寫出版了一系列的研究專著，如：《中國北部海產經濟軟體動物》、《中國經濟動物志・海產軟體動物》、《南海的雙殼類軟體動物》等。一門有用的科學在逐漸發展壯大。

從五十年代到六十年代初期，張璽對我國海洋科學還有一個重要的貢獻，這就是他組織領導了中國海洋無脊椎動物調查，全面查清了我國海域蘊藏的無脊椎動物資源。張璽還主持了中蘇海洋生物考察團，在塘沽、青島、浙江、廣東，特別是海南島，進行了大範圍的考察，齊鍾彥協助張璽組織了這次由中蘇兩國科學家合作進行的考察，採集了大量的生物標本和資料，發展了我國海洋潮間帶的生態學研究。在張璽的帶領下，中國的貝類學正在健康的發展著。

「文革」爆發了。張璽的「貝類學」擱淺了。1967 年 7 月 10 日張璽先生在青島離開了人間。

在我的採訪中，只有一次，齊先生的平靜從他安祥的臉上消失了，老人的目光顯得暗淡了下來，齊先生傷感的回憶起張璽先生最後的日子：

「張先生最初住在科學院青島療養所裏，張先生來青島時家並沒搬來，他的夫人和子女都在北京。文革開始後，療養所不讓住了，他們要給張先生在外面找一間小屋讓他一個人住。我找到了當時管房子的人（齊先生充滿感情地說到了一位已退休的老工人的名字），我說，這怎麼行呢？張先生一個人怎麼生活。後來他們給張先生安排了一間房間，既當辦公室又當臥室。在 1966 年張先生的工資就停了，一個月只發十五元生活費，這怎麼能夠呢？張先生對我說，告訴北京家裏吧，讓他們給他寄點錢來，我說，別告訴，那會牽連他們，我們這幾個人的工資還沒有停，從這兒解決吧。後來我們的工資也停了，只發一點生活費。就這樣大家也過來了。張先生後來不能說話了，晚上我們幾個人輪班在這兒陪他，馬繡同先生一個，劉瑞玉先生一個，再就是我，三個人輪流。到了 1967 年，張先生就病逝了。走時一句話也沒留下。張先生的身體沒有別的毛病，就是血壓高，要是沒有文革，他的性格該是個活大歲數的人。」

張璽先生之後

七十年代末，齊鍾彥又開始了中國的海產貝類學研究。在 1978 年中國動物學會年會上，齊鍾彥充滿深情地作了「張璽教授對我國海洋學和動物學研究的貢獻」報告。在這篇報告中，他詳細總結了張璽先生的學術成果和科學貢獻，對張璽先生的一生作了客觀的評價。

到了八十年代初，中國海洋生物分類學研究迎來了「科學的春天」，在學術界的多方支持下，中國貝類學會成立，齊鍾彥擔任第一任理事長。齊鍾彥感到欣慰的是他實現了張璽先生多年的心願，張先生生前多想成立起這樣一個促進學術交流、團結協作各地學者的學術機構啊。齊鍾彥還應邀赴匈牙利、英國、美國等國和香港參加國際軟體動物學術會議，他還應邀到美國費城博物館做研究工作和學術交流。齊鍾彥作為中國貝類學的權威代表得到了國際學術界的公認。

經過幾十年的努力，在張璽先生所開創的這一項事業中，齊鍾彥們承繼著學術之火，並讓這事業發展長大，幾代人的努力，植出了蔥郁茂盛的貝類學大樹，中國海的貝類動物資源分佈、種類特點、生活習性等等基本調查清楚了，在齊鍾彥們的眼裏，中國沿海的貝類動物構成了一幅妙不可言的長卷，這是一幅動人的畫卷，為了編繪這幅長卷，從北到南，遼闊的海疆撒下了他們勤勞的汗水。齊鍾彥和馬繡同以及其他的同事們，開始整理歸納他們多年來積累的研究成果，在充實起一座收藏豐碩的中國海洋生物標本館的同時，他們也為學術界奉獻出累累碩果。齊鍾彥和同事們合作完成出版了《中國沿海軟體動物》、《中國北方沿海軟體動物》等等一批收入他們數十年研究成果的專著。

齊鍾彥在 1987 年 2 月辦理了退休手續。但實際上，他依然天天來辦公室，繼續從事他的研究和著述。1997 年當選中國科學院院士的劉瑞玉先生在談到齊鍾彥時，曾這樣說：他的為人是對人誠懇，對工作認真負責，從不誇張，能認勞認怨的工作，可謂幾十年如一日。

齊鍾彥的學術研究已到了尾聲，他期待著能有更多的年輕人投入到這項事業中來，他整理著多年來的研究積累，希望能給後來者留下的東西再多一些，但老人感到了遺憾和困惑，商品大潮也在衝擊著研究所，舊有的模式打碎了，新的還沒有完善起來，貝類學在許多人眼裏已屬「黃昏學科」，這兒的寂寞，這兒的清貧，對於滿腦子新觀念的青年人來說，已少有吸引力了。窗外的商品大潮震動著嚮往幸福的人們，屬於這兒的是仍舊在守望著學術園地的老人。

1988 年，齊鍾彥和馬繡同等合作編著的《中國海產貝類》巨著交到了北京一家專業出版社，這是至今記錄中國海產貝類動物最全的一部專著，共收有貝類動物種類 1600 種，是他們這幾十年來的研究總結，但苦於沒有經費出版，到現在也未能面世。也有讓人欣喜的事情，在海洋研究所的資助下，齊鍾彥們的《黃渤海的軟體動物》專著出版了，還有就是農業出版社找到他，邀請他們編寫《中國的經濟軟體動物》，齊先生高興地說，他們不要出版費，所裏也給了我們一些支持。現在一個主要的工作就是屬於「中國動物志」的編寫工作。也就是靠很少一點經費來維持這些人的工作。

在採訪齊先生的過程中，我發現談到現狀時，齊先生的話稍稍多一些，但他談的仍然很少涉及自己，更多的是關於學科的建設和發展。

問：齊先生，現在有人說傳統的貝類學是黃昏學科，你搞了一輩子這個學科，你是否遺憾呢？

齊先生：我作了一輩子的海洋貝類分類工作，並沒有感到遺憾，心裏想的和其他搞分類學研究的不會有什麼不同，分類學並沒有走到黃昏，還有很多的工作沒有開展，我們其實只是開了個頭，作了第一步，查清了中國海有什麼，但對於這個海區有這一種貝類而另一個海區為何沒有，我們還不知道，這個種和另外一個種間有什麼關係，也並不知道，各個種類的演化，從哪兒來的，怎麼繼續演化，環境意義等等，還有許多工作需要作，可我們這一代人已經力不從心，後繼無人，我們的分類學現在就是這個樣子。許多人對分類學有一個誤解，以為就是知道是些什麼就行了，其實分類學是一切的基礎，動物的習性、生活和養殖，都無法離開分類學的基礎。

問：現在的青年人很少能坐冷板凳搞這樣的基礎科學了，你感到遺憾嗎？

齊先生：後繼乏人，看看怎麼能不遺憾呢？但對年輕人不願意作這個工作，我很理解，我們不能給人家找來錢，沒有錢，工作也就談不上。但是也有令人欣慰的事，我的學生在貝類份子生物學上取得了可喜的成績，對 21 世紀貝類學的發展有重要作用。

問：齊先生，要是讓你再回到當年，你還會選擇分類學嗎？

齊先生（遲疑一下，微微笑著）：難說，現在世界上分類學已有很大的發展了。

問：當時你在選擇這個專業時考慮過錢、前途這些事情麼？

齊先生：沒考慮這麼多，當時想法也簡單，就是搞科學研究麼。

如果說齊鍾彥先生作為中國貝類學第一代學術傳人完成了學科主要奠基人張璽未竟的學科創建事業，那麼，作為第二代學術傳人的張福綏教授則把這門傳統的學科融入進了時代的潮流中，完成了在商品大潮中這門科學的「轉型」。在張福綏和合作者以及他的學生們的努力下，被許多人歸入「黃昏學科」的傳統貝類學又迎來了新的朝陽。

在 1990 年秋天出版的《中國科學院科學家名錄》中，寥寥幾行文字，勾勒了張福綏先生的科學歷程：

張福綏，海洋研究所研究員，男，山東昌邑人，1927 年 12 月生，1962 年於中科院海洋研究所研究生畢業。主要從事海洋貝類學研究。發表論文 40 餘篇，有「中國近海的浮游軟體動物」，「中國貽貝養殖」，「海灣扇貝引種、育苗及試養」，等等。首次系統報告了中國海的浮游軟體動物，建立了一些新種、新屬、新亞科。協助導師張璽等對中國海軟體動物區系進行了亞區級地理區劃，並首次提出「中國－日本亞區」。領導的貝類養殖和貝類苗源開發研究取得多項先進水平的結果，如最早將貽貝育苗達到產業化，並開闢了在暖溫帶淺海建立半人工苗場的方向，為此 1978 年獲全國科學大會獎。成功地研究解決了美國海灣扇貝的引種、育苗、養殖與開發問題，1989 年獲中科院科技進步一等獎。

1990 年，張福綏這項美國海灣扇貝的引種、育苗、養殖與開發成果還獲得了國家科技進步一等獎。

1995 年，張福綏教授榮獲被喻為中國的諾貝爾獎的陳嘉賡農業科學獎，以表彰他在海灣扇貝養殖業上的貢獻。正因了張福綏在八十年代開展起來的扇貝養殖，形成了我國海洋生物養殖事業上的第三

▲張福綏先生

次浪潮。在他的努力下，扇貝養殖形成為一項極有發展前途的海洋生物產業。在他獲獎後中國科學院海洋研究所為他舉行的慶祝會上，年近七旬的張福綏先生深情地說，他取得的這些成績是與他的導師分不開的，如果沒有張璽先生和齊鍾彥先生，也就不會有他今天的這些成績，榮譽也應歸屬於他的老師和他的合作者們。

現在，張福綏仍在指導著幾位研究生，他的扇貝養殖已走上了產業化的道路，這是一條有許多青年學者跟隨在他身後的不斷湧現新的學科生長點的道路。

「你從哪兒知道我的過去？」

查閱完那些「塵封的歷史」，我又來到了齊先生的辦公室，其實應該說是齊先生和張福綏先生兩個人的辦公室。我想再一次感受一遍眼前的歷史，兩位老人放下了手中的工作，回答著我閱讀歷史帶來的疑惑。這是一間不大的房間，靠窗坐著年近八旬的齊先生，對面靠牆坐著已過七十的張先生，中間放著一張大工作臺，房間裏還豎立著或高或矮的櫥櫃，這些桌子櫥櫃，看上去浸透著歷史的斑駁。張先生告訴我，從七十年代初，他和齊先生就在這間辦公室裏了，一眨眼的工夫，快三十年了。我忍不住對著兩位老人問：你們一直這樣默默地工作著，有什麼感想呢？齊先生微笑著，神態依舊平靜安祥，張先生摘下老花眼鏡接過話說，「我們這些人，已經習慣這樣生活了，作這些事情只為了科學本身，不是為了其他的東西，當然，我們的工作也希望能讓社會瞭解，這對科學發展來說是件好事，科學是需要社會給予支持的。

這篇文章發表後，齊先生有一次很奇怪地問我：「你從哪兒知道我的過去的。」我回答：我看了你的檔案。齊先生點點頭，沒再說話。

順便補充一句：張福綏先生已於 1999 年當選為中國工程院院士。

童第周

銅像，故居與軼事

一枚國民黨黨證

晚年與牛滿江

銅像，故居與軼事

童第周（1902～1979）字蔚孫，浙江鄞縣人，中國胚胎學和發育生物學家。

1930 年畢業於上海復旦大學生物系，1934 年在比利時布魯塞爾大學獲哲學博士。曾任山東大學及中國科學院海洋研究所、動物研究所等單位的教學、科研及行政領導職務，中國科學院生物學部主任、副院長，全國政協副主席。1978 年加入中國共產黨。他的主要貢獻之一，是二十世紀五十年代至六十年代初關於文昌魚發育的實驗研究。

由於文昌魚在分類上的地位，其胚胎發育一向受到重視。他用分離、置換分裂球等方法，證明了文昌魚早期胚胎分裂球的發育命運是有一定的可塑性的。他還發現文昌魚的胚胎發育中，具有與脊椎動物相似的誘導作用。這些研究，揭示了文昌魚與脊椎動物在發育機制上的一致性，從而證明瞭文昌魚在從無脊椎動物進化為脊椎動物過程中的重要地位。

他曾設想通過移植細胞核來進行育種：把兩種不能雜交的魚的優點結合起來，並使之遺傳下去。他的研究，為動物育種提出一個新的、可能的途徑。他的關於海鞘的研究，主要是在二十世紀五十年代前進行的。他的研究證明了其胚胎發育中有些組織器官是有可塑性的，糾正了過去一些學者認為其發育屬於嚴格鑲嵌型的見解。

二十世紀七十年代以後，童第周開始注意用生物化學的方法研究核質關係。他與合作者還研究了核酸對金魚性狀的誘變作用，取得了很多成果，並發表了論文。他的科研工作始終貫穿著一條線索，這就是從卵子在受精前後的結構到細胞質與細胞核在發育中的相互關係，進而探討細胞質在性狀遺傳中的作用。

在青島老山東大學舊址附近的魚山路三十六號，大院門口掛著好幾個銅牌，標明這兒曾住過的老山東大學的幾位名教授，如馮沅君陸侃如夫婦、物理學家束星北等，其中一位是童第周先生。

老山東大學對於青島來說，是掛在嘴上永遠的驕傲和遺憾，與馮沅君、陸侃如、蕭滌非等文科教授相比，童第周先生是理科名家的代表。尤其是，新中國建立後，以童先生為首創建了中國科學院水生生物研究所青島海洋生物研究室——後來發展成規模為全國海洋科研機構第一的中國科學院海洋研究所，作為海洋研究所的創建者，童先生擔任所長一職的時間從五十年代直到七十年代「文革」結束後他擔任中國科學院副院長和全國政協副主席。其實，童先生當時除了擔任海洋研究所所長，他還是中國科學院生物學部主任，還在科學院京區的動物研究所兼任著職務，並已在 1956 年就移家定居北京，對青島的海洋所更多是「遙控」領導，他真正在青島的生活還是在老山大時期。但是，童先生對於南海路七號卻有著非凡的意義。在今天的南海路七號生物樓裏，面海的正門門廳並不寬敞，迎面一尊銅像，在高高的大理石基座上，是童先生的青銅雕像。正如這尊雕像，童第周對於南海路七號來說，更是一個象徵，代表著這個群體曾經達到的高度。儘管在研究大樓裏保留著一間童第周先生的紀念室，但象徵的意義要大於實際的意義，因為童先生的學科和實驗與今天的海洋研究科學實在關係不大。

其實童先生並非嚴格意義上的海洋生物學家，他是一位胚胎學和發育生物學家，如果查閱一下《中國大百科全書· 海洋科學卷》，不難發現，中國海洋科學家條目裏並沒有收入童先生的大名，「童第周」條目出現在大百科全書的《生物學卷》裏。海洋研究所的生物學研究在當年主要是海洋植物和海洋動物（又分海洋脊椎動物和無脊椎動物）的分類學，在這些「顯學」之外，還有一個小小的「分支」——發育生物學，這就是童先生的「嫡系」學科了。童先生於南海路七號的意義，更多的是一個象徵，一種從歷史的昨天走到今天的科學與文化的傳承的象徵，就像童先生的科研工作從早年直到晚年始終貫穿著一條清晰的線索，是屬於遺傳與發育生物學的一個很專門的領域。

童先生的一則軼事印象難忘：童先生早年在比利時布魯塞爾大學留學時，和他住在一棟公寓裏的一位舞文弄墨的詩人在餐桌上以傲慢的口吻嘲笑了中國的落後和中國人的愚昧。童先生憤怒了，對這位詩人說，你代表你的國家，我代表我的國家，我們來比一比，看看是我們中國人聰明還是你們這些洋人聰明。童先生要和詩人比試的是文學寫作。後來在女房東的勸說下，那位詩人向童先生道了歉，童先生也收回了要放棄生物學改行文學的宣戰，仍回到了實驗室裏（不過，對這則軼事還有另外的一種說法，下文再詳說）。這則軼事，除了童先生強烈地民族自尊心外，更令人感歎地是，假如當年童先生一怒之下改行從事了文學創作，還會有童第周與青島或者說與海洋科學的不解之緣嗎？

▲青島百花苑裏的童第周雕像

一枚國民黨黨證

關於童第周，如果用寥寥數言來介紹的話，可以這樣說：童第周（1902～1979），浙江寧波鄞縣人。實驗胚胎學家。1927 年畢業於復旦大學生物系。1933 年獲比利時比京大學科學博士學位。1948 年當選為中央研究院院士，1955 年當選中國科學院院士（學部委員），後任中國科學院發育生物學研究所研究員、中國科學院生物學部主任，中國科學院副院長。中國實驗胚胎學的創始人。

童先生的檔案並不在青島。由於童先生後來擔任了中國科學院副院長和全國政協的副主席，所以他的檔案早已從青島調往北京。因此，在海洋研究所的檔案室裏並沒有童先生的檔案。但是，在他的助手和長期的合作者吳尚勤的檔案裏，卻意外地夾著一枚童先生的黨證，這是一枚中國國民黨黨證——

按照童第周自己的說法，他是在復旦大學求學時加入國民黨的。童第周十七歲上中學，二十一歲中學畢業。本來他所就讀的寧

波效實中學畢業生可以直接升入上海聖約翰大學，可是在他畢業那一年，他在老家的長兄病了，他回家鄉去管家，一年後也就是 1924 年才去考大學。先考北京大學和南京的東南大學，結果都沒有考上。後來就在上海復旦大學做特別旁聽生，第二年再考才被錄取，在復旦讀的是心理學。正是在復旦大學，除了看書之外，他養成了看雜誌的習慣。當時邵力子、陳望道等都在復旦教書，他們也是童第周的老師。很明顯，童第周受到了這些老師的影響。尤其是他的心理學老師郭任遠的影響，郭是留美背景，時任復旦大學的校長。童第周在晚年的回憶中說他的老師郭任遠在政治上很落後，但業務上很強，從郭的身上得到了讓他終生難忘的教誨，譬如在對待科學的態度上，「一切都要通過實驗，通過實驗打破前人的學說。」這就是童第周從老師那兒得到的啟示。也就是在復旦求學時，童第周加入了國民黨。從他的黨證上可以看出，頒發黨證給他的時間是 1926 年。童第周說，「當時共產黨尚未公開，我就在這時加入了國民黨，以後國共分裂（在我畢業後），我就再沒參加過國民黨的活動，脫離了國民黨。」

▲在復旦讀書時期的童第周

這枚黨證頒發給他的時期，應該是童第周與國民黨最「緊密」的時期：

從復旦大學畢業，我已經二十六歲了，當時找不到工作。我的三哥認識陳佈雷（當時任浙江省民政廳長）的朋友，請他與陳佈雷說說，給我介紹工作。陳佈雷有個脾氣，一般

> 不介紹人工作，因為效實中學是陳佈雷這些人辦的，他也認識我。後經人家一說，陳佈雷寫封信，介紹我到國民黨總司令部下屬政治處的宣傳處任中尉，六十元一個月。當時正值寧漢分裂，國共分裂之時，又加上孫傳芳攻打南京，我在宣傳處，宣傳處內烏煙瘴氣，工作一個多月，我就離開了。
>
> 後來我二哥介紹我到浙江桐廬縣，該縣是個二級縣，縣長是個老官僚。下面有三個科，第一科是總務科，第二科是財務科，我是第三科建設科科長。別的科長都是老資格，看我像小孩似的。縣長就欺負我，對我說：「我們縣是二級縣，工資不太高，每月工資只有三十元」，其實給我的工資僅相當於一個科員的工資，別的科長都是八十至九十元，我也沒辦法，只好暫時在此等等。
>
> 北伐戰爭勝利後，縣政府裏黨的活動很多，我當時就寫過一篇文章，送到省黨報，文章的內容是不要看不起年青人，縣長看到文章後，把有關與縣黨部有聯繫的事都統統拿來找我，開始重視我了。

那一段時期也是童第周收穫愛情的時節：1926 年，他由中學老師介紹，認識了後來成為他人生伴侶的葉毓芬。葉當時在寧波女子師範學校念書，他們開始通信，童第周去寧波時就去學校見她，等她師範學校畢業後，童第周設法讓她轉到復旦大學讀生物系，當然，這是後話了。值得一提的是，後來在他的科學生活裏，葉毓芬一直充當著他生活和科學伴侶的雙重角色。

儘管年青的童第周此時得到了重視，但很快他就「逃」走了：工作不到五個月，他寫了一封信給他大學的老師蔡堡先生，蔡原是復旦大學的教授，後來到中央大學任生物系主任。蔡收到童第周的信後，立即回信讓童第周去中央大學做他的助教。

1926 年底，童第周辭去桐廬縣科長職務，於 1927 年 1 月正式到南京中央大學教書。可以說，童第周邁出後來從事科學一生的決定性一步是從做蔡堡先生的助教開始的，從此，童第周進入了教育和科研領域。

1930 年，在中央大學當助教的童第周借了一千塊錢去了比利時首都布魯塞爾大學留學，也正是在這裏，童第周遭遇了作為弱國國民的屈辱：在比利時，童第周租了一個閣樓住，房東老太太對他很友善。房客中有一位「白俄」，是學經濟學的，已經學了三年，當著童第周的面罵中國人無能。童第周反唇相譏說：從明天起，他也學經濟學，看看誰先得到博士學位。房東老太太對「白俄」說：你不能和童比，你來了三年，連一張便條都寫不好，而童卻能寫文章……

1934 年童第周拿到了博士學位，1935 年和夫人來到青島，在山東大學任教。這也是童先生和青島結緣的開始。

晚年與牛滿江

關於蔡堡教授，童第周在晚年回憶給自己影響最大的幾位老師時提到了三位，其中一位就是蔡堡。第一位就是郭任遠先生：「此人政治上不好，但在業務上對我影響很大。他告訴我們應如何學習，最重要是看雜誌。」第二位是蔡翹先生，後來擔任中國人民解放軍軍事醫學科學院副院長，早年從美國回來就到復旦大學教書。第三位就是蔡堡先生，後來在杭州大學當教授，「他對我在業務上影響很大，搞科學研究很認真，治學嚴謹，一絲不苟。他寫的書很多，教課很嚴，人很厚道。他使我走上了科學的道路。葉毓芬當助教時，就住在他家……」兩位蔡先生，童第周直到晚年仍保持著和他們的來往。

從童第周晚年的回憶裏，能看出他當年從一名國民黨基層官員轉業到學術道路上來的心路歷程，而這枚褪色的黨證就給他的轉變留下了一個清晰的注腳。從另一個層面上說，儘管國共分裂後童第周脫離了國民黨，走上了學術的道路，但這枚國民黨的黨證一直留在童第周的身邊，並最終進入了其助手的舊檔案裏。

童第周自 1935 年和夫人來到青島，除了抗戰時到了西南，抗戰勝利後又回到青島，仍在山東大學任教。於 1948 年被選為中央研究院院士。1949 年後，童第周先任山東大學生物系主任，後又擔任副校長。不久，與曾呈奎等一起創建了海洋生物研究室。1955 年他被聘為中國科學院的第一屆學部委員，並在 1956 年擔任了生物學地學部副主任。1956 年，他和家人去了北京，住進了中關村十四號樓。在北京時的童第周，生活是豐富的，他喜歡逛琉璃廠，買回一些價格能接受的字畫，他也喜歡交友，除了同行外，還有畫家和詩人，

自 1956 年到北京居住後在青島的研究課題主要是通過他的助手吳尚勤實現的。譬如在文昌魚的研究上，就是證明瞭文昌魚屬於無脊椎動物和脊椎動物之間的過渡類型。這個結果意味著在動物進化過程中，童第周和吳尚勤等人的研究有了自己的地位。

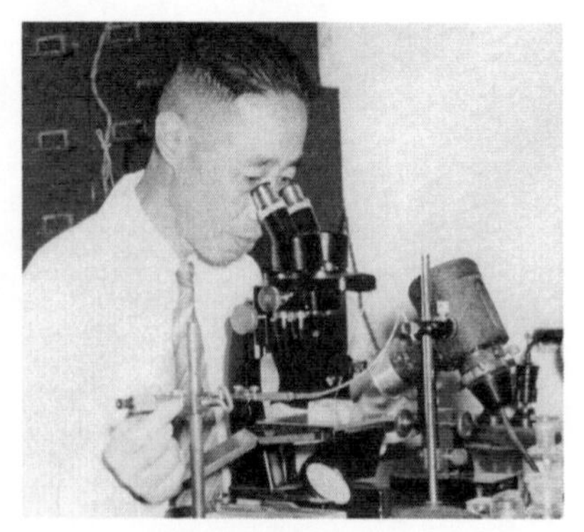

▲童第周在實驗室工作

在 1957 年的「反右」運動中，華羅庚、錢偉長、曾昭掄等教授就科研、教育體制和知識份子政策等問題聯名提出了一個建議，童第周雖沒有在意見書上簽字，卻因出席了此討論會，也被牽連進去，後來因為周恩來總理的保護，才避免了被打成「右派」。

沒有被打成「右派」的童第周在「文革」時自然也成了「反動學術權威」，被迫搬出了中關村十四號樓，住進了一個九平方米的小房子。

七十年代，也就是「文革」後期，童第周逐漸活躍起來，這得益於美籍華人牛滿江。童第周與牛滿江的合作具體做了什麼樣的項目，現在有論者說「童第周與美籍科學家合作的意義不在於如何評價他們的實驗成果，而在於衝破了那時對國際科技交流設置的重重障礙……」而且不提美籍科學家的名字。不提「美籍科學家」的名字，估計與今天有許多人對牛滿江提出了置疑和批評有關。

七十年代，甚至到八十年代，牛滿江的名字頻繁地在國內媒體上出現，關於牛滿江，簡單地介紹：1944 年被選派到美國進修，1962 年他五十一歲時在美國一普通高校晉升為教授。據說，他的主要科研成果用通俗的語言來表述，就是發現了攻克癌症的辦法。但他做的實驗別人重複操作之後，得不到他所說的結果。連他身邊的工作人員都證實，他的實驗是紙上談兵。1967 年他到臺灣，憑著「癌症不是絕症了，核酸可把病治好，牛滿江實驗收效，試管裏溢出奇妙」等。臺灣的主要報紙都在顯著位置刊載了關於牛滿江的長篇報導，蔣介石、蔣經國、嚴家淦等人先後會見了他，並在 1970 年選聘他為中央研究院院士。1973 年他與美國駐華聯絡處首任主任布魯斯同機到達北京，然後開始與童第周合作開展科研。

正是與牛滿江的合作，童第周當年也時常出現在高層領導人接見牛滿江的會見鏡頭中。譬如周恩來、鄧小平等都接見過牛滿江，而童第周作為合作者始終坐陪。直到童第周去世，他與牛滿江的合作一直進行著。近年來牛滿江的名字逐漸淡出了人們的視野。

吳尚勤

童第周助手
「絕密小傳」、「整風」思想總結
1950 年的自傳
「思想改造」後的自傳
1953 年組織上的鑑定
在「四清」運動中的檢查
自我檢查

童第周助手

吳尚勤（1921～1988），女，江蘇吳縣人，實驗胚胎學和發育生物學家。

吳尚勤中學時代跟隨進步人士鬧學潮，被學校扣發了文憑。1938 年，她以同等學歷的身分考入南京中央大學醫學院。從此她便在生物學家、實驗胚胎學家童第周教授指導下做胚胎實驗。畢業後，被留校任解剖科助教。1949 年調入山東大學動物系，做童第周教授的助手。1950 年 8 月，調剛剛成立的中國科學院海洋研究所的前身——中國科學院水生生物研究所青島海洋生物研究室工作。

吳尚勤把畢生的精力都投入在實驗胚胎、分子生物學、發育生物學的研究上。1953～1956 年，在國家重點科研專案「船蛆防除研究」中，由於她圓滿完成了船蛆的發育和生活習性的研究任務，為尋求有效的防除方法提供了必要的資料和理論基礎，船蛆防除的研究獲 1966 年全國科研發明獎一等獎。1953～1967 年，她作為第二負責人參加了童第周領導的「細胞核與細胞質的相互關係的研究——文昌魚的器官與發育」研究課題，其成果獲 1978 年全國科學大會獎。1956 年，其「硬骨魚胚胎發育的研究」一文獲中國科學院自然科學一等獎。1960 年她與丈夫婁康後一起在國內首先成功解決了對蝦室內人工育苗的問題，為以後全國對蝦增養殖工作的發展打下了基礎。在卵子早期分化研究方面，吳尚勤組織並領導「低等原索動物卵子細胞質受精前的分化」的研究課題，通過大量實驗，證明細胞質的局部定位是在未受精的成熟卵子中就已經存在，從而把卵子細胞質分化於受精之時，推進到受精前的成熟卵子中。

這一發現，使她和課題組獲得 1982 年中國科學院重大科技成果一等獎。

1956～1957 年，吳尚勤連續兩次出席青島市第一、二屆婦女社會主義建設積極份子代表大會；1960 年，出席山東省婦女社會主義建設積極份子代表大會；1965 年當選為政協青島市第三屆委員會委員；1978 年當選為青島市革委會委員；1980 年當選為青島市三八紅旗手，同年，美國卡內基研究院授予她卡內基榮譽會員稱號；1984 年，美國伍茲霍爾海洋生物研究室授予她 Lillie（莉莉）榮譽會員稱號。

吳尚勤非常重視理論與實踐的結合。八十年代中期，她積極配合並指導山東省日照市開展水產品增養殖的工作和研究。1988 年 3 月 11 日，在趕赴日照養蝦場途中，因車禍不幸罹難。為表彰吳尚勤為中國海洋生物科學所做的貢獻，經山東省人民政府批准，山東省人民政府、中國科學院海洋研究所、日照水產研究所和吳尚勤親屬及生前好友共同發起組織成立了「吳尚勤獎學金」，旨在獎勵和培養更多的發育生物學人才，以繁榮學術，促進海洋生物科學的進步。

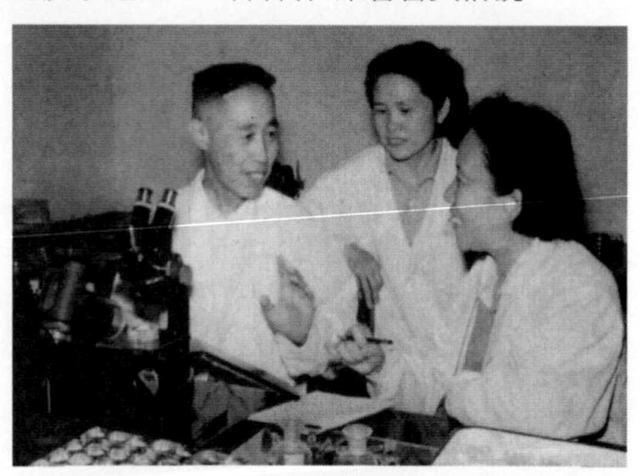

▲吳尚勤（中）與童第周夫婦在實驗室

作為中國實驗胚胎學創始人的童第周先生在實驗胚胎學上的一個主要貢獻就是金魚的遺傳變異研究和文昌魚的研究，記得前些年當西方的學者試管培育「複製」出的羊成功時，我熟悉的幾位海洋生物學者曾說，其實在金魚的遺傳和培育上，童先生和他的合作者早就「複製」成功了，應該說童先生和他的研究集體是生物「複製」技術的先驅者。其實，在童先生當年的合作者中，最重要的一位就是曾為中科院海洋所研究員的女實驗生物學家吳尚勤先生。有一張很著名的照片，幾乎印在所有介紹中科院海洋所的圖書和小冊子裏，照片上是童先生和他的夫人還有一位助手在實驗室裏，其中那位助手正伏在顯微鏡上——這位助手就是年青時的吳尚勤。

八十年代初，在青島中科院海洋所的大院裏，經常能看到一位矮小幹練的老太太，後背有些前傾，走路卻很敏捷，步履匆匆，在她的實驗室裏帶領著研究生在忙碌著。老太太就是吳尚勤研究員，當時的研究員還非常稀罕，能帶博士生的就更少了，而吳老太太就是非常稀少的研究員之一，在當時的海洋研究所，她是和曾呈奎、毛漢禮兩位學部委員（當時還不叫院士）齊名的人物。老太太素以治學嚴格著稱，尤其在對待實驗上，更是苛刻地令一般人卻步。後來當「改革」的大潮也把老太太推到了「科技轉化為生產力」第一線時，老太太的身影也就出現在沿海的一些養殖場裏。

可以說，在海洋研究所，沒有童第周，也就沒有吳尚勤。

「絕密小傳」、「整風」思想總結

在吳先生的檔案裏，有一份列印的標有「絕密」字樣的吳尚勤的「小傳」。這份當年「絕密」的〈吳尚勤小傳〉列印於 1958 年 12 月 26 日，除了封面外（封面上印著醒目地「絕密」二字），只有薄薄地三頁，內容也很簡潔，這應該是 1957 年「反右」運動後

「組織」上給吳尚勤的「整風」結論，今天看上去實在是「印刻」著時代的烙印。〈小傳〉起首是簡單的介紹：

▲吳尚勤（1950 年代）

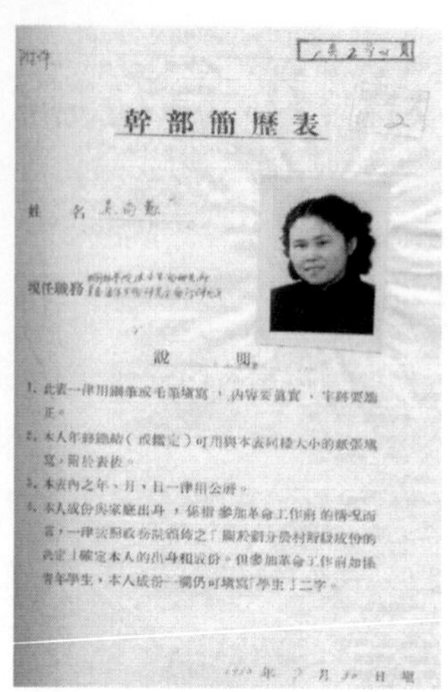

幹部簡歷表

姓　名

現任職務

說　明

1. 此表一律用鋼筆或毛筆填寫，內容要眞實，字跡要端正。
2. 本人年終總結（或鑑定）可用與本表同樣大小的紙張填寫，附於表後。
3. 本表內之年、月、日一律用公曆。
4. 本人成份與家庭出身，係指參加革命工作前的情況而言，一律按照政務院頒佈之「關於劃分農村階級成份的決定」確定本人的出身和成份。但參加革命工作前如係青年學生，本人成份一欄仍可填寫「學生」二字。

年　月　日填

▲吳尚勤簡歷表

> 吳尚勤，女，1921 年 7 月生，漢族，大學畢業，江蘇省吳縣人，家住蘇州碧風坊五十二號，地主出身，職員成分，現任中國科學院海洋生物研究所實驗生物組副研究員。

接下來分成五部分，分別為「簡歷」、「業務專長、業務水平、重要著作」、「解放前後政治思想情況及其現在工作表現」、「正風運動中的表現」和「社會關係」。其中「正風運動」的「正」估計是「整」字之誤。「簡歷」寥寥幾行：

> 1945 年 7 月中央大學醫學院畢業。
>
> 1945 年 7 月～1949 年 7 月中央大學醫學院解剖科任助教。

> 1949 年 7 月～1950 年 7 月山東大學動物系任助教。
>
> 1950 年 7 月～現在　中國科學院海洋生物研究所任助理研究員、副研究員。

從簡歷中可知，吳尚勤是跟隨著童第周先生從山東大學（當時的山東大學還在青島，吳在那兒任童先生的助教）來到新創辦的海洋生物研究所（童先生是該所最重要的創辦人），正如在第二部分的業務所長的評介中所寫：吳尚勤在海洋生物所（海洋研究所的前身）「已有六、七年」的研究工作，主要研究對象是文昌魚和硬骨魚、船蛆和對蝦，「目前基本上具有獨立進行研究工作的能力，並能在業務方面提出較正確的見解」，她的重要著作「都是在童第周先生的指導下進行的，皆是合作寫的文章」。所謂「合作」都是和童先生合作的。其中最主要的合作文章就是〈金魚卵中組織物質地位的研究〉、〈魚類早期發長的研究〉、〈經離心作用後，魚卵子分割的研究〉、〈文昌魚胚胎分裂球分離後的發長能力〉，還有一份標有「內部資料」的〈船蛆防除總結報告〉。對這份「小傳」來說，上述內容顯然不是最主要的，儘管從中不難看出，吳尚勤其時已經是童先生不可或缺的合作助手，而且是業務骨幹，其時的副研究員身分已表明吳尚勤所擁有的學術地位。

對這份「小傳」的重點所在自然是下面的內容，先是「解放前後政治思想情況及其現在工作表現」：

> 1945 年 7 月中央大學畢業後在校任助教時，對國民黨政府感到無能，失去信心，但由於國民黨的宣傳，認為共產黨太野蠻，手段毒辣老是盼望著國民黨能改良，不能的話也盼望著有個第三黨出來走中間路線，但該在當時對學生運動感到他們不好好唸書，偏要參加這種活

動，浪費了時間為他們可惜，對於反饑餓認為要求太過分了，吃著大米飯怎麼還要反饑餓呢？認為遊行是多餘的，學生挨了打還不是自討苦吃？所以自己就對學生運動不問不管，老是悶在實驗室內，做自己的實驗和研究。（這一部分內容「小傳」上標明是摘自吳尚勤寫的「自傳」——筆者注）

南京解放後，對黨抱有懷疑和懼怕心理，後來經過學習，見到了解放軍紀律嚴明，其本人看法稍有改變，但又認為進步的人是投機，看不起他們，1949 年調來山東大學動物系，對業務很看重，對政治學習非常討厭，以為這是浪費時間影響業務，對我政府宣佈一邊倒和中蘇友好條約的締結心裏很煩，不以為然。1952 年反貪污時群眾對吳提意見較多，本人態度消極，在肅反學習時說：「反胡風帶來了陳（似乎是「陣」字之誤——筆者）颱風」。

在工作中特別是對搞業務尚能積極努力，肯鑽研，但對培養青年幹部方面有些放任，抓的不緊，缺乏計劃性，而且本人也有保守思想和拖拉現象。

這一部分內容無疑是根據本人交代和群眾意見做出的思想情況和工作表現，從中也能看出一心鑽研業務的吳尚勤在時代轉捩點上的思想變化和 1950 年代在「群眾」眼中的形象。

接下來的內容雖然不多，但卻是「小傳」最核心的內容——「整風運動中的表現」：

該（此處仍然缺「人」，在同時期不同人的檔案中，都以「該」來指代「該人」——筆者）在整風鳴放中無公開的

> 反動言論，但右傾情緒較為嚴重，對某些右派言論有共鳴，思想極其落後，該曾懷疑民主人士是有職無權，黨對非黨人士不信任等，反右鬥爭開始吳亦不積極，觀望看風向，到運動後期表現較為積極一些，一般尚能發言批判，但並未接觸思想，交心時表現一般，能對別人進行批評，但檢查自己方面不深刻，故政治態度為中右。

這一段內容可以說是給吳尚勤定了性：「中右」。還好沒有打上「右派」的帽子，估計童先生的保護起了作用，畢竟當時身為中科院海洋生物研究所所長的童第周不可能希望自己的得力助手被打成「右派」。

在第五部分的「社會關係」中，沒有列出吳尚勤在檔案中自己列出的那些沒有「歷史問題」的直系親屬和其他親戚朋友，而是單單撿出了明顯有歷史問題的兩個人：一個是已去了臺灣在「解放前為偽陳納德飛虎隊通訊技術員」的「表妹夫」，一個是曾擔任「蔣匪空軍三路司令部參謀長及國防部二廳副廳長」的「姑夫的哥哥」，並注明是「1944 年在成都認識來往密切，解放後去了臺灣」。

在這份「小傳」最後的空白處，寫有兩行鋼筆字：

小傳中「政治態度為中右」屬不當之詞，連同與此有關的「整風運動中的表現」一段一併撤銷。

在這兩行字上，蓋著大紅的單位人事部門的公章。落款時間是：1986 年 4 月。

像是為這份「絕密小傳」做注解，檔案中有一份吳尚勤寫於 1958 年 10 月的「整風思想總結」——

一、一年來，通過整風運動，反右鬥爭，以及雙反運動的體會

（一）我還是資產階級知識份子，需要改變立場

解放以來，由於國家建設的突飛猛進，經濟的穩定以及國際地位的空前提高，使我對黨和政府衷心佩服，對社會主義制度的優越性也有所體會，所以在黨的領導下走社會主義道路，似已沒有問題，因此在整風以前，我沒有考慮過立場問題，總認為思想問題是有的，需要慢慢地改。

在大鳴大放時所有的右派言論，除了葛佩琪以外，我都沒有感覺到是在向黨進攻，只覺得這樣提意見，不大合適，感覺不到其中所存在的尖銳的階級鬥爭。反右鬥爭開始時，我老覺得它與業務之間有矛盾，太費時間，沒有積極投入，為什麼我對向黨的進攻感不到切膚之痛，不能勇敢地站出來捍衛黨的利益，主要是因為我沒有同黨站在一起。

在對右派進行分析批判的時候，給我教育很大，許多右派言論，我不反對，有些在思想上還有共鳴，在民主黨派內進行一般整風的時候，一開始說我是資產階級知識份子時，我心裏很不自在，逐漸地，我認識了，雖然我拿著工會會員證，腦子裏裝的還是資產階級那一套，立場還沒有改變，如果不迅速改變，要改造思想是不可能的。

怎樣才能改變立場？處理任何事情，都要符合工人階級的利益，要考慮到集體，要考慮黨的利益。

（二）整風運動要時常進行

當整風運動進行了幾個月後，我產生了以往思想，認為這種方式對改進工作的確有好處，就是太費時間，耽誤了工作，怎麼樣？又聽說以後時常要整風，那工作還做不做？最近大躍進的情況，給我教育很大，沒有整風運動做基礎，不解放思想，怎麼能躍進？現在真是一天當二十年，這是一年來整風的收穫，我的想法，太短視了。

（三）使我體會到什麼是群眾路線

以往我也曾聽說過，黨的基本方針是群眾路線，可是為什麼？我有些模糊，當黨從側面向群眾瞭解情況的時候，我就想為什麼不乾脆當面問問，有人向黨彙報，就感覺這些人愛搬弄是非，有些問題交給群眾討論，我又覺得很費時間，很麻煩，不體會黨和群眾之間的血肉關係以及群眾的智慧，必須瞭解群眾，關心群眾，才能發動群眾，只要群眾一起來，沒有辦不到的事情，群眾不動更大的本領也不行，這次大躍進中農民的成就，就是最好的範例，最大的專家，與群眾一比，就顯得渺小了。

（四）要用辯證的方法，處理問題

我處理事情比較生硬而任性，容易走極端，主觀上認為這樣對，就堅持這樣搞，很少考慮到效果，也很少想到時間、地點和群眾的反映，把對與錯絕對化了。其實所謂正確，也是辯證的，對黨的事業有利就是正確的。假使一個意見，在群眾還不能接受的條件下提出來，雖然本質不壞，但是卻引起了不好的反映和後果，那麼在那個時候提，就是不正確，當我們組裏在雙反時辯論胚胎組的方向的時候，對於是否是必須走實驗胚胎的方向，如何對待任務和學科發展的關係等問題，如果現在拿來討論，問題並不難解決，可是在當時，卻因為這些而引起了許多不愉快，討論很久也沒有得到解決。

（五）對民主黨派的看法

56 年我加入民盟，當時是抱著加速自我改造的願望而進去的，入盟以後，主觀上覺得幫助很少，反而浪費時間，很不滿意。盟內出了很多右派，反右時，別人對民盟也有些特殊的看法，因而感到冤枉，有退盟思想，經過民盟一般整風而得到了批判，在處理右派的時候，黨團員是右派，都要開除，但民主黨派成員的右派，則要看情節輕重，留一部分在盟內，我對這點很想不通，為什麼民主黨派對成員的要求就要比黨團低？就有點不服氣。其實，不服氣也沒用，不行就是不行，唯一的出路就是加速改造，而且民主黨派的組織與黨還是有本質上的區別，它是要通過組織來改造它的成員的。既然是進行改造的組織，那麼留一部分右派在裏面也沒有什麼不好。所以認為同右派在一起而感覺不光彩，那也是個人主義的想法。

二、學習總路線後的體會

（一）我們要建立革命的英雄主義

要力爭上游，就是要爭第一，並且在大躍進的形勢下，上下游時常在變化，處在上游的，頃刻之間，就可能成為下游。因此，就非鼓足幹勁力爭上游不可，這種社會競賽和個人英雄主義之間，有著本質的區別。在這種競賽中，首先要明確，爭上游，不是為了名利，而是為了更好地建設社會主義。其次，必須要有虛心的態度來學先進，趕先進，必須要能欣賞和學習別人的優點，同時還需要能彼此關心，幫助別人，先進帶領落後的精神。以往我是個人英雄主義突出的人，必須首先明確了為誰服務，改變立場，才能很好地參加這種社會主義競賽。一定要改變只見別人缺點不見優點的毛病，虛心地向別人學習。

（二）紅與專的問題

紅與專是缺一不可的，但對我這個舊知識份子來說，紅是首要，如果紅不透，那麼為誰服務就不明確，工作就會迷失方向。白色專家對社會主義建設就不明確，工作就會迷失方向，白色專家對社會主義建設不但沒有好處，而且有壞處。一切都要政治掛帥，但政治掛帥，不僅僅是擁護黨的領導，聽取黨的指示，而必須從我們的思想上徹底改造，用馬克思列寧主義來武裝自己。紅不應該停留在口號上，而是應該貫徹在工作中去，任何工作，都應考慮到集體的利益、社會主義的利益。

（三）研究為生產服務，任務帶動學科發展的原則

我們實驗胚胎方面，以往多來做基本理論的工作，為生產解決問題的工作很少，三反時，曾經受到了批判，但是對理論聯繫實際瞭解還是不深刻，所以並沒有貫徹到工作中去。這幾年來，有所轉

變，但是還不夠、徹底，雖然認為首先要完成生產上交下的任務，但是時常受正統思想的影響，不能堅持。在任務帶動學科發展上，也表現出動搖，主要還是因為在思想上，在面向生產這方面，還不夠明確，時常也用實驗胚胎難以體會生產來原諒自己。其實，生產上的問題，一般都是綜合性的，很難與那一學科剛剛吻合，需要努力爭取，面向生產的工作領域，需要去開闊。實驗胚胎可以與醫學或畜牧業結合，也可與其他部門結合，蘇聯就是這樣，為何我們就不能？在學習蘇聯方面，我也曾強調蘇聯在形態建成原理方面工作很少，因而對學習蘇聯就不積極，就沒有想想為何蘇聯在這方面不發展？社會主義建設對它的要求怎樣？如果老早考慮到這些，我們就應該變動我們的工作內容使之面向生產。

（四）培養幹部的方式

以往我們組培養幹部的方式，是古典式的，學院式的，先是學習外文，讀經典著作，練習技術，然後跟著導師做個小題目。這樣就需要好幾年，而且很少結合生產實踐，遠不能符合多快好省的要求，需要徹底改變。現在我們需要的是會解實際問題的幹部，那麼我們就應該通過實際工作來培養，來提高。我們自己要改變路線，更不能再培養青年走以往的老路，需要培養他們勇敢地負擔起生產中的問題，而不是把它推在一邊。

同時，我們應該相信青年，發揮他們的積極性，放手讓他們去搞。放手，不等於不管，應該隨時關心他們，隨時看到他們工作中的問題和需要，及時幫助他們解決。在工作順利時，要貫徹不斷革命的精神，及時提出新的指標，否則工作就會停頓，精神就會渙散。在遇到困難的時候，更鼓勵他們，使他們不致洩氣。以往我對年輕同志，有時管得太多，沒有鼓勵他們敢想敢說敢做，束縛他們的思想。有時又太放鬆，不管他們，不關心他們。這些片面，都需加以糾正。

（五）需要解放思想

近幾年來，我對科學面向生產逐漸有一點瞭解，但是因為自己思想還不夠明確，對本組的方向，除了覺得應該抓起手邊生產上所提出的問題，提不出別的意見。

最近一年，也許是受了工農大躍進的影響，我逐漸感覺到我們不僅要做與生產有關的工作，而且不能把它看作簡單的工作，隨便帶著做做就行，必須要有專人負責去做。另外，實驗胚胎，不應再坐著等待任務，而必須開闊道路，主動地去和生產結合，這個想法，與領導的意志有些不一致的。當然在處理具體問題上就會發生一些困難，我的想法也不一定對。但是不管誰是誰非，我卻沒有堅持，態度卻是波浪式的，有時很堅決，有時思想很亂，心裏很複雜，甚至很痛苦，為什麼？主要有二個原因：（1）多年來我受著領導的教導和培養，我很感激他，現在我們看法有些不一致，在發生爭論的時候，心上很不自在，多多少少還有一點知識私有的觀念。（2）1941 年我在成都患肺病，領導對我的照顧，等於父

> 母，這是我思想上的包袱，它束縛著我，好像我們之間，不應該有爭論似的，我這種思想，不僅是資本主義個人主義的，而且還是封建的。這便是考驗我如何對待集體利益和個人利益之間的矛盾。我應該聽黨的話，堅持走科學為生產服務的道路，哪怕暫時有些意見不能統一，只要堅持團結——批評——團結，抱著與人為善的態度，我相信，過些時，在彼此提高的基礎上，意見還是會一致的。當然，我還是應該多考慮別人的意見，不要堅持錯誤的觀點。

在這份「整風思想總結」中吳尚勤所提到的與「領導」意見分歧，「領導」應該是指童第周先生。看得出來，童先生仍堅持做基礎研究，但在科研必須為生產直接服務的壓力下，吳尚勤不得不為自己尋找辯護的理由。而在這份總結中，也是第一次提出她與童先生在此問題上的不同意見。

在「整風思想總結」之後，是一份由別人抄寫的記錄吳尚勤「向黨交心」的一百零四條言論——

> 1、剛解放的時候，我盼望中立，既不倒向英美，也不倒向蘇聯，這樣才能避免戰爭，中蘇互助條約締結時，我實在不明白為什麼要這樣。
> 2、剛解放的時候，看到報上報導工廠超額完成任務，覺得把計畫定低一點，到年終來個超額，沒有什麼了不起！
> 3、解放後，優待起義的反動軍官，像龍雲、劉文輝等都被優待起來，心裏覺得太便宜他了。
> 4、解放後不久，看蘇聯電影覺得不像是娛樂，像上政治課。

5、解放後批判摩根的遺傳學，我覺得有點過火。

6、列別辛斯卡婭的新細胞學說證據還不夠，要求大家學習，未免過早。

7、李森科對待反對學派的態度不應扣帽子。

8、剛解放時，老幹部都喜歡穿髒的棉大衣，我認為以往條件不好，只能髒些，進城以後，有條件弄乾淨，應該講衛生了，為何還要這樣髒呢？

9、1950 年我路過濟南，遇到一位高中同學，她是去延安參加革命的，她是供給制，家裏沒有暖壺，小孩沒有棉衣，言語中有些不通，要我帶信給她上海的姐姐要毛線。這件事使我想到，老幹部有時思想也有問題！

10、土改時我很擔心，我表兄要被鬥。後來知道他被評為開明地主，很高興。

11、三反時，討論清點實驗室器材，我認為 e.p.的藥品，不應倒出稱量，L 同志就大拍桌子，說我抗拒三反，與我爭吵起來。後來工作室要我檢討，我覺得這是用大帽子壓人，不服氣。

12、三反運動中，鬥爭 C 時叫他跪下，要 Z 舉著木凳站著，我覺得是在用體罰，不符合政策。

13、三反時將婁康後隔離反省，登報檢查我們家，我心裏不痛快。

14、三反結束時，徐、艾二同志找我談話，說明三反中對婁康後的手段都是群眾要求，他們是出於不得已，我聽了很生氣，覺得他們二人，太不能擔當起責任來，不管錯還是對，不應推在群眾身上。

15、三反後，我對徐、艾二同志有意見，認為他們處理事情不夠公平，但因當時本所僅有徐恭昭同志一個黨員，我沒有提出來，覺得提了也沒有用，後來日子久了，這種心理也逐漸沖淡，但並沒有完全消失。

16、三反後，所裏每晚都有值班的，誰到辦公室去要登記，我心裏不痛快，因此晚上不到不得已，不上實驗室來。

17、三反後，大概過了快二年，在一次小組會上，徐恭昭同志說：婁康後是經得起考驗的。我心裏很反感，這樣的考驗還是少來點好，說起來容易，受起來夠嗆。

18、三反後，國家建設的突飛猛進，抗美援朝的勝利……等一系列的事情，使我佩服共產黨，願意跟著黨走，也體會到社會主義制度的優越性，但是覺得我們海生室（海洋生物研究室）的黨員徐恭昭同志，卻不是那樣的大公無私，我不滿意。

19、思改（知識份子思想改造）後，海生室評過一次薪，先由主任做了一次報告，再進行小組討論，在小組開會時積極份子和徐恭昭同志都沒有來，後來一起都來了，我心裏很生氣，這樣的事前佈置，不管評我多少薪金，我也不樂意。

20、三反運動以後，我把積極份子分成兩類，一類是真正積極的維護黨的利益的，另一類則是表面積極，實則是為了個人利益，為進步而進步，因此還有個別的人，是把自己的進步建立在別人的痛苦上的。

21、三反時，批判實驗胚胎工作不聯繫實際，我當時並沒有想通，只認為要聯繫實際那我就歸隊當大夫去好了。後來艾提同志又同我談，說童先生的工作還是需要繼續，要我安心工作，我心裏有些納悶，我實在還不體會理論結合實際的真正意義。

22、前年八月我去上海工作，見到朱冼先生，他對思改時青年同志對他工作的批判有些牢騷，我對他很表同情，認為青年同志做的太過火了。

23、朱冼先生以往不沒重視，我為他叫屈，後來蘇聯專家提出來，我很痛快。

24、看到蘇聯史密特所裏胚胎學書中對 Spemann 工作的批判，我覺得有些過分。

25、三反後，我很想離開青島海生室。

26、生物系課程改革後，取消了比較解剖學一課，我心裏不同意，覺得這門課非常重要，而高教部是教條地學習蘇聯。

27、蘇聯開始批判忽視形態學以後，我心裏很愉快。

28、過年過節，排的值班名單中每天都有黨員，我覺得對非黨人員不夠信任。

29、黨員同志彼此很親密，而當我們到，則較疏遠客氣，使我覺得我是外人。

30、人民代表大會的名額，為什麼要分配給各民主黨派，我始終想不明白。

31、知識份子報告發表後，黨員同志對老專家都很客氣，我感到他們是在貫徹黨的政策，並非從心裏佩服老科學家，這種勉強的尊敬，有時使我很難受。

32、黨員同志犯了錯誤，除非十分嚴重，都留在黨內進行批判，不拿到群眾中去，我覺得不大公平。

33、保密的範圍似乎是太寬了，像我們這個不牽扯國防又不是聯繫重要建設的科學研究機構的人員數目也要保密，其實，我們不說別人也知道。

34、「四害」中麻雀是否是一害，我還有懷疑，因為老科學家裏意見也未統一。

35、棉布供應，我覺得應該平均，為什麼北京地區要比別地方多？

36、最近買不到雞蛋，我對青島的物資調配很有意見。

37、每次走過合作食堂，見到許多人排隊買飯吃，就懷疑是否糧食供應的標準定得太低了，為何要那麼多人不夠吃呢？

38、到醫院看病，一等就是半天，心裏很彆扭，老想找個熟大夫，私自解決問題。

39、每年過節，要把毒品、易燃品都收入倉庫，辦公室貼上封條，我覺得為什麼要弄得這樣如臨大敵呢？

40、張榮理、嚴紹頤同志來室後，對工作沒有信心。對實驗胚胎學我們做的一些工作表示懷疑，我對他們的培養也放鬆了，認為既然對工作沒有信心，培養也困難。

41、每次買公債，我們都在所裏選購，街道上還來動員選購，我就覺得不耐煩。今年山東救災捐款，街道上也來捐，我就嫌麻煩。

42、我的表兄，三反時曾受過檢查，隔離反省八個月，後來弄清了，沒有貪污，這八個月，機關沒有給他工資，他對此事很不滿意，每次他提起此事，終勸他不要計較了，從大處著眼著想，但對黨能弄清這件事沒有信心。

43、肅反時，表兄又被鬥，後來證明沒有問題，他心裏不痛快，我也同情，他想調職，我也表示同意。

44、同志們找我看病，我心裏很嘀咕，看好了沒有什麼，萬一出了毛病後那就糟糕，追究責任，可了不得。

45、史達林同志去世時，我很擔心蘇聯要亂，缺少了這位領導會發生困難，沒有理解黨的集體領導的原則。

46、波蘭向美帝借款，我很不高興，覺得他們實在丟社會主義陣營的臉，又想為什麼社會主義國家不借給他們呢？

47、在北京乘坐公共汽車，車子因為省油，到站時要溜車，走得很慢，我心裏老想，為了省油浪費時間，到底值不值得。

48、一位朋友的兒子去年高中畢業，沒有考上大學，我沒有鼓勵他去農村參加勞動。

49、第一批肅反運動中被鬥的人，我有同情心。主要是因為三反時我也被鬥過。

50、我認為我們所裏存在著重男輕女的封建殘餘思想，以前黨支書 L 同志就有這種思想，他對我和婁康後的看法不同，評獎中也表現得不公平，認為婁康後就應該比我多，婁康後當選為先進工作者後，我心裏很不痛快。

51、當國務院公佈要勸多子女的、不很稱職的婦女動員回家，我很不服氣，我認為子女多，應男女雙方負責，不稱職，那恐怕也不限於女同志，為什麼一定要勸女的回家，而不叫男的回家呢？

52、我對不少革命後又回家鬧離婚的同志不滿意，參加革命的期間愛人在家負擔了全部責任，度過了苦難的歲月，最後要離婚，真是忘恩負義。

53、我對 H 的婚姻問題很有意見，老叫老王替他介紹愛人，為什麼黨內不給他批評。

54、我覺得 J 和 L 二位同志之間有些矛盾，為什麼在黨內不設法解決？

55、1956 年我曾有過入黨的要求，也參加過黨課學習，接著為了評獎和選先進生產者，思想上發生波動，因為我感到自己的個人主義思想還很厲害，如果不丟掉，即使入了黨也很痛苦，這種政治自卑感，使我不敢提出入黨申請。再者我又想，我和妻康後同時申請，不會都被批准，萬一二人中一人留在黨外，有些保密的資料如何處理，家裏會不會感到彆扭？

56、我對社會活動不願參加，工會工作也很被動，我覺得它影響業務。

57、56 年我因組內培幹問題心裏很苦悶，因此向童先生提出要求參加研究生考試，逃避現實。

58、我對黨對黨外人士的信任有懷疑，因此在大鳴大放時，右派說有職無權時，我對郭院長（郭沫若）在任國務院副總理時的職權發生了懷疑。

59、儲安平的黨天下謬論發表後，我覺得他說十二位副總理都是黨員那是事實，但說黨天下那也不一定對，只有黨員才能負此重任。

60、右派向黨進攻時，我只感到有些謾罵的方式，不符合與人為善的原則，有些意見我不大同意，但是沒有覺查到這是進攻。

61、章伯鈞提的政治設計院，我是搞不清，但是他說人代會上討論時都是拿出成品來，我倒覺得是事實，但也沒有什麼不好。

62、羅隆基提出的平反委員會，我對他的領導是誰都沒有注意，有什麼企圖？只覺得三反、肅反中，有些人受了委屈，平一平，搞搞清楚也可以，在農大成立三反、肅反委員會時，我還覺得他們行動很快，很好。

63、高教部一度公佈以後選派留學生要採用考試制，我看了很滿意，認為果然要緊，業務也極重要，而且還需要有競爭。（後來高教部又更正了）

64、反右鬥爭開始時，我因實驗工作忙，覺得太費時間，運動與業務有矛盾，不積極。後來，雖有好轉，但對右派的仇恨仍不強烈。

65、大鳴大放時本所民主黨派召開一次座談會上，當時王璧曾同志在會上發言，內容是說，他在三反後心情非常暗淡，主要是感到徐恭昭同志的作風，使他寒心。王璧曾三反時是積極份子，尚且有這種心理，使我悶在心裏的不滿情緒，馬上冒了出來，情緒非常激動，雖然我話只說到給徐他們提意見為止，但思想裏是有許多怨氣要出的。

66、反右時，我覺得批判右派份子是應該的，但是把右派的一切都否定，例如說錢偉長的彈性力學也不行，我覺得有些過火。

67、反右後，在街上遇到右派份子沈福彭，我就不知道究竟應該怎樣對待他，打招呼呢？還是不理他，我決定不了。

68、山東省委書記夏征農同志在山大做報告，把右派份子陸侃如放在臺上做活教材，我心裏想他坐在那裏多難受，何必如此呢！

69、我雖然加入了民盟，但對它的性質仍不很明白，我時常要用比較高的標準來要求它的成員，來與黨和團員相比。

70、我入民盟以後，很不滿意，覺得在組織中沒有得到教育、提高。反而浪費了很多時間，有退盟思想，但不敢提出，怕受批評。

71、反右鬥爭時，H、L 等同志，曾懷疑本所盟小組在大鳴大放中曾有計劃地向黨進攻的安排，這是右派份子 W 說的。我當時心裏很生氣，覺得為什麼這些黨員，那麼相信右派份子，而不相信我們呢？

72、大鳴大放時，右派份子說黨群之間有溝有隔，我雖然不覺得溝牆怎樣厚，但是感到我與黨之間是有距離的。

73、黨內右派份子處理後要清除出去，民主黨派的右派份子則大部都留著，我很不滿意。

74、我對蘇聯這幾年反黨集團的揭發，總感到為何他們這樣動盪不定？赫魯雪夫同志有沒有個人英雄主義？

75、在報上看不見重要人物的名字時，我就感到是不是又出了問題？

76、民盟被右派一把持，我認為統戰部要負相當大的責任。

77、黨號召青年人尊敬老科學家，為了貫徹政策，青年人對老科學家面子上很好，但是這種尊敬勉強的很。

78、對本所領導對 G 的態度，認為太遷就了，沒有好處。

79、選舉區人民代表時對選舉人瞭解不清楚，沒有主動地去搞清楚，馬馬虎虎就選上了。

80、合作化高潮時，我喜歡到私人商店去買東西，那兒可以挑選，不願意去合作社買。

81、公費醫療制度，我覺得太早了，造成了醫院的擁擠。

82、黨的政策，大的方針我都同意，但在具體措施上，我總要發揮些自由思想考慮考慮。

83、再論無產階級專政歷史經驗發表後，參考消息上談到中國是蘇聯的衛星乎？太陽乎？我很得意，真好像中國要成為老大哥了。

84、童先生受到別人的批評時，我心裏覺得不好受。

85、華崗被批評後，思想上轉不過來，總覺得自己還是跟他學了一點政治理論基礎。

86、楊校長的時事報告不及華崗的過癮。

87、我家以前的保姆與香港有聯繫，人事科要我們解雇，我雖然執行了，但心裏感到惋惜。

88、儘量避免與L打交道，深怕他再一發火，我又要倒楣，再檢討。

89、首長報告後，小組座談，不管報告作的好不好，總有人說受到啟發很大，我覺得是拍馬屁。

90、黨支部不止一次地說對工會、民主黨派不夠重視，但始終見不到加強這方面的表現，檢查是官樣文章。

91、「成績是主要的，缺點是難免的。」成了公式了。

92、對人處事很尖銳，大家都怕我。

93、處事不從階級利益來分析，憑主觀經驗。

94、主觀、固執，沒有群眾觀念。

95、對人處事只憑願望，不考慮效果。

96、只見到別人缺點，很少見到優點，對人批評多，表揚少，但自己卻光愛聽表揚，不願受批評。

97、對同志亦得理不讓，非常尖銳，甚至忘了對方還是同志。

98、培養幹部與實驗工作之間，存在時間的矛盾，與其二面都做不好，還不如先搞業務，放鬆培養幹部。

99、附著物生活史我認為要專人做，童（童第周）卻不同意，他認為要個人分擔做，生態方面又嫌太慢，不解決問題。我夾在中間實在困難，童先生自己不參加實際工作，那能體會到工作中的困難。

100、責己寬，責人嚴。

101、幾年來對組的工作面太廣，量太大，有些意見，曾向童師提過，沒有改善。反而童師覺得是我要這樣搞的，我覺得很冤枉。

102、我對童先生對幹部培養不明確，很有意見。

103、喊史達林萬歲，總不如喊毛主席萬歲來得痛快。

104、民盟、九三都來動員我加入，我弄得很為難，黨支部為什麼不管他們這樣亂呢？

看得出來，這些「向黨交心」的記錄是事後整理抄寫的，最後一頁下端標明「複製單位」，然後蓋著一個長條章「中國科學院海洋研究所」，而且還注明「原材料附後」，不過這些「原材料」已經沒有了。正是在「向黨交心」的基礎上，吳尚勤才寫出了「整風思想總結」。

1950年的自傳

在吳先生的檔案中還有幾份寫於不同時期的「自傳」或「自述」，從文中對自己家庭的用詞上，更能反映知識份子在政治運動或者說思想改造運動中一遍遍過關的「努力」和自我批判：

我的家庭是一個累世官宦的書香大族，到父親身上才轉換為留學的半新舊式的情形。雖然很多的叔伯和弟兄們都進了洋學堂，可是誒意識上還保留著舊的傳統——覺得男孩子應該好好唸書，這樣可以升官發財，保持門閥。而女孩子呢？只要是長的漂亮、懂規矩夠得上做個官太太就行了，有沒有學問那是另外一回事。何況：多唸了書是會拔掉了家族的秀氣的，影響了男孩子們的前途。所以我開始是在家塾裏唸書的，後來才轉進了普通小學。

父親非常懦弱，母親在我五歲那年被庸醫誤治而去世。大哥因受了祖母和家人的溺愛，不願讀書，待在家裏裝少爺，不到廿歲，就抽大煙，從此墮落了。姐姐很早就出嫁，我在繼母的威嚴下孤單地生活著，於是變得沈默憂鬱，可是有著一個倔強的心理——

你們覺得女孩子不行，我就得做給你們看到底行不行？我要同男孩子一樣做事！給你們瞧瞧我的厲害！

中學求學的一段過程是艱苦的，鬥爭也開始了。先是阻止、軟禁，到初三那年，更加厲害了，父親宣佈不再給我學費。可是我靠著學校的獎學金渡過了難關，直到「七七」事變，我上完了高中兩年。

京滬淪陷後，我因愛國心的驅使，夢想著到內地去。終於花了一年的功夫，當了家庭教師，將薪金積成旅費，隻身跑到四川，投入了祖國的懷抱。不再受日本帝國主義者的直接迫害。當時我考進中大醫學院想當一個好醫生，去為病人服務。這是因為我多年懷念著母親的愛而使我走上這條道路。那時我覺得只有自己往上爬，出人頭地才有出路啊！

二年級的下半年，我讀了童第周先生的胚胎學，立刻對它發生了興趣。我老是想著，人應該學前人（故）的知識，假使我們能夠探得生命的起源，假使在生命起始的時候（胚胎），將它發生時環境的條件改變了，應是可以引起變異很大的後果？能解決基本的問題，不是比醫治一個人的疾病來得更有意義？因此，我就改變了自己努力求學的方向了。每天晚上到胚胎實驗室裏去做點工作。

好容易熬到畢業，我被留在母校解剖科做助教以代替徵調（當時剛畢業的醫生要調在軍隊中服務一年），接著勝利了（按：抗日戰爭勝利），學校從四川遷回南京。差不多一年沒有工作。後來花費在修建和佈置實驗室上的工作時間也很多。但是還沒有完備的時候解放大軍已迫近長江，逼得在國民黨反動派領導下的學校當局又要裝箱應變，準備逃竄。雖然這幾年童師（按：童第周先生）不斷的由信函中指示研究題目、工作方法，可是我簡直就沒有做出像樣的成績來。南京解放後，我才真正靜心的做點工作。這才使我懂得光顧自己努力而不管環境改造的想法是錯誤的，是幻想的，實際上是做不了什麼事的。廿多年以來自以為了不起的鬥爭是太可笑了，是完全以個人為出發而進行單獨的和舊家庭舊思想去反抗，不會收到多大的效果的。假使當時能將眼光看遠範圍擴大，團結多數人，以婦女解放和社會改造為前提，我一定會做的比現在有意義，也不會感到孤單了。

以往的生活圈子太小了，除了幾個靠近的同學、親戚以外，我沒有參加任何黨團，也沒有參加什麼歌詠隊劇團和科學團體。只感到自己被迫害，沒想到世界上多少人過著比我還不如的日子。只知道家庭革命而沒想到這家庭所在的社會更應該改造。自己僅知道警惕遠離一般所謂墮落的人，而忘記了負起去改造他們的責任。因此時常會覺得苦惱、孤單。解放後我來到青島，經過思想政治教育的學習，看到了大眾的要求，我應該在科學的內容上對他們服務，在社會改造上盡一份力量。那樣我會得到更多的朋友，會過得更快活，而且我日夜思想去研究的科學也會得到保障，不至於像以前那樣動搖不定了。為了更好的盡我對社會服務的責任，我想和童第周先生合作，在他的指導下作點研究工作，這是我要進海洋生物研究室的志願。

1950 年 6 月

這份自傳是吳在進海洋生物研究室所寫的。

「思想改造」後的自傳

在後來的思想改造和整風中，吳又寫了一份詳細的「自傳」，這份自傳寫在五百字一面的「山東大學稿紙」上，共十頁——

> 吳尚勤，江蘇省吳縣人，家住蘇州碧鳳坊五十二號，現任中國科學院水生生物研究所青島海洋生物研究室助理研究員。我的家庭是一個十足封建式的大家庭，七八房住在一起，大約有百人左右，祖上一向是讀書做官的，據說在清代末年，我家就一連出了三個狀元，長輩就老拿這些來鼓勵我們。每房經濟是獨立的。我們一部分，當我出生的時候，有祖母、父母、兄、姐和我六個人，住著近二十間房子，有田六百畝，完全租給佃戶，由帳房經管收租，每年約收白米三百石。父親是日本留學生，在蘇州農業學校任教，月薪約二百元左右，家裏雇一個車夫和三個女傭人。
>
> 1927 年母親因病去世，娶來繼母，又生了一弟一妹，我和繼母處得很壞，姑母非常疼我，所以我常住在姑母家，連學費都是由姑母出。我和自己家的情感和聯繫越來越少了。姑母家也是個地主，過著剝削生活。哥哥比我大很多，很早就抽大煙墮落了，因此家庭經濟狀況漸壞，田產也變賣了，只在繼母手中還保持著一部分。1936 年姐姐出嫁，1937 年繼母去世，1938 年哥哥也去世。父親就同弟妹避居到上海，一直到勝利後才還回蘇州。抗戰開始後，父親就不做事了。1938 年我到四川去讀書，對家裏的情況更不明了。1948

年妹妹結婚，1949 年春弟弟去世，他死後父親才告訴我家裏還有田產四百畝，這是他準備給弟弟的。這些地，土改時已全部分出。在土改前施行減租減息，要交糧當時沒有現糧得變賣東西來繳。父親患了半身不遂病，不能辦，時常把我從學校裏叫回去，我心裏很不服氣，因為在以前，我家是十分重男輕女，不光生活上不平等，連學費父親都不肯給，現在田產成了累的時候倒反要我東奔西跑，我是一肚子的有氣。後來分田的時候，我倒覺得輕鬆愉快了。分析當時的心理，並不是擁護土改政策，因為我當時對土改還不十分明瞭，光知道剝削農民是不對，對於流血鬥爭我是不贊成的，我之所以高興完全出於自私的報復心理。幼年我並沒有受到多少土地剝削的「恩惠」，現在大家都沒有，大有「幸災樂禍」的意思，一直到學習土地改革以後，我才明白過來。房屋在城裏，沒有分掉，出租了一部分，父親即靠房租生活。今春父親去世，房子都請一位親戚住著，言明不要房租，光代交地價稅。所以我對家庭是沒有負擔的。

這樣一個家庭在我的個性中給了我如下的影響：

1、 自小優越而輕視勞動。

2、 自小被父母寵愛，因此，性格急躁。

3、 繼母對我不好，我感覺很委曲，但也沒法表示，因此決心向上爬，總有一天，我能唸好了書，自立謀生，不再受她的壓迫了。

4、 家裏重男輕女，我很憤恨，要爭男女平等，光知道賭氣消極抵抗，但是找不到合適正確的途徑。

我在七歲那年開始進私塾唸書，讀論語孟子，只背不講，一天到晚，悶在書房裏，也沒有星期日，非常難受。先生很厲害，用體罰。我實在忍受不了，同我個外甥策劃反抗。有一天，就在書房中大鬧起來，結果我們從書房裏解放出來，進了新式小學。

小學是省立蘇女師附小，功課很嚴，有一位自然教員錢達三先生，時常同我講自然現象和偉人故事，對我學業上的啟發很大，增強了我向上爬的決心。學校裏除了灌輸一點狹義的愛國思想以外，我就不記得有別的了。九一八事變時，我對日本人非常痛恨，有時也想去打日本鬼子，但是覺得念好書比打日本還要緊，還有用（因為小孩子還拿不了槍）。對蔣介石是非常崇拜的，當時對他的作風、政府的方針、政策，還完全不懂得。

1932 年，我被保送入蘇州女子師範初中部，校長陳淑，做事非常專制，她把我們管得非常呆板，訓育主任孫起孟（現任政務院副秘書長）和國文教員曹養吾（已故）思想比較的前進，受學生的愛戴。1935 年春，我們因為反對會考，爭民主，在他們兩人領導下，發動了驅逐校長的風潮。當時我是班長，也混在裏面鬧得很厲害，覺得不會考很舒服（我是畢業班學生），換了校長，總不至於像陳淑那樣專制了。結果我的文憑被扣發，孫起孟被省政府通緝，他同我表兄是好朋友，在我家躲避了好幾天，後來潛逃到貴陽。這些我知道，但是對於這次學潮的意義，可說完全不知道，連想都沒想過。

1935 年，我沒有文憑，只好以同等學力考入了省立蘇州中學高中部，校長是邵鶴亭，功課非常緊，整天拿會考來威脅我們。表面上民主、活潑，暗地裏迫害。我平常很用功，不管閒事，不參加活動的。但是因為性情急躁，愛說正義感的話，就被訓育主任范澄寧叫去訓了一頓，要我好好反省，不要被反革命份子利用。當時我的思想很糊塗，覺得非常冤枉，也不想反抗，不想追求正理，反而覺得以後少說話算了，免得人家疑心，遠避比較前進的同學，光顧唸書了。這完全是小資產階級獨善其身的辦法。當時我對政治完全沒有認識，聽人家說共產黨是土匪，我很怕。對日本人是很恨的，對國民黨弄不清楚，光知道蔣介石是領袖，他很要緊。西安事變時，我對他的內幕不明白，很為老蔣擔心，覺得沒有了他，就好像家裏沒有了家長就會很糟糕的。

七七事變，上海不久也打起來，學校停辦了，我就同姑母避難到鄉下。當時我也曾想參加救護隊工作，可是家裏十分反對，其實我之想參加工作，也不過是感情衝動，風頭主義，真要我在槍林彈雨之中去工作，有生命危險，我也有點害怕，家裏既然反對，我便順水推船不去了。這完全因為認識不清楚、意志不堅定、自私自利的思想所造成的。

蘇州淪陷後，我家遷到了上海，在租界裏苟安。1938年秋，我以同等學力參加統一招生，考入了中央大學醫學院，即在12月初瞞著父親經香港、海訪，而至雲廣。當時沒有別的想法，光是想唸書。入校以後，我不參加任何活動，埋頭於書本。第二年起，又遷到成都（當時中央大學醫學院在成都與華西大學醫學院合作）。覺得在這樣困難的年月，政府還給我們公費，實在太照顧我們了。我們只有把書唸好，才對得起政府。別的什麼都不管。幾年中，中大曾換過好幾次校長（羅家倫、顧孟餘……），我連這些都弄不大清楚，糊塗到極點。起初，對於戰局還關心，覺得抗戰完全是蔣介石領導的，後來又迷信美國的實力，以為幸能有美國參戰救了中國，否則日本會將中國完全吞了的。最後，愈來愈麻木了，報紙也不看了。要不是日本飛機老來轟炸，簡直會將抗戰這件事完全忘掉了。1940 年起，我便跟著童第周先生做實驗胚胎的研究。我發現了自己的興趣。從此，精神有了寄託，整天悶在實驗室中，純技術觀點大大的發展了。

1945 年我從醫學院畢業，即被留用在本校當解剖科的助教，月薪一百二十元（後來到 1949 年離開，月薪是一百八十元）。恰巧日本投降。我很興奮，這下子我們可過太平日子了。對於蔣介石愈加崇拜。勝利完全是他的功勞。國共談判的決裂，接收大員的貪汙，等等一連串的事使我慢慢地對國民黨討厭，對政府失信心，表示不滿。對共產黨呢，聽了國民黨的宣傳，也沒有好感，覺得他們太野蠻，手段太毒辣，有點受不了。對共產主義根本不瞭解。所以老盼望國民黨能夠改良，不能的話，也盼望有第三政黨出來走中間路線。這種錯誤的思想的根本在於平時抱著不問政治的心，所以就不懂得政治，不懂得革命，而且還以為不管什麼政黨，還不都是一樣的爭權奪利。自己家是地主，一向沒吃過苦，過著不勞動的剝削生活，聽了共產黨，自私心一來，當然就害怕了。

在中大教了四年書，學生當中，前進份子很多，我很同情他們。我之所以同情，並不是因為他們思想正確，而是覺得他們書唸得好，我成見很深，比較偏心好學生的，有時還為他們可惜，要不是他們參加活動，書會唸得更好的，可惜他們浪費了時間了。當時前進學生也曾企圖與我靠攏，可是我老表示我並不反對革命，不過我不來管這些閒事，只求教好書，做好實驗、研究，我便很滿足了，所以老悶在實驗室中，純技術觀念完全操縱著我。反饑餓學潮高漲時，我有點反感，覺得他們請求太過分，怎麼能全面公費呢，吃了大米飯還要反饑餓？對於這種運動的政治意義我沒有去追問。南京四一遊行後，學生挨了特務的打，我很同情他們也曾出力為他們醫治，可是我老覺得這次遊行是多餘的，眼看著共產黨軍隊就要渡江，反動派馬上要逃跑，再來遊行還不是自討苦吃，這種思想完全在於我平時抱著作客的思想，沒有一點主人翁態度，雖然對於政府是不滿意，可是我是研究科學的，政治我是完全不管，革命讓人家來好了，我不參加，我是在等待勝利而不是去爭取勝利。

南京解放後，我對共產黨是抱著懷疑和懼怕的心理，受了國民黨的宣傳，覺得共產黨是喜歡殺人放火的，沒有情感的，後來看了解放軍的紀律，經過了初步的學習，我稍稍有了一點瞭解，不大怕了。可是，我還是很頑固，覺得解放還不是同以前一樣的改朝換代，一般前進的人，都覺得他們是投機，沒有好感，甚至看不起他們。就沒有想到即便是投機，他們的出發點雖然不純潔，但是在革命事業中是有著一定的效果的，何況在革命的熔爐中，不良的思想會慢慢的熔化而向著正確的方向前進了。

1949 年我因中大方面沒有人領導工作而到山東大學動物系當助教，介紹人是童第周，月薪二百元。對於業務，我很重視，對於政治學習非常討厭，以為這是浪費時間，它會影響我的工作，最主要的原因，是純技術觀點太深，愈不學習，愈不想學習了。

1950 年秋，我由童第周先生介紹到中國科學院青島海洋生物研究室當助理研究員，起初我還是一樣的不肯學習，只管做研究，不參加活動，作客思想很盛，開口就說「你們工會」「你們行政上」「你們共產黨」，老自以為清高，不問政治。在近二年中，來回的在津浦線上走了好幾趟，每次都感覺到在進步，使我驚駭，這是在國民黨時代所想像不到的。事實啟發了我，加上一年來財政經濟的好轉，慢慢地使我對這個政府有了信心，感到了工人階級力量的偉大，馬列主義有道理，想去學習他的理論，甚至也想放棄作客而來參加這個隊伍，愛為理想的幸福世界而努力。

在剛解放的時候，我還存在著一種錯誤幻想，希望我國可以保持中立，不需要參加任何集團。因為我實在對戰爭厭惡了。而且覺得第三次世界大戰必然要爆發，能不參加，最為理想。當政府宣佈一邊倒，中蘇友好條約締結的時候，我心裏很煩，很不以為然，這種錯誤思想的來源是：（1）不懂得共產主義的國際性；（2）恐美病在發作，迷信美帝的實力；（3）自私自利，不想去爭取和平而在等待和平。經過了抗美援朝一連串的事實，到現在我才真正的明白過來，事實糾正了我的錯誤思想。

對於學習，雖然我已慢慢地由厭惡而進步到感覺需要但是遇到工作緊張的時候，我就會表示勉強，不願意去學了。這是純技術觀念在作怪。其實，只要平時把時間把握得緊，學習並不一定會影響業務。黨史學習開始的時候，我想這麼卅年的歷史，還值得花那麼多的工夫去學習，真是小題大做。經過這次學習，我才真正體會到花這些時間的代價，和學習的重要，沒有政治思想，研究工作的方向是把握不准的。通過檢討和批評，我發現了很多不正確的作風，它的思想根源和糾正的方法：

（1）我成見很深，只要這個人看了不順眼，或者有些事情做得不大合適，我就會對他所有的事情都不滿意。相處就很不客氣，態度很壞，遇事就會不合作。這種作風如果發展起來，會把事情弄得很糟糕，結果處事是對人不對事，是非真偽都辯不清楚。現在我學到了怎樣分別敵友，完全要以是非來決定敵人，我們是要打整的，一點不留情面。是朋友都應當和善相處，團結合作好好地提意見，幫助別人進步，接受人家的批評，時常檢討自己，不要老以為自己對了。

（2）我對人相當熱心，做事也很負責，不大怕艱難，總能堅持到底的，可是個人英雄主義的作風很盛，什麼事情都想搞得比別人好，要拔尖，喜歡強調個人興趣，而不顧大局，沒有興趣的事或者沒有十分把握的事，即使很要緊，我也不去作。這種作風在資本主義自由競爭的原則下，可以通行，但是在有計劃的工作中，就要不得。所以以後應該多考慮事情的是非，人民的需要而不應該太任性了。

（3）工作時老覺得自己很對，不看見自己的缺點，不肯接受批評，這種作風我決心慢慢地改掉。

（4）純技術觀點很深，因為不問政治，結果就不懂得政治，就會被欺騙，甚至走向反革命而不自覺，非常危險。除努力學習以外，我還決心每天看報紙。

（5）做事比較有條理，有計劃，可是領袖欲很強，會很不自覺地發號施令起來，自己很有主見，不顧大家的意思，往往弄得脫離群眾，獨斷獨行，假如能多多採納群眾的意見，事情就比較好辦了。我應牢記「從群眾中來，到群眾中去」的這句話。

從這份自傳中，不難看出，上文提到的那份標有「絕密」字樣的吳尚勤的「小傳」——即組織上在「反右」後給她做的政治「鑑定」，關於她的思想鑑定，都來自她自己對自己思想的剖析。

1953 年組織上的鑑定

對於吳尚勤的「固執」，在她檔案中的各種鑑定表中，隨處可見。另外，更能看出，吳尚勤也在努力學習著政治，以適應時代環境的要求。譬如：在一張手寫的「中國科學院工作人員 1953 年年終鑑定表」中，分甲乙兩部分列出了吳尚勤「一年來的提高」和「個人優缺點」——

甲、一年來的提高：

1、業務方面：初步能抱著字典，閱讀俄文專業書籍，船蛆方面的文獻收集和閱讀較多。

2、政治思想方面：認識到政治學習的重要，初步體會到政治學習的重要，初步體會到馬列主義在科學研究工作中的指導作用。喜歡閱讀理論書籍，對「組織」的觀念有了改變，漸漸地由害怕組織而覺得它的確能幫助進步了。

乙、個人優缺點

1、優點：工作仔細，有耐心，有果斷，責任心重。對人熱心，肯幫助人。自高自大和固執的缺點，今年略有改造。

2、缺點：對本組工作方向，信心不夠，因而工作情緒較前降低。三反後，思想不夠開展，與某些同志中間，總覺得存在著隔閡，沒有主動地去解決，而消極地避免與其交往。

吳尚勤對自己「自高自大和固執」的缺點的「改造」始終沒有放鬆，雖然在「政治上不夠開展」，但她的追求進步還是得到了組織上的認可，並在 1963 年被組織上安排為青島市政協委員。檔案中有一份 1963 年 4 月中共海洋所委員會對她的鑑定和安排意見，對其政治歷史作出了審查結論：「尚未發現歷史上有政治問題。」對其政治態度作出的結論是：

吳尚勤解放前對國民黨失去信心，但也不相信共產黨，希望有個中間路線，對學生運動不過問，埋頭學習做研究。解放初期對黨還是懷疑害怕，經過幾次運動認識有提高，但對政治不大關心，看重業務工作，整風前歷次運動中抱中間態度，1957 年整風鳴放時，無錯誤言論，表現一般，曾懷疑民主人士有職有權，黨對非黨人士不信任等。反右鬥爭開始時，有些觀望，運動後期表現還積極，能針對問題對右派份子進行批評。交心運動中也表現一般，暴露的問題不多。但自大躍進以後表現進步較快，比過去靠攏組織，60 年參加山東省婦女代表會後感激組織對她的信任，情緒比較高，生產救災運動中，她雖有關節炎較重，但情緒還穩定，和青年同志一道撈海菜（為食堂搞代食品）。這兩年來，有進步，對政治學習比較關心，她自己訂了好幾份報刊雜誌，但在學習會上發言很少，不大暴露思想，對三面紅旗基本是擁護的，重大問題也都願意找黨委談談，在反對修正主義的學習中，一般都正面發言，未發現她有不正確的言論。政治上不夠開展，其政治態度表現為中中。

對其工作表現和業務專長的鑑定為：

吳專長於實驗胚胎學，是著名的實驗胚胎學家童第周的學生，業務水平較高。在研究工作上認真負責，嚴肅刻苦，在副研究員中是比較突出的。解放後十餘年來，她總是親自動手深入地進行實驗，為了抓緊生物繁殖季節，多做些工作，她常常帶病堅持工作到深夜，由於對待研究工作態度嚴肅，肯於鑽研，因而近幾年來她的水平提高較快，不但在實驗胚胎學方面具備了教高的理論水平，而且她的顯微操作技術水平也很高。

目前，國內實驗胚胎方面的專家為數不多，主要力量即童第周等人，吳解放後，一直與童在一起工作，解放後，即集中精力，從事文昌魚及硬骨魚早期分化的研究，在胚胎早期分化的研究方面達到了較高的水平，曾與童共同發表了不少這方面的論文，所發表的論文都具有較高的水平，論文並有獨特的見解與論證。她對青年幹部的培養要求嚴格，但放手不夠，因此幾年來培養的人材不多，她比較專心於研究工作，對社會工作不夠關心。

最後的「安排意見」為：吳在實驗胚胎學的研究上，在國內有較高的水平，在學術界有一定的代表性，曾出席過山東省婦女代表會，我們意見，可以安排為市政協委員。

在這份鑑定材料的最後，有兩行手寫的鋼筆字：此鑑定材料中「政治態度現為中中」為不當之詞，特此證明。1986 年 4 月 1 日。（海洋所「人事處」章）

在「四清」運動中的檢查

檔案中有一份「在四清運動中吳尚勤的檢查」，標明「記錄」二字，時間是 1965 年 4 月 24 日。從字體上看顯然出自別人之手，有的字空著，譬如「毛遂自薦」的「遂」字，說明記錄者此字「忘記」了如何寫，不過通篇看來，字體雋秀工整，抄寫在普通信紙上，共有九頁，圓珠筆抄寫，背面有複寫紙的印痕，應該是吳尚勤在海洋所「高研組」會上發言的記錄整理稿：

一、政治上

這幾年，我政治上稀裏糊塗，反修鬥爭前，我腦子裏沒有階級鬥爭概念，反修以後，對階級存在，階級鬥爭激烈有一點瞭解。但階級鬥爭在我身上怎樣？在海洋所表現我看不出來。運動中大字報使我看到海洋所階級鬥爭很尖銳，在我身上也尖銳，過去我只想政治上能過得去就行了，每次運動我都怕搞到我頭上來，所以想最好我能在運動中順利過去就好了，如何提高我是沒考慮的，對幹部我是抓他們的工作，偶然談談思想，也是圍繞他的工作，至於大是大非我是很少談的。我認為對青年來說思想問題有黨支部管，我沒這個水平，對幹部的估價就是抓業務。對政治學習，我認為過去我們組（高研組）學習浪費時間，工作忙就不來了，偶然發發言，也不接觸思想，所裏讓我參加政協，給我提供機會，但我經常不去。60 年在濟南開「三八」積極份子會，我不願去，臨走前，孫自平說「你先去開，到時打電報叫你回來」。所以我只去了四天，所裏就來了電報(共開八天)就回來了。政治掛帥我認為是空的，我就一個人，學習了政治，我就要少學業務，怎麼以紅帶專，我解決不了，在所內我只管自己的小攤子，我認為過去高（？）、孫兩所長本身不團結，我怕說話不注意，夾在裏面不合適。我認為室主任最好叫黨員幹，我叫婁培養劉健當室主任，我們就可不管行政事了。對知識份子改造問題經常提，我都覺得聽煩了。以後誰一說，我就反感，我們就因為沾了資產階級知識份子的帽子，就倒了黴了，整天改造，改造，特別是張璽，也說要改造，我就反感，心想你整天不幹工作，光說要別人改造。劉健說改造，我想，你黨員毛病也不少，你就不改造，光改造我們。這個問題的根源是什麼呢？（1）我背了出身不好的包袱，我認為我出身不好，黨不會信任我的，如「三反」時檢查婁康後說有一個（此處空缺——筆者注），問婁拿了沒有，就到婁家檢查，我就想，假如出身好，就不會不相信我們。反右時，幾次要我交代，我想我又沒說反黨的話，為什麼叫我交代？

就因為出身不好，所以我想政治上不求什麼。（2）我家庭是大地主，我在家費了不少力才唸了書，感到很委屈，我在家是被壓迫的，還得背這個剝削階級的包袱，到底家庭給我多大影響我很少想。（3）我認為改造是人家來改造我，我很少想自己應改造，改造是為了什麼我也不考慮，被人家一批，就想你比我強不了多少，我要改造嗎？我對改造是沒有個標準的，這個問題直到運動中才有了初步認識，毛主席六條標準就是改造的標準，過去我可是沒有去想過。

二、工作上

我在工作上長期是很苦惱的，因為我是學醫的，後來搞了實驗胚胎。解放初期，蘇聯批判實驗胚胎，因而我也受點批判，我同蘇聯觀點不一致，但當時對蘇一邊倒，我也不敢說，到底做不做下去，青年也沒信心，所以我很苦悶。「三反」後一度考慮歸隊，回去搞醫，去給人看病。我與童第周談過，領導未同意。後來批判過去了，又出來了個胚胎如何聯繫實際的問題，當時又找不到如何聯繫，怎麼辦呢？我一方面搞一些生產上需要的，但又與胚胎不相干的，一方面搞理論研究，所以我一面搞了文昌魚的細胞分裂，一面搞了對蝦、船蛆，我認為這是交了賬了，說得過去了。但做下去後又出了問題，這兩方面工作是兩碼事，性質兩樣，牽扯的知識也是兩套，精力上也不足。56 年以後，對蝦、船蛆工作，婁康後他們逐漸接過去了，我就轉回實驗胚胎，但工作與海洋結合不多，與醫學結合多，因而又產生了這項工作能否在海洋所發展，我很苦惱，我來海洋所結合生產的工作，我參加了三項，即船蛆、對蝦培苗、附著物防除。

但一樣也未搞好。在船蛆工作如何推廣，我也沒考慮。對蝦工作向生產過渡時意見不一致，我一看情況太複雜，我對付不了，就不管了。在附著物防除中，也是意見不一致，我也乾脆算了，反正這些工作不在我胚胎之內，你們去搞吧！在這三項工作中，我思想上有無問題呢？過去我認為我已經常結合生產，沒有大問題。現在檢查，我是存在很大問題的，如這三項工作是密切結合生產的，我遇到困難就回來了，但對細胞分化工作，困難遠比這三項多得多，但我仍堅持搞下去。另外，我思想上認為，三項工作做得再好也代表不了胚胎的水平，代表胚胎水平的是細胞分化工作，在工作中，我們習慣於在實驗室搞，至於出去搞，聽聽外面的是沒有的，在遇到困難時，我是不依靠黨，不依靠群眾，我認為跟黨談也談不清，有了問題我就悶在心裏，也不跟群眾談，因為我認為海洋所對搞海洋生物看法不一，我與大家看法也不一致，你談了，他說你吹牛，因而我誰也不說，我也沒有相信依靠黨，依靠群眾能解決問題。58 年我曾與張致一共同提出離開海洋所，結果張走了，我留下來了，這些對青年影響也很大。

三、個人英雄主義

這在我身上是很突出的，很危險的，過去每次談都沒挖根，表現在：（1）我在工作中處理事時總希望要好，實質是很危險的，在接受任務時，首先考慮的是我能否完成，有多少把握，沒把握就不做，有時明明某件事我做合適，但自己不提，讓別人提我，萬一做壞了，不是我毛（遂）自薦，是你們讓我做的。如對蝦培苗，我心裏很有數，非讓我做不可，我就不說話，等到真正產卵後，打電報把我從北京叫回來，這樣我認為比我自己要做好得多。對培養幹部，我自己的幹部一定要培養好，否則我面子不好看，表面上我抓他們業務，實質上怕他們不好，丟了我面子。對我的工作，我老有一個不安的根子，到海洋所待不住，所以工作動力上也有點想我這個工作不能不做好，否則在海洋所就存在不下去。(2)我有好幾點，人家是碰不得的，碰到了我就非跟人家拼了不成。如有人說：「女的不行。」我就非跟他拼了不成。如船蛆得獎後，大家進行獎金分配，我得了一部分。在金魚研究上，我又得了一些獎金，加起來我的獎金比婁多。李 XX 說：「怎麼評了半天，吳比婁的獎金還多。」我一聽就氣得不得了，說為了什麼，我就應該比婁少，就對婁說：「以後你們船蛆工作我就不幹了。」張致一走後，不讓我走，說照顧我，我也很火，認為為什麼要留我照顧婁康後，為什麼不能讓婁跟著我。所以只要有一點不符我的要求，我就可以不顧大局，不考慮工作，跟我談事順著我就行，不順我什麼也不行。對待別人我也抱著以霸反霸的態度，誰對我厲害，我也對他厲害。毛漢禮是我所一霸，我就不理你。劉瑞玉是動物室一霸，在談工作中，我就先制服他。對我室劉健，我也很霸，心想你霸別人可以，霸我可不行，你想占我房子，不好好跟我說，我就不給你，至於這樣做是否影響他的威信，我也不考慮，這樣也影響了協作關係。更危險的是很容易發展到被人利用，誰摸到我脾氣，就很容易利用我，因為我不從全局，只從自己出發。我這種表現的形成是有思想根源的，解放前，我在家受壓迫，我當時認為我是反封建的，出發點是為了爭男女平等，我在家不平等不服氣，我逃出了封建家庭，又跳進了個人主義的泥坑。我在學校的成績好，一直是被老師捧的，大學時童先生對我幫助很大，他順著我的脾氣把我拉上來，他從不碰我不能碰的地方，所以我能跟童合得來。因此這樣下去是很危險的，容易被人利用。

自我檢查

在 1965 年夏天，吳尚勤在「四清」運動後填寫的印有「中共中央組織部 1963 年制」的《幹部鑑定表》中，又親筆填寫了書面的「自我檢查」——

一、近年來的收穫

（一）政治上：解放以後，由於黨的不斷教育，社會主義建設中的成就、國際地位的提高等，使我對黨的信任逐漸增強，主觀上願意跟著黨走。社會主義的優越性也在現實生活中給了我教育，我深深體會到只有走社會主義道路，中國人民才能掙脫一窮二白的困境，才改變落後的面貌。

在三年自然災害的困難時期，生活上的困難並沒有使我動搖，經受了考驗，沒有影響工作情緒。並且由於自然災害的恢復遠比我想像的要快，在克服困難時，黨與群眾之間的相互信任，都使我更熱愛、更信任黨。對毛主席的英明也更加佩服了。

反修鬥爭是另一個增強我對黨信任的過程。一開始，由於我對修正主義的真面目認識不清楚，我的確有點擔心，怕樹敵過多，不好對付。可是我還是原則性地接受了反修方針的。通過一系列的事實，使我思想上逐漸明確，修正主義非反不可，對修正主義不可存有幻想。切使我覺得毛主席不僅是我國革命的領袖，而且是全世界被壓迫民族革命的旗手。中國人民有這樣的領袖感到自豪，同時也感到中國人民的責任重大。

（二）業務上：經過幾年的探索，對胚胎細胞分化中核質關係和蛋白質形成過程的重要性體會比較深刻，對它的解決在生產上可能產生的影響也看得比較清楚。由於幾項技術關鍵的細胞核的移植、肌肉蛋白的提取和超微量鑑定的解決為開展這方面工作準備了條件，因而信心足，幹勁大，工作中事業心強，大膽潑辣，積極負責，能吃苦耐勞，堅持並克服困難，帶領青年，共同前進。

在對蝦養殖和附著物防除工作中，也能及時地完成所承擔的任務，解決了對蝦室內培廟的關鍵，藤壺的生活史和幼蟲培育，藥物篩選等方法，為這些工作的進一步開展打下基礎。

二、存在問題

把業務突出政治之上：以往認為一個科學工作者，只要擁護黨社會主義，肯勤勤懇懇地工作，多考慮工作，少考慮個人，就能為人民服務，也就是為人民服務。因此，我就埋頭業務，不問政治。

（一）具體表現：

1、不願參加社會活動：政協、民盟的會議，避免參加，就怕耽誤了時間，連開積極份子代表會也是人去心不去。腦子裏全是工作，不開完就跑回來了。

2、所裏的事不聞不問。只要不影響我的工作，我都可以沒有意義。

3、覺得室的領導、組的領導，最好還是讓黨員來負擔，便於做思想工作，也便於與行政部門聯繫。因此想爭取一名黨員來負責胚胎組，同時也勸婁康後多培養劉健，以便來負責實驗室。

4、強調高研組的政治學習不好，討論不接觸思想，時間浪費不少，收效不大，因而參加學習很勉強。即便參加，事先亦少準備，若與工作有矛盾，即乾脆不去。

5、自己在政治上的要求是只要不作為批判重點，過得去即行，害怕搞運動，盼望安定下來做工作。每次運動，都盼望趕快過去。

（二）思想根源：

1、對剝削家庭對自己思想上的影響認識不足：出身於封建地主家庭，但是以往心裏覺得自己在家裏是個被壓迫者，求學階段，生活很艱苦，解放後，背了個出身不好的包袱，心裏感到冤枉，沒有意識到我之所以背叛家庭，並不是出於對剝削可恥的認識，而主要還是受不了不平等的待遇，而想反抗。出發點還是個人主義的，在上中學和大學時，主要是靠獎學金和貸金，在這方面，我過多地誇大了個人努力的作用，沒有考慮到這些都是反動統治階級籠絡知識份子的手段。因此，時常想，從 1945 年畢業以來，並沒有為資產階級服務很多，對自己是資產階級知識份子，而且立場未變感到委屈，同時覺得「改造」摸不到邊際，因而對思想改造產生厭煩情緒。

2、對政治統帥業務不理解：弄不清政治怎樣統帥業務、指導生活，因而把它們之間的關係看成是對立的，總覺得只有一分時間，學了政治，就要少幹工作，二者之間有矛盾。自己覺得出身不好，政治上不會有多大前途，因而只求過得去，只求不受批判，而把絕大部分時間放在業務上，並且認為政治進步也要落實在工作上，否則是空的，這樣，也同樣能為人民服務。

（三）由於不問政治而產生的後果：

1、歷次運動，都是抱著走過場的態度，只要不反到我頭上，希望它趕快過去，可以安靜下來搞工作，因而顯得被動，提高不多。

2、由於不關心政治，在激烈地階級鬥爭中，可以無動於衷，對許多主要方針政策不深入鑽研，反應太少，在與自己生活和工作直接有影響的時候，卻產生了糊塗思想，例如：

（1）在三年困難時期，領導上說造成困難的原因是自然災害、修正主義的搗亂以及有些幹部在工作中的缺點和錯誤。我卻認為主要是工作中的缺點和錯誤，因而對這些犯錯誤的人，還產生了埋怨，覺得好端端的建設事業就被這些人搞壞了。

（2）對三面紅旗中的人民公社和總路線，似乎沒有什麼想法，但是對大躍進，就有意見，覺得亂哄哄地怎麼能做好工作？在領器材時，總避免領大躍進的產品，我覺得它質量不保險。

（3）在反修鬥爭開始時，我很擔心，怕樹敵太多，光剩一批窮朋友，抗不了美帝和蘇修的聯合壓力。

3、看問題不全面，常常把事情絕對化：例如認為做工作要集中精力，才能搞好，腳踏兩隻船是不行的。但我把它絕對化，不管什麼人，什麼時間，什麼地點都是這樣不能變動。對人和對事，也是好就是好，壞就是絕對壞，沒有想到人在變，更不能主動地把壞事變成好事了。

4、混淆二種矛盾：在處理問題時，很少分析矛盾的性質，究竟是人民的，不是敵我的、常常把不是原則性的小事牢記不忘，抓住小辮子不放，甚至把同志當作階級敵人似的，不能採取正確的批評與自我批評方法，更談不到去團結反對過自己而證明是錯誤的人了。

5、長期地在工作上感到苦悶，沒有能依靠領導和群眾去解決：近幾年來，工作的主要內容是解決細胞分化中的核質關係和蛋白質的形成問題，它是生物學的主要問題，是探討基本規律的，它可以為遺傳、育種、生理病理等方面作出貢獻，但是並不是海洋科學中的獨特問題，也不是馬上就可以直接應用的。我對它的前途有信心，對利用海洋生物作材料的優點也很清楚。但是在海洋所內，認識並不一致，有海洋所需要與不需要的矛盾，也有遠近安排的矛盾。在這種比較複雜的矛盾中，我沒有堅決依靠黨組織，說明問題、請示辦法，也沒有同群眾商量解決而是獨自悶在心裏，對領導上的態度是既然海洋所不需要，那麼趁早調到別處去，對青年的培養則採取了誰願學，我就教；誰不願學，也不勉強。結果是領導上光說要發展，但對這項工作是什麼要搞，似乎不很明確，青年同志則顧慮重重，對遠景的信心也不很足。從工作本身來說，調離海洋所並不是有利的，而我不是下決心去解決矛盾，統一認識，而是採取了逃避現實的，對工作不負責任的態度。

6、在培養幹部方面，我注意業務多，僅僅在生活上照顧青年，使其安心學習與工作，很少從政治上關心他們，也不在政治上要求他們，因此，也影響青年在政治上要求進步，在工作忙的季節，我雖然不干涉青年參加政治活動，但是心裏感到不願意。

（四）個人英雄主義：

這是由於沒有解決為誰服務所致。它是資產階級名利思想表現的一種形式。在我身上表現得很突出：

1、承擔任務，不是首先考慮國家需要，而是考慮有沒有把握，沒有把握的最好不做，怕砸了牌子。即使非做不可，也是讓別人去做，不肯毛遂自薦，萬一失敗面子上也好看些。

培養幹部的出發點，主要並不是明確責任所在，也是怕培養不好，影響個人聲譽。

2、在協作工作中，過多地考慮個人特長的發揮，對待細胞分化這工作，認為是我的主要任務，它標誌著我工作的水平，而船蛆防除、對蝦培育、附著物防除等，其中胚胎分量很小，只是給別人打基礎的，雖然同樣能完成所承擔的任務，但在感情上不一樣。對前者，信心足，幹勁大，能夠頂住風浪，克服困難前進，而在後者，則稍有挫折就心灰意懶，不想幹了。這裏面，不僅表現出個人英雄主義的思想，同樣說明我為生產服務的觀點也還是不夠的，因為畢竟後幾項工作的成果是立即能為生產和國防所應用的。

3、狹隘的男女平等思想：56 年評獎，領導上曾由於我得的獎金比妻康後多而感到意外，我對此就十分生氣，認為這是對我的污辱。雖然後來仍勉強維持著胚胎組與生態組的協作關係，但是或多或少影響了一些對船蛆防除工作的積極性。

對於領導決定把我留在青島工作一事，長時間來認為是由於照顧關係，覺得很不光彩，時常想，為什麼不能讓妻康後跟著我跑？即使不這樣，至少也要能各自獨立，不然還算什麼男女平等？在工作上的利弊，我也考慮過，但是為了爭這一點，我就可以不顧大局，不顧集體。

4、願聽表揚，受不了批評：誰稱讚我幾句，就會感到飄飄然，幹勁也就大了。處理事情，順著我則行，逆著我則不行。不是從人民利益為準則的，這是極其危險的，誰摸到了我這規律，很容易發動我大幹一番。只要滿足我是「英雄」這一要求即行。

形成這樣突出的個人英雄主義思想，最主要的是來自剝削家庭的影響。封建家庭的壓迫，一方面促使我想反抗，同時也使我想要向上爬。當我背叛家庭後，就掉進了個人主義的泥坑中去了。求學階段，在學校有老師捧，回到姑母家又有姑母捧，因而形成了光願聽好的，受不了批評。解放後，由於放鬆了學習，沒有得到糾正。

三、四清運動中的收穫

本所開展四清運動之前，由於各方面的宣傳教育，思想上有了一點準備，打算好好投入運動，進行自我改造。但是究竟運動怎樣搞，我又應怎樣投入，思想上很模糊，工作隊來所後不久，討論了 1965 年工作計畫，對胚胎組的方向，進行了辯論。黨委也作了決定，我對領導上的決定，思想上是不同意的，認為這樣做，對工作不利。因而心情很不舒暢，尤其對於由於照顧我本人和童所長而把海洋所不需要的實驗胚胎組保留下來的決定更是想不通。對黨委向從事這項工作的人員提出的既要安心又要做出成績來的要求認為很難辦到。因而曾一度工作做不下去，情緒平靜不下來，運動也投不進去。

在運動開始前，我對社會上存在著尖銳的階級鬥爭是有所認識的，但是階級鬥爭在本所的表現是看不清的，在大字報階段，揭發的事實確實使我很振動，事實說明瞭鬥爭的尖銳，和平演變的可怕，但是由於我腦中充滿著方向和工作問題，根本沒有心思考慮自己的問題，也沒有心情去考慮別人的問題。

春節後，我帶著「為什麼我有非政治傾向」這個問題開始學習毛主席著作，從中國社會各階級分析一文中得到了啟發，從我對許多事情的反應來看，我的世界觀基本上還是資產階級的，我的立場還是搖擺的，因而肯定了改造的必要性。同時，改造也是有標準的，在正確處理人民內部矛盾中說得很清楚。共產黨員十項條件中也規定得很具體，這些都是我奮鬥的目標。以往我之所以感到改造摸不到邊際，不是由於沒有邊際，而是由於我沒有去摸。改造必須要主動，要自覺，才能收效。

改造立場、世界觀，肯定必須學習，那麼，做工作是不是可以沒有政治掛帥呢？這方面的收穫主要來自有關乒乓球隊的報導。從這些報導中，我把政治和業務初步地聯繫起來了。我國乒乓球隊是活學活用毛主席思想的典範，乒乓球的勝利也就是毛澤東思想的勝利。在他們的報導中，充滿著為人民服務，實踐觀點，群眾觀點，不斷革命觀點和辯證唯物觀點。學習政治，不僅僅是開會、談理論，主要是把這些觀點學到家，來指導工作。毛澤東思想既可解決他們為誰打球的問題，為什麼就不解決我們為誰服務的問題？政治和業務應該是統一的，它是靈魂，是方向，離了它就不能很好地工作！

從幾次毛主席著作學習經驗交流會上，我又得到了另外一個啟發，待人接物，生活做人，都離不了毛澤東思想，它能使我們活得更有意義，工作更有勁頭，情緒更覺舒坦。

由於初步解決了這三方面的問題，我初步扭轉了政治、業務對立的看法，同時有了比較強烈的要求改造和學習的願望。

對於工作問題上的苦惱，也逐漸地減少了，我們既然來自五湖四海，有著共同的建設社會主義的目標，那麼，多麼困難的事也就有瞭解決的基礎。對革命事業的利弊，就是我們辨別是非的準則。雖然以後到底應該怎樣辦還沒有具體解決，但是我有信心通過討論，總會逐步得到解決的。從階級鬥爭的嚴重性來看，這次運動是十分及時的。我以往那種不想過問政治的想法是很不現實的，階級鬥爭存在於每個角落。你不找它，它可要來找你，與其被動地被拖進去，還不如爭取主動地去掌握它。

另外一個收穫是更清楚地看到了個人主義的危害性。從大量和平演變的例子中看來，資產階級思想的侵蝕是無孔不入的，那兒個人主義抬頭，那兒就有發生和平演變的可能，就有可被拉下水的危險，這是必須引以為戒的。

四、個人優缺點

（一）優點：

1、 願意聽黨的話，跟著共產黨走社會主義道路。

2、 待人誠懇，熱心幫助人。

3、 事業心強，工作積極負責，能吃苦耐勞，能堅持並帶領青年一起工作，共同前進。

（二）缺點：

1、 把業務突出在政治之上。

2、 個人英雄主義。

五、今後努力方向

（一）加強毛主席著作的學習，除實驗工作的旺季外，做到每天學，持之以恆，先學《為人民服務》和《紀念白求恩》，以解決為誰服務問題，再學《實踐論》《矛盾論》等解決工作和思想方法。力求學通，做到活學活用。

（二）經常想到六億人民的利益，積極靠攏組織，爭取（得到）幫助，將個人英雄主義轉變為革命的英雄主義。

（三）爭取參加力所能及的勞動，一方面培養工農感情，另一方面鍛煉身體，增強體質。

與在「高研組」會上的發言相比，這份書面的「自我檢查」要慎重多了，更多了對自己的剖析，刪除了關於他人的評述，譬如對張璽先生和毛漢禮先生等的評價。在這份「自我檢查」後，填寫著「小組鑑定」——優點：對黨的方針政策一般能擁護，能跟著黨走社會主義道路；對所負責專業事業心較強，能鑽研業務，能堅持親自動手作實驗，對待研究工作能刻苦耐勞，在業務上對青年要求較嚴格；在運動中思想認識有提高，能比較認真地檢查自己存在的問題。缺點：對黨的方針和黨組織，認識不夠全面，有時有不正確看法；有重專輕紅、純技術觀點，對政治學習不夠重視，自我改造要求不嚴；群眾觀點薄弱，作風不夠民主，不善於聽取別人的批評意見。

在「小組鑑定」後，是手寫體的簽名：「小組長　曾呈奎」，落款時間：1965 年 9 月 16 日。在曾呈奎名邊，是曾呈奎的印章。在曾的印章下邊，還有一枚印章：「紀明侯印」。再下一欄是被鑑定人的意見：「同意」和簽名，時間是 1965 年 9 月 17 日。最後的「上級組織審查意見」一欄，寫有「同意小組對吳尚勤的鑑定意見。」並蓋有「中國科學院海洋研究所」的公章，時間為：1965年9月20日。

與其他先生一樣，吳尚勤的檔案中也沒有關於「文革」遭遇的片言隻語，「文革」十年，從檔案裏看，吳先生是一段空白。其實在「文革」時期，吳先生的處境可想而知，記得八十年代我們出野外時，在一些老師的閒談裏，談到吳先生的一些遭遇，譬如她精心培育的用於遺傳學研究的幾代金魚，在「文革」時讓她的學生輩同事給打破了魚缸，使她的這些寶貴的金魚都死掉了。當然，更多的是談論吳先生在實驗工作中的認真。

1988年3月11日，吳尚勤在趕赴山東日照的一養蝦場途中，因車禍不幸罹難。過了幾年後，當開始科學院院士增選時，有些老師議論，若吳尚勤還健在，以她在學術界的聲望，她應該能當選院士的。不過更有老師說，吳先生如果健在，恐怕也很難當選，就憑她的性格，估計也很難有人替她說話。

曾呈奎

檔案裏的「小傳」

1955 年的登記表

自述／負面聲音

「思想改造」的典型

檔案裏的「小傳」

曾呈奎（1909～2005），海洋生物學家，福建省廈門人。

中國科學院資深院士，第三世界科學院院士，海洋生物學家，藻類學家，中國海藻學的奠基人。曾任：山東大學系主任、海洋研究所副所長，中國科學院海洋研究所所長，中國海洋湖沼學會理事長，國際藻類學會主席等。逝世前任中國科學院海洋研究所名譽所長，中國海洋湖沼學會名譽理事長，山東省科協名譽主席等職。

1931 年畢業於廈門大學植物系獲理學學士學位；1934 年畢業於廣州嶺南大學研究生院獲理學碩士學位；1942 年畢業於美國密執安大學研究生院獲理學博士學位和拉克哈姆博士後工作；1943 年在美國加州大學斯格里普斯海洋研究所任副研究員，負責海藻研究工作，特別是瓊膠及瓊膠海藻的資源及增養殖的研究；1946 年底回國在山東大學植物系任教授、系主任兼水產系主任和海洋研究所副所長；1950 年，他和童第周、張璽教授共同組建了新中國第一個海洋研究機構——中國科學院海洋研究所（前身為中國科學院水生生物研究所海洋生物研究室），歷任研究員、副主任、副所長、所長，名譽所長。中國科學院院士、第三世界科學院院士、中國海洋湖沼學會名譽理事長、美國俄亥俄州立大學名譽博士；第三屆至第九屆全國人大代表。

曾呈奎從事教學和科研達六十七年之久，取得了許多科研成果，單獨或合作發表論文報告約三百篇（中、外文），主編或合編的著作有九部。

在曾呈奎先生的檔案裏，最顯眼的是一份列印稿：

曾呈奎小傳（初稿）

曾呈奎，男，漢族，1909 年 6 月生，原籍福建省廈門市灌口鎮。1931 年畢業於廈門大學植物系，獲理學學士學位。1932 年入廣州嶺南大學研究院，於 1934 年畢業，獲理學碩士學位。1940 年赴美留學，1942 年畢業獲密執安大學研究院理學博士學位和拉克哈姆博士學位。1943 年在美國加州斯格里普斯海洋研究所任副研究員。抗日戰爭後，1946 年曾懷著赤子之心回國，在山東大學植物系任教，系主任兼山東大學海洋研究所副所長。在實踐中，對國民黨政府，深有感觸，思想逐漸傾向革命，同情人民的解放事業。解放前夕，國民黨政府組織去台，他依然捨離家眷親屬，而留在大陸參加社會主義建設，為人民服務。解放後，在黨的教育下，世界觀有了較大轉變，認為只有「社會主義才能救中國」，忠實為社會主義建設事業貢獻力量。1950 年擔任中國科學院海洋生物研究室研究員、副主任，同年加入中國民主同盟。1958 年擔任中國科學院海洋研究所研究員、副所長。1978 年擔任所長，1979 年當選為中國科學技術協會委員，連任中國海洋與湖沼學會理事長，中國大百科全書《海洋》卷主編，1980 年當選為中國民主同盟中央委員，1981 年當選為中國科學院學部委員，同年被加拿大聘請為「卓越訪問科學家」講學和做研究工作半年，1984 年擔任中國科學院海洋研究所名譽所長，山東省科協委員會主席，1985 年當選為第三世界科學院院士，1986 年第二屆國際藻類學會當選為學會主席，曾還當選為第三、四、五屆全國人民代表大會代表，第六屆山東省人民代表大會副主任，全國僑聯顧問，山東省僑聯主席等職務。

曾是我國著名的海洋生物學家，是世界公認的藻類學家。他知識淵博，理論知識雄厚，在藻類學研究中有獨到的見解和發現，成績卓著，他最早從事我國底棲海藻分類區系的調查研究，對開發我國海藻資源起了重要作用。從三十年代發表的《廈門的海蔓及其經濟海藻》的論文以來的五十餘年中，致力於海藻學的研究，共發表論文報告二百餘篇，為國家培養了大批藻類學人材。同時主編或合編的論文集有：1962 年的《海帶養殖學》和《中國經濟海藻志》，1980 年的《香港及中國東南海洋植物》及 1983 年的《中國常見海藻》及《中美藻類學術討論會論文集》，1986 年的《海藻栽培學》等。特別是對我國藻類學的研究，多有建樹，他首先闡明瞭我國紫菜生活史，榮獲 1956 年國家科學三等獎，成功的解決了紫菜絲狀體大規模栽培，解決了半人工和全人工的採苗及栽培方法，為我國紫菜人工栽培事業發展奠定了基礎。在海帶生物學的研究中，取得卓越成就，為我國海帶人工栽培事業的建立和發展奠定了基礎，提供了豐富的科學依據，使我國海帶生產產量躍居世界首位，榮獲 1978 年全國科學大會的獎狀。進入新時期以來，他提出和闡明瞭我國海洋水產生產必須走農牧化的道路，對我國海洋水產增養殖事業的發展起了重要作用，獲得「六五」期間攻關成果獎。

曾已年逾古稀，仍忘我工作，誓為實現海洋水產生產農牧化而貢獻力量。

中國科學院海洋研究所

1987 年 3 月 2 日

1955 年的登記表

在曾先生的檔案裏，最老的記錄，有一張「材料登記表」，在這張表的右邊空白處，醒目地留著一行毛筆字：「退後請存檔」。表上注明是：1955 年 9 月 16 日填，這也是曾先生的檔案中難得一見的那個年代的「證據」——在這張表上，注明著曾先生的「主要問題」：

> 一、參加國民黨，在美國留學時曾被美國政府電召到白宮，他曾供給中國東沙群島等有關材料，給美國在我國登陸參考。在前山東大學任教和教務長時與美軍來往密切。青島解放前夜，在山東大學反對學生罷課舉行民主活動。
>
> 二、其前妻及小孩、兄弟，全家均在臺灣，海外關係極為複雜，與帝資國家的人員曾有過聯繫的將百餘人，其中一部分現仍保持著密切的聯繫。
>
> 三、解放初期，曾趁我人事制度不嚴和黨團員力量薄弱環節和各種制度不健全之機，拉攏一些歷史有問題的人到海洋生物研究室工作。同時對黨員亦有些拉攏現象，如中共黨員徐恭照、姜元希結婚時，給禮物。姜元希因犯有錯誤沒被提拔時，曾對此大為不滿。1954 年美國領導學術團體召開會議，邀曾參加，曾表示預參加，當有些研究員不同意參加，他表示不滿。1952 年一個青年團員分配到海生室工作，他以主任身分拒絕不要。

在曾先生的檔案中，更多的是關於工資和津貼的呈報表之類，如「兩院」院士享受省政府津貼的呈報表，列有他的「突出成績」：

所在单位意见	同意享受津贴。（盖章）：一九九五年十二月
市地人事局或省直主管部门（单位）意见	（盖章）：一九九 年 月
省人事厅审批意见	同意曾呈奎同志享受每月800元的省政府津贴，自1995年10月起执行。
备注	

注：本表报省人事厅一式三份。

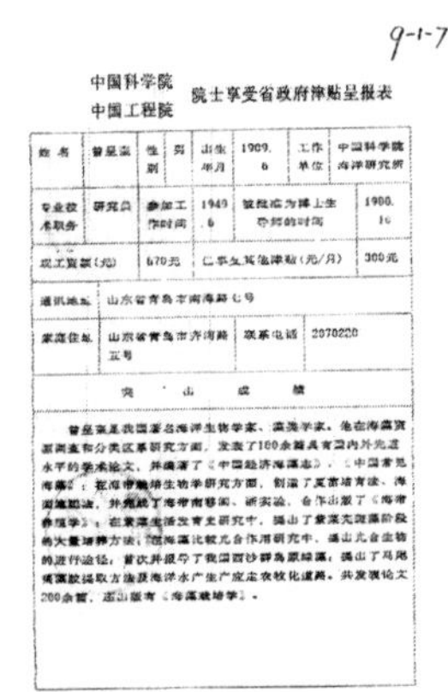

9-1-7

中国科学院
中国工程院　院士享受省政府津贴呈报表

姓名	曾呈奎	性别	男	出生年月	1909.6	工作单位	中国科学院海洋研究所
专业技术职务	研究员	参加工作时间	1949.6	被批准为博士生导师的时间		1900.10	
现工资额（元）		670元	已享受其他津贴（元/月）			300元	
通讯地址	山东省青岛市南海路七号						
家庭住址	山东省青岛市齐河路五号		联系电话	2070220			
突出成绩							

曾呈奎是我國著名海洋生物學家、藻類學家。他在海藻資源調查和分類區系研究方面，發表了一百餘篇具有國內外先進水平的學術論文。並編著了《中國經濟海藻志》、《中國常見海藻》；在海帶栽培生物學研究方面，創造了夏苗培育法、海面施肥法，並完成了海帶南移閩、浙實驗，合作出版了《海帶養殖學》；在紫菜生活發育史研究中，提出了紫菜殼斑藻階段的大量培養方法；在海藻比較光合作用研究中，提出光合生物的進行途徑；首次並報導了我國西沙群島原綠藻；提出了馬尾褐藻膠提取方法及海洋水產應走農牧化道路。共發表論文二百餘篇，還出版有《海藻栽培學》。

此表是 1995 年 12 月填寫的。在次年的 4 月 24 日，山東省人事廳批示：同意曾呈奎同志享受每月八百元的省政府津貼，自 1995 年 10 月起執行。

自述／負面聲音

曾先生的檔案袋裏，是我見到的這些老先生的檔案裏最簡單也是最乾淨的，說「乾淨」是說沒有那些「思想檢查」和「自述」之類，若僅僅看檔案，看不出曾先生在過去年代裏的遭遇和波折。但是，除童第周先生之外，在海洋研究所的這些老先生裏，曾先生又是存世各種資料最多的一位，當然也是名聲最大的一位。事情總是有兩面，對於曾先生來說，其名聲最大一面的反面，就是關於他的「謗言」也最多，甚至於到了訴訟的程度，儘管官司最後沒有在法庭上成為「現實」，但在「民間」，關於一樁涉及科技成果著作權的糾紛及種種「流言」在曾先生的晚年始終「伴隨」著他，儘管檔案裏沒有任何這方面的片言隻語，但在互聯網時代，與「乾淨」的檔案相比，網路上的曾先生呈現出非常複雜的現象。當然，這些並不影響曾先生在中國海洋科學界的學術貢獻和歷史地位，但由此卻能給我們帶來必要的反思，產生這一切的原因或說根源又在哪兒呢？不能說只與曾先生個人有關。

檔案中沒有曾先生當年在「思想改造」及歷次政治運動中的「自述」，但在網路上卻很容易搜到他的自述，當然，這已經不是為「思想改造」而寫的自述了。儘管在網路上容易搜到，但還是抄錄一份曾先生的自述。這份「自述」係出自《中國科學院院士自述》（上海教育出版社 1996 年版）一書中：

> 我 1909 年出生於廈門市一個華僑世家。上中學時看到勞動人民饑寒交迫，便決心升大學，研習農業科學，使農業

增產豐收，使人民溫飽、國家強盛。為此，我給自己取號「澤農」，以明心志，終生矢志不移。

1926 年夏，我考入教會學校福州協和大學。由於參加收回教育權的愛國運動，1926 年底被校方開除。1927 年夏，我轉到廈門大學植物系學習。在修藻類學課時，對海藻這類低等植物產生了濃厚的興趣。我看到人們在海邊採集海藻、培養赤菜，便萌生了把經濟海藻變成像陸地上的莊稼一樣在海洋裏種植以取得豐收的想法，從此，我立志獻身於海藻科研事業，以此實現「澤農」宏願。

從 1930 年開始，我便著手於開展海藻調查。此後十年，我除了在廈門大學、山東大學教學，在嶺南大學研究院攻讀碩士學位外，從北至大連，南至東沙群島和海南島的中國沿海進行調查，採集了數千號標本，積累了大量資料，為我國的海藻研究奠定了初步基礎。

1940 年，我獲得美國密執安大學研究生院獎學金，8 月間去美國攻讀博士學位。1942 年 5 月獲得理學博士學位後，我又獲得密執安大學克拉哈姆（Rackhm）博士後獎學金，前去加州大學斯格里普斯（Scdpps）海洋研究所研修物理海洋學和海洋化學。這期間由於美、日處於戰爭狀態，美國國內瓊膠奇缺，遂被定為戰略物資。1943 年美國政府指示研究瓊膠原料的生產和加工方法，我代表斯格裏普斯海洋研究所參加並負責主持了這項研究工作。

1947 年 1 月，我回到山東大學，組建了植物系和水產系，並任兩系主任；還和童第周教授共同創建了山東大學海洋研究所，任副所長。1950 年 8 月，我和童第周、張璽共同組建了新中國第一個海洋研究機構即中國科學院海洋研究所的前身——中國科學院水生生物研究所青島海洋生物研究室，任研究員兼副主任。截至七十年代末，我和助手們對包括我國沿海在內的北太平洋西部的海藻進行了調查，弄清了我國沿海海藻的分佈和區系特點及北太平洋西部海藻的區劃，為我國的海藻研究和開發打下了堅實的基礎。從七十年代起，我還進行了西沙群島的海藻調查研究工作，與海洋動物的調查一起獲得了國家自然科學獎三等獎。

五十年代初，我和助手們從紫菜生活史研究人手，找到了養殖紫菜的孢子來源，奠定了紫菜人工養殖的理論和實踐基礎。紫菜生活史的研究工作獲得了國家自然科學獎三等獎。我們還首次建立了用文蛤殼作為培養絲狀體基質的紫菜育苗模式，後被廣泛用於實驗和生產育苗，一直沿用至今。八十年代，繼而與助手們進行紫菜生活史的研究，其成果獲得了中國科學院自然科學獎二等獎。

五十年代初期，我和助手們還開展了海帶生活史和海帶幼體生長發育所需環境條件的研究，弄清了培養海帶幼苗所需的溫度範圍、光照時間和強度、營養鹽的種類和量等。由此我們創造了海帶夏苗培育法，並用適當的低溫、營養、水流和光照等培育海帶幼苗的科學方法，到 10 月再把幼苗移入海面培養，這既避開了雜藻的威脅，又增加了海帶生長期，使海帶增產 50%。為了使海帶能在貧瘠的海區養殖，我首先提出應在海水中進行局部施肥，並於 1953 年底設計了用陶罐進行局部施肥的方案：在陶罐盛無機氮肥，讓氮溶液從罐壁的微孔中滲出，形成一個局部海水中含氮量經常較充足的環境，使海帶吸收，同時減少肥料的無謂消耗。實踐證明，這種方法最經濟、最有效。

為了進一步擴大海帶栽培面積，1955 年我組織科技人員正式開展海帶南移栽培研究。經過對江蘇、浙江、福建沿海海水水溫的調查和化學分析，斷定南方沿海可以栽培生產海帶而且無需施肥。又經過實驗，1957 年夏完全證實這一結論。此後經過推廣，海帶在我國長江以南沿海大規模栽培起來，使我國海帶產量大增。現已占全世界海帶類總產量的 80%以上。

我認為海藻除食用外，在工業等方面應用前途廣闊，應當綜合利用。1952 年，開展了馬尾藻褐藻膠提取的研究。1956 年幫助青島酒精廠建立了我國第一個生產褐藻膠的車間。此後，我們又進行了一系列海藻化學研究，對褐藻膠的提取方法、質量測定和應用範圍進行了深入探討，為我國海藻化學工業奠定了理論基礎。

1953 年我提出在海底營造藻林，1962 年又提出「淺海農業」的概念，1966 年組織了「耕海隊」。七十年代中期，我根據自己多年的科研和生產實踐，總結了國內外海洋漁業生產的經驗教訓，參考了國際上大馬哈魚放流增殖的實例，全面、完整、系統地提出並反覆論述了海洋水產生產農牧化的設想，並且領導了中國科學院在膠州灣和大亞灣進行的農牧化科學實踐，積累了一些經驗。現在國內許多地區廣泛進行了海洋水產生產農牧化的科學實驗和生產實踐，取得了顯著的增產效果。此外，我還在海藻光合作用方面做了一系列科研工作，1974 年提出了光合生物進化系統的理論，1980 年在我國西沙發現了原綠藻，1986 年開展了大量培養微藻的攻關，利用微藻的

> 高蛋白質代替進口魚粉的研究。研究中認識到微藻中的螺旋藻是比較理想的高蛋白質的藻類，但這種藻類溫度的要求很高，所以將試生產從威海轉移到惠陽。成功後，1992 年在海南省三亞市建立了海水螺旋藻生產基地，還於 1993 年建立了南海海洋所的海水螺旋藻生產基地，以進行工廠化生產和產品的開發利用研究。
>
> 1989 年我應日本海洋生物技術學會的邀請到東京參加了首次國際海洋生物技術會議，回國後與有關人員討論了我國的海洋生物技術工作。1990 年我招收了第一個生物技術方面的博士研究生，開展了海洋生物技術工作，特別是海藻基因工程的研究，為使高產的海帶轉化為「海洋大豆」的研究創造條件。總之，我至今已足足用了六十餘年的時間從事海藻的研究，目的就是使海藻研究在我國成為理論和生產相結合的海藻學，使海藻為我國人民乃至全人類服務。

在網路上，若「百度」一下主題詞「曾呈奎」，在「百度人物」等等帶有「蓋棺論定」的人物介紹中，關於曾先生已經有很多介紹，但伴隨這些正面介紹出現的，還有諸如〈質疑「海帶之父」曾呈奎〉、〈資深院士曾呈奎剽竊案未了已病危法院接市委令拒開庭〉等等負面的帖子。此事的是非曲直另當別論，不過由學者後人出面為自己父輩的學術榮譽斥責曾先生侵權恐怕也不妥當，畢竟學者的學術貢獻和歷史評價應有學術界人士作出客觀評價，而不是自己的子女出面「評理」。

曾先生應該說是 1980 年代後中國海洋科學界的一面旗幟，也是一個備受社會尊敬的典型榜樣，1989 年被評為首屆新時期全國僑界十大新聞人物。1991 年 11 月，被山東省委、省政府授「傑出貢獻科學家」榮譽稱號。1995 年 6 月在北京舉行的第十八屆太平洋科學大會上被授予「煙井新喜志獎(Shinkishi Hatai Medal)」。1996 年 8 月榮獲香港「求是科技基金會」頒發的傑出科技成就集體獎。1997 年 9 月榮獲香港「何梁何利科技基金會」頒發的「科技進步獎」。2001 年 4 月榮獲美國藻類學會「傑出貢獻獎」。

其實正是在曾先生獲得山東省授予他「傑出貢獻科學家」稱號後，關於他的「質疑」逐步走向了「訴訟」。我印象中還記得 1992 年青島新春的晚會上，從電視上看到，女主持人問曾先生獲得「傑出貢獻科學家」稱號的感受，曾老站起身激動地說：「這是大海的驕傲，這是人民的驕傲。」當時，我聽著下意識裏覺得，曾老真是年紀大了，這回答說不上哪兒出了問題，但總覺得有些彆扭。第二天在生物樓 211 室，和幾位老師談起來，還感慨，曾老為啥不說「這是集體的榮譽，是他和他的合作者們的榮譽」，過了不久，我們就看到了〈質疑「海帶之父」……〉的打印信。

「思想改造」的典型

關於曾先生的是是非非不是我所能評判的，更不是在這兒討論的問題，我想說的是，從檔案中呈現出來的，曾先生顯然是無可置疑的「傑出貢獻科學家」，如果要選擇 1950 年代以來作為「思想改造」中脫胎換骨的學術權威，曾呈奎無疑是一個典型。譬如在一些關於曾先生的事蹟報導中，多強調一點，就是曾先生的幾次人生重大選擇：

在青島解放前夕，曾呈奎是國民黨政府所要爭取到臺灣去的科學家之一，但他相信共產黨，堅決留下投身於新中國的海洋科學事業，這是他一生中的一次重大選擇……1956 年鄭重向黨組織提出入黨申請。可是經過十年考驗，到 1966 年曾呈奎的入黨申請通過了基層黨組織討論，並期待上級黨組織批准之際，文化大革命卻將曾呈奎打成「反動學術權威」、「大特務」，他受到了批鬥和折磨。直到 1980 年 1 月 8 日，他才實現了二十多年要求入黨的心願……

在曾先生去世後，更是在青島「掀起」了一個學習曾先生獻身科學和愛國精神的「熱潮」，這是從青島的主流媒體上看到的。但是，今天的讀者，已不僅僅只是從「主流媒體」獲取資訊，與這些正面的「曾呈奎」始終相伴隨的，是在網路上更容易引起人們注意的關於這位中國「海帶之父」的另一種聲音。從這個角度說，這也是曾先生的悲哀。但這種悲哀僅僅屬於曾先生自己嗎？

另外，關於曾先生有一則軼事不能不提，從這件軼事上也可看出曾老晚年是很知道自己的歷史地位的。曾先生晚年一直住在一棟風格獨特的小樓上，那棟樓上還住了幾位在海洋科學界贏得大名的專家學者，如海洋地質學家秦蘊珊院士，還有齊鍾彥先生，等等。小樓不遠處就是青島百花苑，以前是德國人修建的公墓，「文革」時被「紅衛兵」挖掘破壞了，後來被修建成了百花苑，安放「青島歷史文化名人」雕塑，入選的標準是在青島生活居住過兩年以上的現代著名文人和學者，當然也包括海洋科學家，文人如聞一多、沈從文、老舍以及 1950 年代當過山東大學校長的華崗和晚年定居青島的《鐵道游擊隊》的作者知俠，海洋科學家有童第周、張璽、束星北等人，都是走進歷史的人物。曾先生早晨時常散步走到百花苑，而且在苑中為自己選好了一塊位置，說百年以後，自己的雕像就放在那兒了。曾先生是和百花苑的管理者說的，說者認真，聽者也仔細。然後這話就傳了出來。不過，百花苑裏的名人雕像不是隨便就可以豎立的，譬如當年也曾在青島生活工作過的梁實秋就不能安放，因為梁實秋 1949 年後去了臺灣。再說，曾先生走後，直到現在，還沒聽說有再「入住」一批名人雕像的消息。

張德瑞

曾呈奎的合作者之一

自傳

在「四清」運動中的總結

曾所長的批示

同行權威的評審意見

曾呈奎的合作者之一

張德瑞（1917～1996）海洋藻類學家。出生於印尼，廣東惠陽人。

張德瑞，1942 年畢業於重慶中央大學生物系。後任中國科學院海洋研究所研究員。1955 年與曾呈奎合作研究解決了甘紫菜的生活史的問題，後在福建進行了我國第一次紫菜大面積人工養殖實驗獲得成功，從而發展了過去以採集野生紫菜進行生產的落後局面。與曾呈奎等合作進行紫菜的分類學研究，報導了產於我國的四個紫菜屬新種。與周錦華合作研究了數十種我國的珊瑚藻類和耳殼藻科的一個新屬枝殼藻屬。

在網上「百度」搜一下張德瑞先生的名字，只有一條是我在此要談的張先生，儘管重名的很多。在我所談的這幾位海洋科學家中，張先生的資料在網路上可以說是寥寥無幾，只有一條人物簡介。在互聯網時代，作為一名在學科內有很大貢獻的老學者，居然如此寂寂無名，也說明瞭學問真是荒江遠村幾個閒人的營生。即便在我當年工作的海洋研究所，到了八十年代，除非是海洋藻類室的年青人，像我這樣在非生物研究室工作的年青人，也很少有知道張先生的。但是，若翻看一下曾呈奎先生的著作目錄，會發現有許多是和張德瑞先生合作署名的，尤其在與紫菜相關的論文或著作中。之所以「關注」張先生，其實還是因為曾呈奎先生，在曾先生的學術貢獻中，有幾項是代表性的，譬如紫菜的生活史、「海帶之父」、海洋水產農牧化的倡導者及藻類光合作用等等，每項學術貢獻中，其實都有必不可少的合作者，海洋科學，不管是海洋生物還是非生物領域，幾乎都是集體的研究成果，曾先生無疑是領軍人物，有合作者是很正常的。因為「海帶之父」所引起的「訴訟」給曾先生晚年帶來很多麻煩，譬如曾先生要到外地出差，人還未到目的地，「訴訟」方的關於「質疑曾先生」的材料就已經到達了相關的單位。但在曾先生有關紫菜生活史等領域的成果，沒有誰提出疑義，當然，大家也知道，主要是張德瑞先生（當然還有其他人）和曾先生合作做出了此項研究成果。就像吳尚勤先生之與童第周先生，當然，這樣的比較有些不妥，因為吳是童先生的學生出身。選擇張先生的本意起初是為了「襯托」曾先生，但真正打開張先生的檔案，這才發現，其實即便不是為了襯托曾先生，就張先生本身也很值得一提，作為華僑出身的張先生，其在「思想改造」中的經歷更有代表性。

自傳

檔案中最厚的材料就是張先生的「自傳」：

家庭歷史和無知的童年（1929 年底以前）

我於 1917 年 5 月 10 日生於印尼（當時的荷屬東印度）的邦加島。邦加是印尼主要的錫礦區。荷印政府每年由香港和廣東欺騙了不少的華工（即所謂「豬仔」）來邦加開採，他們過著牛馬的生活，稍有反抗，就受鞭打甚至槍殺。有些不甘屈服的礦工還常被剝光衣服給綁在樹林裏讓熱帶大螞蟻咬上一兩天，甚至就此死去。我的祖父張發，也是「豬仔」之一，原籍廣東惠陽，是貧苦農民出身，沒有文化，據說是在祖國破產了的農村實在活不下去才冒險當「豬仔」出國的，在錫礦裏勞苦幾年、合同期滿後，就脫離礦場，以賣麵食度日，並結婚。祖母是一個沒有文化的華僑婦女，聽說祖父能做一手的好麵條，生意很好，不過嗜賭成性，所以一直很窮，還常因為賭窮和祖母爭吵。我沒有見過祖母，不過她挑麵食的扁擔長時期保存在家中，留作紀念。

父親張松友，年青時也非常嗜賭，有一個時期過著流浪生活，曾駕駛帆船航行於印尼各島之間，結婚後才定居於邦加島的流石埠。在礦務局裏當職員，他對開採錫礦中的水利工作有些實際經驗，同時，他還招請了有時一個、有時三四個的印尼勞工為他開墾胡椒園。後來還出資由我的叔父經營生意。所以到我妹妹和我比較懂事時，我家就已經是一個稍有資產的人家了。

我在家中共有姊妹六人，但卻是獨子，身體又很虛弱，故甚得家人的鍾愛和憐惜，就記憶所及，父母還從來沒有打罵過我。據說，在我還只有六、七歲時，父親曾打過我一次，但我當晚就發病到不省人事，所以以後就再也不敢動手打我了。父親生平只受過兩三年的私塾教育，切實感到沒有文化的痛苦，常說，他自己瞎了眼睛（文盲）也就夠了，絕不能也讓自己的子女成為瞎子，對我的讀書、上進更為關心。在我讀完了本埠的小學後就即刻送我進新加坡的華僑中學，絕不因我是獨子而捨不得放行。當然，父親要我多讀書的目的只不過是希望造就我成為一個「人上人」的人物，一個能幹的剝削階級份子。不過，他卻是一個十足的愛國華僑，雖然從來沒有回過祖國，雖然是在荷印錫礦務局任職，他卻從來也沒有忘記過自己是中國人。曾有不少礦務局裏的荷蘭人動員過他把我送進荷蘭學校去讀書，將來好使我成為一個大洋奴，為他們服務，但父親都拒絕了，在這一點上我是應該深深感謝他的。

父親的愛國心對我有很大的影響，在很小的時候我就嚮往著要回國。還有，父親的性格很豪爽慷慨，很好客，很講義氣，交友廣。他只愛讀《三國演義》（珍藏了好幾部各種版本的《三國演義》，其實以他的文化水平也未必能完全理解）。最佩服關公，家景好的時候，家中經常有幾位長期食客。他常教導我們：「做人要講義氣，出門靠朋友，不能小看任何落魄的人。」這些話對我有些影響，使我從小就很容易和人交朋友。不過在交友中原則性很差，近乎濫交，不論什麼樣的人，只要表面上跟我客氣，我都可以跟他們維持至少是在表面上的朋友關係，甚至招待他們。此外，因為從小就在家人的百般維護下過生活，身體健康又差，所以也養成了我怕事、鬥爭性差和依賴性很強的性格。

初中、被捕和失學
（1930年元月～1934年8月）

從1930年正月到1932年12月，我一直在星加坡的華僑中學讀初中，這一段時間對我的關係很大。那時，資本主義世界的經濟恐慌正衝擊著南洋各地，生產猛跌，工廠倒閉的很多，失業很普遍。同時，革命的思潮也正吹遍南洋。在星加坡，當時的華僑中學是主要的地下革命活動場所之一，甚至有一個時候，華僑中學的學生會竟以國際歌來做自己的會歌，還迎請音樂教員鄭丙燮先生公開教同學們唱。因此遭到當地英國殖民政府的干涉，於 1931 年放暑假前夕捕去了幾位領導學運的同學，並解散了學生會。不過，同學們並沒有被嚇倒。一部分有進步思想的同學秘密地組織和發展自己的地下學生會，是直接由馬共領導的學生秘密團體「馬華學聯」（馬來亞華僑學生聯合會）的組成部分之一。我由一位叫蔡慈良的同學介紹也加入了學生會，我們經常可以讀到各種秘密出版的印刷品，也經常有小組討論，這幫助了我可以比較清楚地去認識世界。有時，我們還三幾個人一起地秘密到工廠區和街頭散發傳單和寫文章標語。那時華中的校董會主席就是陳嘉庚老先生。這種緊張的生活一直持續到 1932 年 12 月 11 日（廣州公社起義紀念日），那天下午 6 時前後，我和部分同學分批三五人一小組到星加坡的一條街上集中參加示威遊行，這次的示威遊行也是為了反對英國殖民政府剛公佈不久的、實施起來對華工極為不利的什麼「華僑登記律例」（詳細名稱可能有些出入）。遊行隊伍結果被英國警探所包圍，大舉捕人，我也被捕，在同時被捕的五十九名遊行者中，竟有二十八名的華中同學，學校也因此被解散了一個時期。這事件在當時是比較轟動華僑社會的，學校在無可奈何中也只得請了律師在形式上為同學們辯護。我因為還沒有達到法定年齡，在牢中被關了約一星期後就被法院判決用皮鞭抽打屁股六下，然後具保釋放，由我父親領回印尼老家，也因此失學了，跟組織上的關係也從此斷絕。

回家以後，不但父親，連社會上的熟人，對我在態度上都有些異樣。有時警官還會來家向父親瞭解我的情況。這些對我都有些影響，對我那時還比較年青的心靈來說，壓力好像是略重了些似的，所以這一時期我開始變得有些消沉起來，經常躲在胡椒園裏居住，不回家。現在分析起來，這些消極情緒的發生是必然的，因為基於自己的階級出身，不可能在短期被社會培養出頑強的鬥爭性，同時，我在華僑中學雖然跟著同學們一起也參加了一些革命活動，不過對革命的意義其實並沒有什麼深刻的認識，只是從善良的童心出發，覺得資本家剝削工人是不對的，不正義的，所以必須反對。還有，那些參加和領導秘密組織的都是我平常比較崇拜的好同學，不但行為正派並是功課很好的，而一些給英國殖民政府所收買作走狗破壞學運的卻都是我平常所最瞧不起和不屑跟他們來往的流氓學生。因此，自然而然地我就跟進步的同學們站在一起參加活動。所以，可以想像得到，基於這樣膚淺的動機而參加革命活動，在受到一些挫折以後必然是會消沉起來的。

這個時期，我家的經濟情況也越來越困難，叔父代父親經營的土產買賣生意虧蝕很大，這些賬全部都算在我父親頭上。後來甚至宣告破產，由政府拍賣家產，不過主要的房產和胡椒園則由親戚們合資拍買過來交還給我們。不然連居住都要發生問題。一般華僑是不致乘人之危去參加這種拍賣的。這時家中的生活主要是靠我父親的養老金（他在錫礦務局工作了三十年以上，退休時可以按月領取一定的養老金）來維持。他對我失

▲張德瑞手稿

學在家很為失望和痛心，因為他一生的希望都是寄託在我的身上。他常對著我歎息，這很使我感到難過，對我很有影響，他就用這種方式在我不知不覺中培養我的個人主義和往上爬的思想。

這次失學在家一共有一年半的時間。

回國讀高中到抗日戰爭初期
（1934年8月～1938年11月）

失學在家一年半以後（1934年8月），當胡椒價格稍有上漲時，父親才籌集了一些錢叫我跟一位水客（來往南洋和國內的單幫商人）和饒XX、潘XX一起去廣東梅縣上學，因為他聽說在梅縣讀書甚便宜，經介紹我們都進了主要是由華僑資本家創辦的東山中學。我上高中一年級，在東山中學共三年，讀完了高中，在這一時期，我沒有辜負父親的期望，讀書很用功，成績很好，經常得到免交學費的優待。我小的時候身體本來很虛弱，但在這時期也鍛煉成了運動場上的能手，還代表過梅縣出席廣東省運動會，教師和同學們對我都很好，很敬重我。使我的個人主義虛榮心和自尊心得到了很大的滿足。1939年夏高中畢業後，和同班比較要好的同學李昭麟一起去上海參加當時的三大學（武漢大學、浙江大學和中央大學）的聯合招生，他也曾幫助過我一些路費，我考進了中央大學的生物系，他考進農化系（他後來在中大農化系畢業後就在四川的資中糖廠工作，抗日戰爭結束時被派去臺灣，作為技術人員之一去接收台糖公司，1948年以後沒有通過信）。

投考完大學不久，「八一三」上海抗日戰爭爆發，中央大學跟著也搬到重慶去了，去內地不容易，在上海又是人地兩不熟，只得先回印尼老家（1937 年 9 月）。因此又失學了。在家閒住了幾個月，實在是悶得慌，徵得我父親和在星加坡居住的表姐同意，我於 1938 年正月去星加坡，在青年會辦的夜校補習英文，而住在表姐家中，免費吃宿。不過，要回國上大學和個人往上爬的思想還一直在支配著我。當然，如果跟父親商量的話，他是無論如何也不會答應我回到正是遍地戰火的祖國去讀大學的。因此，我一面在補習英文，一面卻瞞著父親和正在邦加煉錫工廠工作的饒 XX 和我的姊妹們寫信商量，請他們幫助我旅費等等，他們都慷慨地答應了我的要求，不過，在出發前父親也給知道了。他自然也知道與沒有辦法再留住我，只得也滙了些路費給我。聽說還把饒 XX 及我的姊妹們痛罵了一頓。我是於 1938 年 7 月初動身回國的，記得還是在海船上舉行了盛大的「七七事變」紀念會，並進行抗日捐獻。我是取道香港經廣西、貴州去重慶的，那時在重慶沙坪壩的戰時中央大學還相當混亂。我到達時還正在放暑假，一放就幾乎是半年，我們一年級一直到年底才在柏溪分校正式上課。

這個時期，在我的腦子裏，個人名利思想和要讀大學好往上爬的思想占了主導地位。「八一三」事變時我正在上海，看著許多青年在投入轟轟烈烈的抗日戰鬥的洪流中，去內地上陝北，我也並不是絲毫無動於衷，事實上也曾不止一次考慮過，思想鬥爭著，不過，那種自私的個人主義想往上爬的思想卻阻止了我，使我不能下定決心，走上艱苦的革命鬥爭的道路上去。我當時的自私打算是：我在中學學習得不壞，將來在大學裏一定可以學習得更好，大學畢業後只要加倍努力就可以留學和當學者，豈非名利雙收——就是這種可恥的資產階級個人主義名利思想阻礙著我的進步，它把自私的個人利益放在整個民族存亡的利益之上。

在前中央大學時期——大學畢業，助教，肺病（1938 年 11 月～1948 年 7 月）

從 1938 年到 1948 年我在前中央大學整整過了十年，前四年是學生，後六年是助教，轟轟烈烈的抗日戰爭時期我就在中大相當安靜和相當氣悶的環境中渡過的。我剛到中大的幾年，讀書是比較用功的，當然，主要的動機，正如以上所說的，是個人主義要往上爬的名利思想。不過，這也並不等於說，我對轟轟烈烈的抗日戰爭和政治是完全處於漠不關心的狀態，只是一般僅僅停留在和幾位比較合得來的同級同學對當時國民黨官僚主義的貪污和腐敗私下發發牢騷罷了，遠遠不夠主動。在這裏也應該說明一下，在這時期我曾跟黨發生過一些聯繫：我在讀二年級時曾認識了新華日報社的記者魯明同志，有時從他那裏可以讀到一些秘密的宣傳品，也曾到報館去找過他幾次。1941 年初皖南事變發生時，新聞消息受封鎖，魯明同志叫我去新華日報館，給了我一包傳單，要我帶回沙坪壩，半夜裏張貼在中央大學和重慶大學一帶。我邀了同年級的比較熟悉的航空工程系同學王裕平同志（今在北京航空學院任教授，聽說入了黨）參加這工作，因為從平時的言談中我知道他的思想是進步的，第二天早上看見許多人在圍著我們所張貼的傳單，我們私下很感快慰。但是，我和黨雖然有這麼一段的關係，當時並沒有很積極很主動去發展這關係，積極靠攏黨，為黨做更多的工作，主要還是那濃厚的個人主義名利思想在阻止著我去這樣做。我滿腦子裏還是留學、當學者、當教授的自私自利思想在支配著，我怕跟黨的關係太密切了會影響我的個人「前途」。當然，必須承認，這裏面還有資產階級知識份子可恥的怕惹麻煩、怕死怕事的思想在起作用。到 1943 年，我因患肺病而休養以後，通過魯明同志（我在養病時他還來看過我一次）和黨的關係也就完全斷絕了。

我於 1942 年 7 月大學畢業，因為學習成績還算不錯，所以畢業後系主任歐陽翥先生堅持要我留在系裏任助教，但那時助教的名額已滿，他甚至要解除一位名叫王鎮傑的女助教的職位來在系裏安置我，但我沒有答應。因此，他又說，會另想辦法跟學校交涉，增加名額，要我暫等。可是等了一個多月問題還是沒有解決。當時系裏的教授陳義、耿以禮、朱浩然等正組織川西科學考察團準備去成都、峨嵋山一帶採集，歐陽主任就叫我也參加這考察團，說回來時工作問題大概就可以決定了。但去了約一個月回來問題還是沒有解決，這時適有我在星加坡華僑中學時的數學教員和代理校長張禮千（後在北大，肅反時自殺），在重慶主持新成立的南洋研究所的工作，知道了我的處境，提出我可暫時在南洋研究所做翻譯工作，助教的職務什麼時候解決就什麼時候回中大去任助教，得到了歐陽主任的同意後，我就在南洋研究所翻譯有關中藥的英文專書，前後約有兩個多月。然後於 1942 年 11 月回中大做段續川教授的助教，張禮千解放後在北大任教授，聽說在三反時曾犯過錯誤，到第一批肅反初期又投湖自殺。既然有這樣的事情發生，所以我將和他的這一段關係也寫在這裏。

半年多以後（1943 年 8 月）我得了頗重的肺病，大吐血，被送上重慶附近的歌樂山去進行療養。更可悲的是，我的一位在中學讀書的妹妹張暖英不久也害了肺病，因為得不到適當的照顧，一年後就去世。是我動員她回國的，所以覺得精神上的負擔更加沉重。這雙重的打擊對我當時的思想覺悟水平來説是夠沉重的，思想上、情緒上我變得很悲觀和消沉。有時甚至會絕望到去教堂聽聖詩班唱歌。我當然不至於會迷信宗教，只是想借宗教的歌聲樂聲來自我麻醉，大概有些跟抽鴉片相似的作用吧。很久沒有能從這打擊恢復過來，此後我對人生、對生活、對工作，連什麼「學者」、「留學」、「教授」等在內都採取一種冷淡、散漫和消極的態度，一直到解放後回國，通過種種學習才慢慢從根本上改變過來。

抗日戰爭結束時，我也從病床上站起來了，跟隨學校還回南京，久病初癒，感到一切都很新鮮。不過，在心理上、思想上還是很消極，有些「看破紅塵」似的，也開始比較講究個人的物質享受，曾連續兩年到杭州去遊春，這跟當時在南京同學們所舉行的轟轟烈烈的反內戰、反饑餓運動是很不調和的。我對這些偉大的運動和越來越激烈的解放戰爭，當然也不是內心一點不受感動。不過，最多也只是「內心受到感動」，只是以旁觀者的「同情態度」對之而已。在行動上一點都沒有起過任何作用。不但在政治上如此，對業務也很消極，敷衍了事，得過且過，好像一場病以後一切都完了似的——這是必然的，對像我這樣一個主要還是為自己而生活的人，當看見支持自己的生活勁頭的東西再不可能實現時，就必然要消沉下去。

我的老師段續川教授也是一個久不得志、消極、牢騷特別多的人物，所以這些時候我特別同情他和崇拜他，他在中大教師們的派系鬥爭中是經常受到排斥的一個。1948 年夏天他受聘去山大，邀請我同去，我也即刻就答應了他。

1947 年 8 月至 11 月我曾回印尼省親。

在這一時期，我也認識了一些反革命份子或是有問題的人物，主要都是印尼邦加的華僑，他們多是在抗日戰爭發生以後，激於一時的愛國義憤跑回祖國來，但對國內形勢一點都沒有認識，以為只要是拿著槍桿就是一個抗日的英雄人物了，所以當時很多這樣的華僑在回國路經桂林或昆明時就被吸收進各種的軍事短期訓練班；有的還被送進特務組織，他們在重慶或南京時有時會來中央大學找我。當然，對中美合作所和偽國防部二所的特務反動性質我也只在解放後從報上的揭露才瞭解的，所以當時這些人物來找我時也一樣接待他們。

解放前夕在山東大學和出國
（1948 年 7 月～1949 年 8 月）

1948 年 7 月我跟段續川教授受聘去青島山東大學植物系工作，但路經上海時，段教授不幸肺病發作，必須留在上海休養和施行手術，我只得一個人去山大，職位是講員，負責植物技術學的工作。剛從派系鬥爭很複雜的前中央大學生物系突然來到人事條件比較單純的當時山大植物系，加上青島的自然環境，精神感到比較愉快。我那時和植物系的陳惠民同志住在一起，常偷聽解放區的廣播。對即將到來的解放常抱著既興奮又有些憂慮的心情。興奮的是深信解放後國民黨的反動黑暗統治就可宣告結束，我們對它實在是很不耐煩了。通貨膨脹和物價的波動壓得我們每個人都有些透不過氣了。但是也不免要為個人的問題擔憂：解放時會不會發生激烈的戰鬥，是不是會有危險，解放後的工作是不是要有問題，是不是至少要有一段時間生活沒有著落等等。當然，都是從個人的利益出發去考慮問題，還經常囤積了一些餘糧和罐頭。

那時我的愛人蔡綺寬（廣東人，也是中大同學）正在廈門工作，也正為即將到來的解放而興奮，並為一個人孤零零地在廈門而焦急，不斷寫信要我南下，去接她北上，在一起等待解放，好像比較好些似的。同時，系主任曾呈奎先生也答應說只要她能來青島，工作問題可以幫助順利解決。因此，在 1949 年 3、4 月間，南京反動政府派去的代表們正在北京進行和平談判、局勢暫時有些緩和、並且山大也正在放春假時，我就向學校請假去廈門，準備接她北上，可是正在廈門候輪北返時，和談突告破裂，南京上海很快解放，北返的路就斷絕了。當時的情形是相當尷尬的，一方面是人地生疏，錢也漸漸要用完了，同時解放前夕，謠言很多，人心惶惶。在印尼的妹妹們知道了我們的處境後，答應會給我們籌寄路費，接我們回印尼。我的愛人因為沒有去過南洋，所以也特別希望能去印尼一趟。因此，我們就在 4 月底或 5 月初去廣州我愛人家裏，一面等候姊妹們籌錢滙來，一面等候廣州荷蘭領事館給我們辦理的印尼入境簽證。一直到 8 月間才辦完手續，並經香港出國。一起出國的還有我愛人的同父異母的妹妹蔡澄初和她的愛人羅茂崇。羅茂崇也是中央大學同學，比我高兩班，體育系，那時在偽外交部的總務處工作，正被遣散。偽外交部除了發給他一筆遣散費外，還有一張自己出國去謀生的外交人員護照，所以一道去印尼，後在離開雅加達約有一、二百公里的展傑（Tjiandjur）中華學校教書。蘭州大學的李學禧教授跟他很熟悉，並是中學同學。

在印尼教書時期
（1949 年 9 月～1952 年 6 月）

我們是於 1949 年 9 月初回到印尼邦加老家的，隨即受聘在邦加島的首府檳港的中華學校初中部教書，我還兼任主任，新中國誕生的消息很快傳來，全校師生都以興奮的心情來迎接這一大喜事。

我在檳港中華學校並沒有待上多久，因為邦加雖然是我的出生地，我的家人也還都居留在這裏，對它也並不是沒有感情，不過地方實在是太偏僻冷落了些，連看書讀報都很不方便，同時在學校裏我還要教自己平常不很熟悉的數學，心裏有些厭煩，所以到 1950 年正月就自動辭職去耶加達，在巴城中學任生物學教員，我的愛人則在同校的師範科教教育心理學、教育學等。巴城中學是印尼比較進步的華僑學校之一，在耶加達，我們很容易可以買到和讀到新中國出版的各種書刊，同時，我們教員和同學們一樣，有小組討論的組織，我們學習過社會發展史，自學過聯共黨史等等，「學習」雜誌則是經常訂閱的，還可以讀到不少有關蘇聯的新的生物學理論和米丘林學說的書籍。我在華僑報紙上也寫過介紹米丘林學說的文章。我在巴城中學是用自己能力所能找到的新理論知識去教我的學生們的，工作也比較認真和努力，所以深得他們的歡迎，使我在那裏的兩年多時間過得很愉快，一直到現在還常常可以接到他們很熱情的信。

不過，這一切是不是我那時已經站在工人階級的立場去進行教學工作和去愛自己的祖國呢？現在仔細檢查起來，結果還是否定的。其實，我那時在思想上只是單純地感到這些同學很可愛、熱情、天真，他們也都熱愛新中國，不然一定不上巴城中學來讀書，我們都同樣地為新中國的成立和強大起來而感到自豪。我如果不盡責任去教書和幫助他們是要對不起自己的祖國的。至於他們從學校出來以後會變成資本家還是革命者，變成人還是鬼，那就不是我所關心的了。就我那時的思想水平，實在也還沒有能力去考慮這問題，所以我平常只注意他們的學業，根本就不去過問他們政治思想上的提高問題。有時候至多也不過從多少有些比較狹隘的愛國主義出發跟同學們談談應該熱愛自己的祖國，祖國是怎樣的了不起等等。還有，那時候，我跟一些已經當資本家的親戚或老同學也還有些來往，他們佩服我是一個大學畢業生（在南洋大學生是比較少的），是「有學問」的人，所以常邀我去坐汽車兜風、吃喝遊玩等等，只要他們不是反對新中國的華僑，或至少不當我的面說誣衊新中國的話（在印尼，華僑之間或者是熱愛新中國的，或是同情臺灣蔣匪幫的，是陣營顯然的），我也樂得跟他們周旋一下，貪圖一時的吃喝玩樂，根本很少想到跟剝削階級為伍是可恥的事情，應該和資產階級份子劃清界限等問題。很清楚，我那時還隱隱約約站在資產階級的立場上，根本還不可能想到或深刻理解這些問題的意義。

我們從通信和從報刊上的報導看見，祖國在短短的時間內能取得那麼多而大的成績和進步，都感到很興奮，想回國的願望也越來越強烈。特別是在我國人民志願軍在朝鮮戰場上不斷打敗美帝紙老虎以後，我們都感到做一個中國人的驕傲和尊嚴，想望回國的感情就更加強烈起來，有時簡直就沒法再安下心去教書。本來，我們早就答應了曾呈奎先生將於1951年暑假回青島，可是不幸，在行前一個月（5月初），臨別跟同學們舉行了一次激烈的拔河比賽，當晚回家就吐了好幾口血，肺病又發作了。檢查結果情形相當嚴重。經過兩個多月的藥物治療和休養，還沒有很大的好轉，只得遵醫囑進醫院施行手術，割除了三根肋骨，經過情況很好，身體也很快復原，所以決定於1952年6月回國。

回到解放後的祖國和參加革命工作
（1952年6月以後）

我們這次是懷著極端興奮的心情回國的，同船回國的有七八百人，不少還是準備回國升學的巴城中學的同學們。所以六天的船上生活過得特別熱鬧，一踏上國門（深圳）我就發現了解放後的祖國景象確實是大非昔比，最使我感動的是海關人員工作態度的改變，對人是那麼和氣，當他們知道我是一個教員並有肺病，即刻就代我搬抬和運送行李，幾乎未加任何檢查就予放行。這些在解放前簡直是不可想像的事情，舊中國的海關人員是有名的敲詐能手。

我在廣州愛人家裏住了約一個月，於 7 月底北上來青島海洋生物研究室找曾呈奎副主任商請給我安排工作的問題。我在這問題上面起初多少還有些焦慮的情緒，主要是擔心自己是有肺病的人，並且剛開刀不久，組織上或者會不要我；或者會給我安排不是我的體力所能勝任的工作。但這些顧慮都是多餘的。等不到兩個月，我就被批准來海洋生物研究室參加海藻研究工作。組織上也很照顧我的健康，不但不讓我參加比較重的體力勞動，並且還叫我必要時下午可以多休息一、兩個小時才來上班。這些都很使我感激。我愛人的工作崗位（中學教員）很快也得到解決。這幾年來，我的生活、家庭生活是從未有過的安定；工作也進行得相當順利，領導上交下來的紫菜生活史研究任務，在曾呈奎副主任的具體指導下，到 54 年就基本上得到解決，這是可以理解的，在黨的領導和大力支持下，我們有非常完善的研究工作環境和物質條件。回想以前在中央大學任助教時，也曾想要搞研究工作，但常常就因為爭用一架顯微鏡或一本參考書而搞到同事之間失和。現在，在我們實驗室裏就有好幾架各式各樣的顯微鏡，參考書就更不必說。在政治上，我被選為市政協的常委，又被任命為山東省的僑委。這些，以我這樣的一個人物，在舊社會裏都是不可能想像的。所以，憑心說，自己對黨是感激的，但這並不等於說我跟黨是一心一意的，其實，仔細檢查起來，我只是從個人主義的利益出發去感激黨，也即是說我的個人主義名利思想在歸國後的頭幾年得到了暫時的滿足。再檢查我的工作動機也是不純的，剛回國那幾年我工作得比較努力，那是為什麼呢？主要還只是因為自己在大學畢業已經不止十年，但是在工作上還沒有絲毫成績表現，甚至還沒有發表過一篇學術性的文章，常因此感到慚愧。就是這種個人動機在促使我比較努力去工作。

在我參加工作時，轟轟烈烈的三反思改運動都已經過去了，錯過了參加這個偉大運動的機會，這對我的立場和舊腦筋的改造自然是比較吃虧的。同時，從三反思改到肅反運動這三年之間的政治學習，一般說來（我在主觀上，這樣認為）都是比較一般化，對我不很接觸思想，我回國後所參加的第一個政治運動是肅反運動，因為不瞭解政策，我起初對肅反運動很有些顧慮和緊張情緒，因為我在舊社會裏認識了幾位華僑小同鄉是反革命份子，所以很擔心組織上要因此懷疑我或者追查我。有一段時間，連工作的積極性也受了很大的影響，跟黨的距離也越來越大。這種不正常的情緒一直到我們研究所進行肅反運動並系統學習政策以後，才完全扭轉過來。不過，肅反運動對我的資產階級立場和舊思想，也並沒有起任何根本性的動搖作用。只在這次整風、反右和雙反運動中，特別是在交心運動和思想批判中，我才對自己的立場問題和思想本質有了一個比較明確的認識，認識到在我，主要的問題是改變資本主義政治立場的問題，是解決為誰服務的問題。通過這次運動我感到精神上從未有過的愉快和舒暢輕鬆，我完全相信這次運動將是我個人歷史的一個轉捩點。以後我要堅決而完全地拋棄資本主義立場，站穩工人階級立場。我要誠心誠意地為建設我們的社會主義祖國而努力，貢獻出自己的一切。我要努力爭取做一個共產黨員。

1958年8月1日

在「四清」運動中的總結

▲「四清」時期的張德瑞（後排左四）

張先生的檔案中關於思想改造的檢討並不多，作為一位歸國華僑，張先生的檔案中更多是填寫於不同時期的表格，當然，「文革」中的經歷也是沒有任何記載。對於自己的思想檢討，只有一份，就是寫於「四清」運動中的思想總結：

在「四清」運動中的思想總結

一、幾年來的進步和收穫

（一）在三年的困難時期中沒有公開或私下地說過牢騷或埋怨黨和社會主義的話。雖然，這並不等於說，我那時能高舉三面紅旗前進。事實上，心底裏對大躍進和人民公社是有些忽左忽右的想法的。例如：在 1958

年市政協組織我們去壽張參觀和六零年初去北京參觀建國十年來的偉大成就時，就感到我國不但很快可以全面趕上英國，似乎連共產主義也已經在望了。但當遭到連續的自然災害、物資供應比較緊張時，又開始懷疑人民公社是不是辦早了，農民的覺悟是不是還有些趕不上。那樣的全民大煉鋼鐵是不是劃得來。大躍進時期的產品質量是不是比較差，等等。不過，整風以後一般尚能注意說話的影響問題，這些錯誤的想法不輕易說出來就是了。

（二）發現有不利於社會主義的情況一般尚能及時向黨組織反映。

（三）跟青年同志們的關係比較好，沒有什麼隔閡，他們自己也常說跟我談話沒有什麼顧慮。對青年的培養一般也是真誠和無保留的，但是在我自己說來，堅持原則還是比較不夠，表現在批評較少，遷就較多。

（四）1964 年初學大慶並結合學習毛主席著作以後，能夠堅持寫日記和經常檢查思想，要求進步，開始比較迫切起來，政治思想上的進步也比較過去快。隨後，在上海社會主義學院學習的四個月，進一步學習用階級鬥爭觀點來分析自己的問題。從思想上明確了幾年來比較嚴重的中游思想和得過且過思想，主要就是階級鬥爭在我身上還沒有得到徹底解決的反映。通過這次學習對自己比較嚴重的怕緊張、怕戰爭、怕死的思想也得到比較好的克服。在四清運動中，比較能主動積極爭取參加各種鬥爭和學習的機會，收穫還是比較好的，也更加靠攏黨組織；並且也開始產生一定要爭取加入黨組織的迫切願望，為的是能更好地幹革命。這些願望過去是連想也不敢想的，而現在卻有勇氣公開表示了，雖然明知自己還差得很遠。

二、存在的主要問題

在過去幾年，我認為自己的主要問題是中游思想，混革命，得過且過的思想特別嚴重，這種中游思想在1964 年初學大慶、學習毛主席著作以前尤為嚴重，其主要表現如下：

（一）在工作上經常是不冷不熱，不鬆不緊。從表面上看確實是按時上班下班，但工作效率很差，滿足於現狀，似乎每年如果有一或兩篇和同志們合作的論文發表就很不錯，大可心安理得了，也不去管這些論文對生產實際是不是有用。在業務上沒有什麼革命的雄心壯志，革命觀點很差。

（二）在跟黨的關係上則常是若即若離，有事情時也會去找黨組織談談，但不經常；並且多談事情，談現象，比較少談思想，有時甚至有意識地跟黨保持著一定的距離，似乎這樣可以清閒些，少麻煩些。

（三）在政治上，主觀上也想進步，願意進步，但進步的要求不迫切，只滿足於不前不後，適可而止式的進步。好像這樣既可以不累，面上也可以不太難看，沒有勇於負責的精神，多一事不如少一事的思想嚴重。

（四）在紅專問題上，基本上是既不紅也說不上專。不過比較地是重業務而輕政治，雖然也愛自己的專業，卻沒有熱愛到廢寢忘食地去苦幹鑽研的精神，多少有些「得過且過，過得去就算了」的思想。

（五）對祖國社會主義建設事業的突飛猛進，國際地位的大大提高，對我國在反帝反修鬥爭中所取得的偉大勝利，也確實感到非常興奮和自豪，但卻沒有全心全意投入到這些偉大的革命鬥爭中去的堅定決心。我常以自己曾有過嚴重的肺病底子、不能太緊張，太累了容易舊病復發，來原諒自己，並以此來自我解嘲。

（六）跟怕緊張相聯繫的則是怕鬥爭、怕戰爭、怕死的思想。反修學習前還很自然地、不知不覺地欣賞一些帶有「和平」標籤的修正主義貨色。通過在上海社會主義的學習，我才比較明確地認識到這種思想也是我的立場、世界觀還沒有徹底改造好的具體表現。當我基本上還是為個人而生活時，就必然會怕緊張、怕鬥爭、怕戰爭、怕死，因為個人的生命只有一次，並且是短促的，當然就會怕死。但是，如果我已經樹立了為人民、為共產主義事業獻身的無產階級的革命人生觀，那我就會像解放軍革命戰士那樣再也不怕死了。因為人民的革命事業、黨的事業、共產主義的事業是無限的，永遠也不會死亡的。個人可能會犧牲，但為之犧牲的共產主義事業卻將一直不斷發展下去。樹立了這樣的人生觀，那就不會再怕鬥爭、怕戰爭和怕死了。這樣想通了之後，心裏好像亮了許多，勇氣好像也忽然足了起來。

以上這些也都是我去年底今年初在上海社會主義學院學習時所重點檢查的問題。通過學習、運動和黨的教育，使我認識到這些嚴重的中游思想遠不是我以前所經常認為的由於什麼自己的「個性」或「肺病性格」等等，而是階級鬥爭在自己身上的具體表現，是自己的立場、世界觀問題還沒有得到徹底解決的明證：1952 年，我主要是懷著個人主義名利思想動機在抗美援朝的偉大勝利所激起的強烈的愛國主義思想的基礎上而從印尼回國參加工作的。開始時工作還比較積極，幹勁比較足，到後來當工作有了一些成果、名利思想得到了一定的滿足（我主觀上認為自己的個人名利思想還是比較容易得到滿足的）之後，就開始嚴重地滿足於現狀，業務上不再迫切要求上進，開始採取敷衍應付的態度。因此，連原來的個人主義名利思想、動機和幹勁也很快衰退了。此外，回國以後，愛國主義思想也不再有在國外寄人籬下時那麼強烈和鮮明，很快也衰退了，這是問題的一方面。另外的一方面則是回國後我對自己的思想改造抓的不緊，沒有重視學習，要求進步不迫切；對自己從國外帶回來的資產階級思想意識，也就是我的中游思想的主要根源，如好逸惡勞、貪圖享受、怕緊張、嚴重的個人主義名利思想等及其危害性一直沒有足夠的認識，更不用說積極主動地去注意克服它們。因此，回國十幾年來進步不大，無產階級的革命人生觀一直未能樹立起來，立場未能徹底改造好。也就是說，一場嚴重的階級鬥爭還在我身上一直進行著，沒有得到徹底解決。當然，也就不可能產生無產階級的革命幹勁。通過學習，我還明確了，就其本質來說，中游思想就是不革命的思想，它不可能長期維持在中游狀態，發展下去必然要成為革命的障礙，甚至反革命。同時，還認識到我的中游思想，不但是我自己的個人問題，並且已經在很大的程度上影響了跟我在一起工作的青年同志們，也使他們（特別在運動前）得過且過起來，情況是嚴重的，它起了腐蝕青年的作用。

有了以上的一些認識，心中很為吃驚，所以近一年以來，要求克服中游思想，要求進步的願望就更加迫切起來，對自己的改造也比較重視起來，也開始能夠比較嚴格要求自己，進步也比以前快些了。

三、主要的優缺點

（一）優點方面：

1、在困難時期基本上經得起考驗，沒有發過對黨和社會主義不利的牢騷或埋怨。

2、發現不利於社會主義的情況尚能向黨反映。

3、群眾關係比較好。

4、1964 年春學習大慶和毛主席著作以來，特別在上海社會主義學院學習以後，進步比較快。

（二）缺點或存在的問題方面：

總的說來是中游思想嚴重，雖然 1964 年初以來通過學習，情況有了一些改進。其主要表現為：

1、在工作上滿足於現狀，得過且過，沒有革命雄心壯志。

2、跟黨的關係不夠密切，主動爭取幫助和反映思想不夠。

3、比較地是重業務輕政治，重專輕紅。

4、以主人翁態度主動關心祖國的社會主義建設和國際形勢不夠。

5、怕緊張、怕戰爭、怕死的思想嚴重，通過學習近來克服得比較好。

四、今後努力方向

1、為了進一步克服中游思想和徹底改造立場、世界觀，加強學習毛主席著作，並重點重複地學習「為人民服務」、「紀念白求恩」、「愚公移山」、「實踐論」、「矛盾論」等有關文章，活學活用，堅持寫學習日記，經常檢查思想；要時刻注意克服自己任何形式的個人主義動機；經常向黨彙報思想，爭取幫助；常用黨員標準來對照和要求自己；為了更好革命，積極創造條件爭取入黨。

2、主動積極參加體力勞動，培養工農階級感情；為增強自己的備戰觀念、組織觀念和遵守紀律觀念，積極爭取並堅持參加民兵鍛煉活動。

3、嚴格執行計畫制度，努力做好崗位工作，培養青年幹部工作和社會工作；勇於負責，勇於承擔新任務。

1965 年 7 月 15 日

小組鑑定

優點：

1、擁護黨的領導和黨的方針政策，一般能聽黨的話，能走社會主義道路，願意向黨組織靠攏。

2、在四清運動中表現尚好，態度比較正常，對自己的問題有一定的認識，尚能進行自我檢查。

3、在工作上比較積極，在業務上尚能鑽研，肯於作實際工作，同青年的關係比較融洽。

缺點：

1、存有個人主義患得患失的情緒，有時顧慮較多。

2、在業務上缺乏雄心壯志，滿於現狀，有中游思想。

3、政治學習不夠，理論聯繫實際、學用結合不夠，有進步自居的思想傾向。

小組長：曾呈奎

1965 年 9 月 16 日

在「被鑑定人簽名蓋章」一欄裏，沒有張德瑞先生的簽名。「上級組織審查意見」一欄裏填寫著：「同意小組對張德瑞的鑑定。」並蓋著「中國科學院海洋研究所」的公章。時間填寫：1965 年 10 月 4 日。

曾所長的批示

1981 年 7 月，張德瑞由副研究員晉級為研究員。隨同「科技幹部提職（級）、定職（級）呈報表」一起呈上的還有兩位專家的審查意見。在「呈報表」之外，當時已擔任所長的曾呈奎的一份「批示」也作為「附錄」歸入了此檔案：

中国科学院海洋研究所

▲曾呈奎關於張德瑞職稱的批示

張德瑞同志自從提升為副研究員以後，在下列兩個方面作出了貢獻：（1）在紫菜栽培方面，擔任福建壇紫菜研究組副組長，領導了福建壇紫菜栽培研究的絲狀體培養研究工作，勝利完成了任務，為壇紫菜的栽培事業的發展做出了貢獻；參加了北方條斑紫菜的栽培研究，和《條斑紫菜的人工養殖》一書的編寫，是主要編寫人之一。（2）在海藻分類區系研究方面，領導了分類組工作並負責難度很大的珊瑚藻科及耳殼藻科的分類研究，取得了良好結果，已發現了新屬新種，在發表中。

根據上述情況，我認為張德瑞同志已達到了研究員水平，建議張同志的資料和有關出版物送山東海洋學院和北京中科院植物研究所審議，然後召開所學術委員會討論，最後報院。

請幾位副所長提出個意見。

曾呈奎
1981．3．7

同行權威的評審意見

審查意見一份出自山東海洋學院的方宗熙先生，方先生就是寫在「升職審查意見」表上：

張德瑞同志在五十年代就與曾呈奎教授合作，對紫菜的生活史研究作出了貢獻。隨後他對紅藻特別是紫菜的物種及其分佈進行了系統的研究，發現了新種和新亞種（變種）。作者觀察細緻，鑑定條理分明，治學嚴謹，很有水平，對我國藻類學作出了明顯的貢獻。建議升研究員。

方宗熙
1981年3月14日

另一份專家審查意見來自中科院北京植物所的段續川先生，字跡工整地寫在另外的兩頁附紙上：

張德瑞同志是爪哇華僑，他一心忠於祖國；早年即回國就學；畢業於重慶舊中央大學生物系，並留校為生物系助教；他為人憨厚，樂於助人。後因我病，不能工作，老張願隨曾呈奎老師去青島，研究海藻，在曾老師的指導下，前後發表論文多篇，對紅藻的分類頗多貢獻；其中我認為紫菜生活史的研究既是一篇理論的成果，又是一篇聯繫實際的好樣板。我在六十年代並不認識到這一點。隨後我從一位由日本回國的臺灣同志獲知，日本人特好紫菜，在東京街頭，紫菜是用玻璃紙裝成小袋，沿街出售，是我國取得外匯物產之一。我國已根據紫菜的生態和生活史，大量地沿我海岸進行人工栽培，現已能供應全國，為人人所喜愛，並不亞於海帶。

現老張已逾花甲，從年齡和成就都已達到研究員的水平，因此提升他為研究員，不為過分，而是希望他再接再厲，培養更多的接班人，作更多的研究工作。

段續川

（19）81，4，20日

在時間落款下邊，還「注明」:「我年老手不隨心，字體可能有不恭之處，請見諒」。

當年在南海路七號，我有時候能在生物樓的樓梯上見到張德瑞先生上下樓，我當時並不知道他就是張德瑞先生，只是覺得老先生看上去沉默寡言。後來知道張先生是和曾老合作搞海藻研究的，確切說，張先生是做具體研究工作的。當然，曾老的合作者還有許多，選擇張先生作為「對象」是舉一個例子，海洋科學更多的是團隊的合作，有主角，自然有配角。但具體到一門學科，很難說具體的作用誰大誰小，應該說正是相互的合作，才有了具體成果的收穫。對於承擔這些工作的個人來說，在那些年代裏，「他」和「她」在「思想改造」中的「交心」其實並不涉及到後來的成果和榮譽，而是個體的生存和職業的前景。

毛漢禮

銅像，故居與軼事

第一份入黨申請書

第二份入黨申請書

1954 年的「自述」

自我檢查

關於歷史問題的復議

銅像，故居與軼事

毛漢禮（1919～1988）

物理海洋學家。浙江諸暨人。中國海洋科學奠基人之一。1943年畢業於浙江大學，由竺可楨介紹赴四川北碚，任中央研究院氣象研究所助理員。1947 年赴美留學，獲加利福尼亞大學斯克利普斯海洋研究所碩士、博士學位。1951 年留美任副研究員。1954年回國。歷任中國科學院海洋研究所副研究員、研究員、副所長。1980 年當選為中國科學院地學部學部委員（院士）。先後擔任國務院科學規劃委員會學科組成員，國務院學位委員會學科組成員，國家科委海洋組成員，中國海洋湖沼學會副理事長，國際海洋物理科學協會中國委員會主席，九三學社中央委員，山東省政協第四、五屆委員會常委。1984 年 11 月加入中國共產黨。1988年 11 月 22 日，病逝於青島。

毛漢禮在國家歷次制定海洋科學規劃時，積極發表文章，為領導決策提供資訊與建議。在五十年代執行「十二年科學發展規劃」時期，他主持規劃《中國首次大型海洋調查——渤海及北黃海西部海洋綜合調查》；繼又以全國海洋綜合調查技術指導組組長身分，全面參加領導了全國海洋綜合調查，取得了一批高質量的資料，並將這些資料編輯出版了《全國海洋綜合調查資料彙編》、《全國海洋綜合調查海洋圖集和潮流圖集》和《全國海洋綜合調查報告》。這項工作 1978 年獲全國科學大會獎。嗣後，他又組織領導了國家規劃中的許多重大海洋調查研究課題，諸如《黃、東海大陸架綜合調查研究》、《黃、東海環流結構與海氣相互作用的研究》

等。這些調查，為中國海的自然環境和海洋科學的不斷開拓與發展打下了基礎。

毛漢禮一生著述甚豐，撰寫了《黃海綜合調查報告》、《中國海洋的溫鹽躍層》等四十餘篇論文，其中《東海北部的中等渦流運動》獲中國科學院重大科技成果一等獎。1957 年他與日本海洋學家吉田耕造合作的《一個大水平尺度的上升流理論》，被同行公認為是研究上升流的經典著作之一。翻譯海洋科學著作三種，約五百萬字。著有《海洋科學》。

▲青島百花苑裏的毛漢禮雕像

作為一名物理海洋學家，毛漢禮恐怕很難被今天的一般讀者所瞭解。在青島福山路三十六號的一棟老宿舍樓上（也就是在老「山東大學」的校園外邊），掛著「毛漢禮故居」的銘牌，也許是毛先生在海洋科學界之外亮相於青島這座海洋城市的寥寥無幾的一個「機遇」。另外，在不遠處，當年歐洲人的公墓，今日矗立著名人雕像的百花苑內，尚有一尊毛漢禮銅塑雕像——表現的是毛先生於二十世紀四十年代留學美國時的形象，一身西裝的毛漢禮顯得風華正茂。其實，晚年的毛先生，留給我的印象，更多的是對中國傳統文化的浸染。譬如，八十年代初，身為中國科學院海洋研究所副所長的毛先生，與新中國建國後五十年代培養的那一代學者相比，在日常工作中，一個習慣上的小區別就是，毛先生批閱檔或留言致書往往都是握一管毛筆，寫一手流利的毛筆字，這也是毛先生那一代老學者的特點，中西結合，文理兼通。有一張八十年代初期海洋研究所幾位主要領導的合影，也能反映毛先生晚年的傳統色彩，大家都是西服領帶，惟有毛先生是典型中式的對襟襻扣罩褂。

「物理海洋科學」距離我們過於遙遠，倒是毛漢禮先生當年從海外歸來的軼事更能激發我們的想像。抗戰勝利後，毛漢禮赴美國留學，拿到博士學位後，任職於美國的著名海洋研究機構，新中國成立後，毛先生回國的努力遭遇到美國政府的阻撓，直到 1954 年，在周恩來總理的幹預下，毛先生的歸來才得以實現——周總理簽字用朝鮮戰場上被我們志願軍抓獲的美軍戰俘作為交換，才使得毛先生能夠啟程回國。從這則軼事也能看出，新中國的領袖們對科學家的重視和渴求。

毛先生的學術貢獻毋須多談，像毛先生這樣的科學家，對於新中國的意義，更多地在於開宗立派，奠定一門學科的成長，「中國物理海洋學」與毛漢禮的名字密不可分。中國的海洋科學，二十世紀五十年代末到六十年代初的「全國海洋普查」是一件摸清我國沿海「家底」和奠基學科大廈的「戰役」，毛先生就是這場「戰役」的一位主要指揮員。如果說海洋普查是「務實」，學術著述是「務虛」，那麼毛先生歸國後編著的《海洋科學》，則對培養人才和學科建設有「開山」的作用。

福山路三十六號是海洋研究所的一幢老宿舍樓，毛先生在這裏住了很多年，「文革」後毛先生又搬到了也處於福山路上的新建的另一幢宿舍樓上，若說「故居」，自然還是三十六號的老樓老屋。對於這片宿舍樓來說，掛上毛漢禮故居的銘牌其意義並不在於「名人效應」，而是對於這座城市來說，人文精神的張揚和文化底蘊的建設不僅僅

▲毛漢禮先生

在於如「老舍故居」、「梁實秋故居」、「沈從文故居」等等文學大師的「遺跡」保存，「當代」的海洋科學及其已走入歷史的學科「掌門人」，其人其事其「影」，也已融入城市的文化傳統中，「海洋科學」所蘊涵的城市文化更是青島這座「海洋科學城」的精神財富。

第一份入黨申請書

在毛漢禮先生的檔案裏，有兩份毛先生的入黨申請書。第一份入黨申請書是用毛筆寫的，寫在海洋所的辦公信柬上，豎行直寫，簡短的寫滿兩頁：

> 敬愛的海洋所黨委：
>
> 我是一個從舊社會過來的知識份子，今年六十歲。我自1954 年在敬愛的周總理的直接關懷下回到祖國懷抱以來，多年來，在黨組織的教育和培養下，使我逐步懂得了一些革命的道理與共產主義事業的偉大遠景。尤其使我敬佩感動的是：在中國共產黨的英明領導下，經過短短的二、三十年的時間，我們祖國已由過去貧窮落後的半封建半殖民地國家，轉變為今天初步繁榮昌盛、欣欣向榮的社會主義國家。對於曾從舊社會過來的知識份子來說，這種轉變是無時不忘的。近十幾年來，我們國家經歷了無產階級文化大革命（林彪及「四人幫」的陰謀篡黨奪權的種種罪惡）以及以華主席為首的黨中央一舉粉碎「四人幫」以來所實施的一系列偉大的戰略部署，更使我從內心深刻體會到，中國共產黨真不愧是偉

大的黨，光榮的黨，正確的黨。我感覺到我以能在這樣偉大、光榮、正確的黨的領導下生活和工作而自豪，而信心百倍。我認識到：

「中國共產黨是無產階級的政黨，是無產階級組織的最高形式。是由無產階級先進份子所組成的，領導無產階級和革命群眾對於階級敵人進行戰鬥的朝氣蓬勃的先鋒隊組織。」

「中國共產黨在整個社會主義歷史階段的基本綱領，是堅持無產階級專政下的繼續革命，逐步消滅資產階級和一切剝削階級，用社會主義戰勝資本主義。黨的最終目的，是實現共產主義。」

目前，我們國家正在黨的英明領導下，為在本世紀內實現四個現代化而努力奮鬥。我雖然年已花甲，且身體不太好，但在這樣的黨的領導下，為這樣宏偉的目標而奮鬥，我感到自豪，感到無限興奮。「人老心不老」，決心以有生之年，為實現祖國的四個現代化，特別是實現海洋科學的現代化貢獻我畢生精力。

由於我是從舊社會和長期（七年）在資本主義社會（美國）生活過來的舊知識份子，身上還有不少舊社會舊的、非無產階級的烙印，我竭誠要求黨組織對我進行嚴肅的批評教育，幫助我進一步改造世界觀，早日實現光榮地參加黨組織的願望。這是我最大的願望。

毛漢禮敬書
1979 年 9 月 10 日於青島

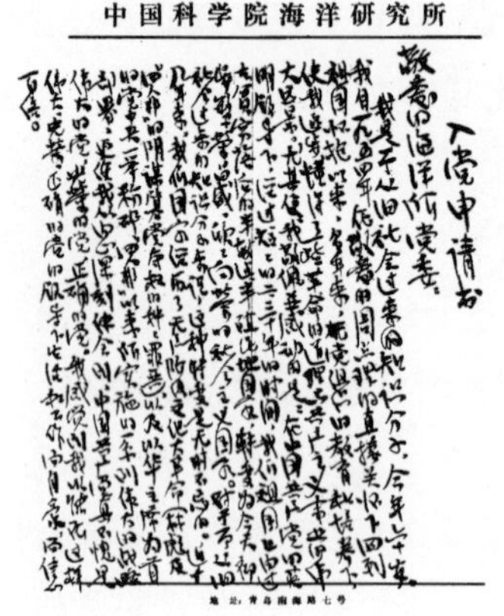

中国科学院海洋研究所

入党申请书

敬爱的海洋所党委：

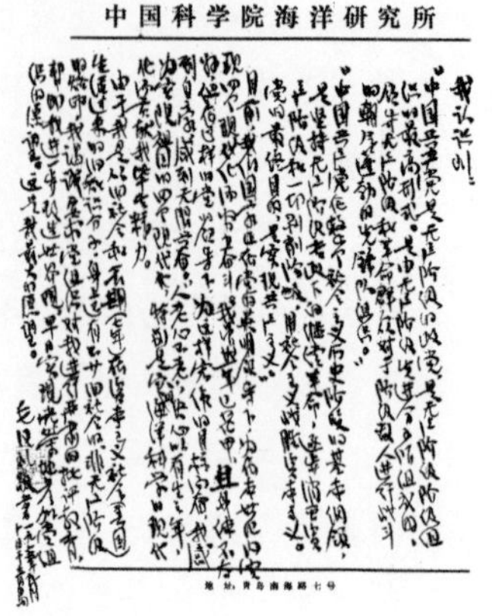

中国科学院海洋研究所

第二份入黨申請書

1984 年元旦剛過，毛漢禮又寫了一份長長的入黨申請書，是鋼筆抄寫在普通信紙上，共三十四頁——

一、自傳

我於 1919 年 1 月 25 日（農曆 1918 年 12 月 28 日）生於浙江省諸暨縣保安鄉毛家園村一個農民家庭。我家自我有記憶之日起，祖父、父親均為自耕農，還租種地主土地，學校放暑假時，我經常也參加田間勞動。父親去世時，弟弟只有十來歲，不能勞動，所以有幾年曾雇工勞動，有剝削行為，因此我弟弟定為富農成分；1954 年我回國填家庭成分時，就以弟弟成分作為家庭成分，也填了富農。其實，我父親去世時，我在內地上學，和家庭音訊斷絕，到 1946 年「還都」

回老家後才知道這一情況。1964 年「四清」運動時，問及我的家庭出身，四清工作隊對我說：以你的情況應定為「自耕農」（中農），但家庭成分對像你這樣的人來說，關係不大，主要看你自己的表現，我看不改算了。我六歲上學，讀私塾（當時村中無學校），讀了四年，所以論語、孟子、大學、中庸等書我都唸過。村裏有了初級小學，我又讀了一年初小。十一歲考上離家十五裏一個鎮上（楓橋鎮）的高小，為了節省費用住在一個親戚家裏，十三歲高小畢業。

根據我家當時的經濟條件，我只能唸完高小，要讀初中，最近的公立初中在紹興，離家七十多里，必須住讀，而當時情況，自費住讀紹興初中（當時為浙江省立五中）每年費用約為一百二、三十元，折合當時三、四十石穀子（當時每石穀子約售三、四元銀幣），我家是絕對無力負擔的。但由於我家上輩幾代人無人讀書，祖父、父親、叔父都只粗識文字，勉強記記帳，遠達不到寫信讀報的水平，因此便想讓我多讀幾年書，家裏有個「讀書人」。這樣，我便試考紹中，結果以入學成績較好，得以享受浙江省教育廳設置的「清寒助學金」（後改為「優秀學生獎學金」），每學期可得三十五元（二等）到五十元（一等）補助。這樣我讀初中大部分學費靠助學金，每年家中負擔三、四十元（折合穀子十石）勉強可以支付，實在不夠時，只好賣點零星土地或樹木等補足。1932 年到 1935 年的紹興初中三年和以後 1935~1938 年金華中學（原浙江省立七中）到高中畢業就是這樣主要靠獎、助學金，部分家中負擔度過的，這實際上是靠老百姓的血汗（通過稅收）供我念完中學。由於我每學期必需拿到獎、助學金（條件是班上成績在前三名，第一名享受一等，二、三名享受二等），而我的天賦只有中等，因此我必須加倍用功，爭取高分，以保持獎、助學金。所以我在中學時代以及以後上大學，全是「一心唯讀教科書，兩耳不聞窗外事」，根本不過問政治，甚至對日本帝國主義的侵略，也麻木不仁地認為這是政府的事，學生的唯一職責就是讀書。

1938 年高中畢業，當時沿海許多地方都遭到日帝的侵佔，浙江省也有不少縣、區淪陷，當時浙江大學已經內遷（由江西而廣西）。本來，像我的情況，即使大學不內遷，我也唸不起，所以我原先的願望也只是高中畢業後考上當時的「鐵飯碗」單位及海關、郵局、鐵路等當個小職員，每月收入三、四十元就滿足了，可是由於大片國土淪喪，這些單位原有人員都無法全部安插，當然不會再召新生了，因此就在我畢業那年，參加了全國大學聯合招生，第一志願就是浙江大學（因為相對說來，廣西比四川、雲南等稍近一些）。我明知即使考上也唸不成，四年的生活費用且不說，僅僅路費我就無法負擔。不得已投考了當時浙江省財政廳的練習生考試，結果兩者都被錄取，由於當時我沒有能力上大學，於是我一面寫信到浙大請求保留學籍一年，一面去財政廳當練習生，月入四十元，省吃儉用可節餘三十五元左右。幹了半年多，覺得這一工作沒有「出息」（沒有前途），這時手邊已積有兩萬元左右，很想繼續求學。正巧，有位鄰村老鄉要去貴州投靠親友（他有個親戚在貴州當個營長之類的小軍官），家中同意我和他結伴同行去廣西上浙大，由於路費不多，幾乎全靠步行。（當時腐敗的國民黨修的鐵路很少，我們只坐過幾段火車。）差不多走了兩個多月左右才到達廣西宜山（當時浙大所在地）。到了宜山，我請求入學，浙大查核屬實（曾申請過保留學籍一年），又念我千里迢迢步行來上學，同意我註冊入學。但當時（1939 年）日帝對廣西采「疲勞轟炸」辦法，而廣西當時又無防空設備，任敵機每日在領空中盤旋，甚至投彈，老百姓成天「逃警報」。浙大也幾個月不能上課，於是決計再內遷貴州。我入學不久，學校就宣佈遷貴州，學生自己設法去貴州報到。我便和幾位同學又從廣西宜山步行到貴州。第一年在貴陽附近的青岩上學，二到四年級（1940～1943 年）在貴州遵義，我讀的文學院史地系地理組，因此，我的理科（數、理、化）基礎是很弱的，至今是我工作上最大困難。我在大學四年（1939～1943 年）也全享受公費（不繳伙食費，雖然長期吃不飽，但也餓不死。）這時國民黨反動派的貪污腐化變本加厲，日帝侵佔了大半個中國，弄的民不聊生，情況十分危急，浙大的學生運動也一浪高一浪，連連爆發，可是我還是個不問政治，不參加任何政治性活動，一心想著「讀書救國」「科學救國」而閉門讀書。

1943 年夏，我在浙大史地系畢業，留校當研究生兼助教，除繼續讀書外，我的任務是每天觀測幾次氣象。當時我想跟涂長望教授學氣象，但不久涂教授離開浙大，我又感到浙大的地學方面的書刊資料有限，想到藏書完備的前中央研究院氣象研究所（在四川北碚）讀些書。當時浙大校長竺可楨兼氣象所所長，我便將此意陳於竺校長，他立即同意，還替我設法讓我乘坐了去重慶的「黃魚車」（免費搭乘卡車），所以我便於 1943 年秋到了北碚，以後我沒再回浙大。1944 年竺校長因公赴重慶到北碚休息，他問我學習情況並問到我願返浙大還是留在北碚，我表示願留北碚，他立即委我為氣象所助理員，並說：「這兒條件好，環境清靜，正好做點學問。」這樣，我便從 1944 年四五月份正式進入前中央研究院氣象所工作。當時同事的有郭曉嵐、葉篤正、顧震潮、朱育崑、黃仕松、陶詩言等。這時氣象所總共只有十幾個人，除了我們六七青年助理員外，上邊只有三個高研（其一是當時代所長趙九章），每人一個房間（臥室兼工作室），各人均在自己房間讀書、工作，間或去圖書館借書、查資料，還沒有實驗室。青年助理員們的共同理想是出國深造，還認為這是唯一的正途。回憶當時過的生活簡直是「修道士」式的生活，也就是大家都很少過問政治。

1945 年抗日戰爭勝利前夕，國民黨蔣介石準備摘取勝利果實，美帝幫他「培養一批建國人才」好為它更有效地服務，便由美國救濟署資送我國農、工、礦方面的大學畢業生去美國進修，於是氣象所的郭曉嵐、葉篤正、黃仕松等幾位離開了，只剩下我們三、四個助理員了，我想只有更加努力學習，（特別）是英語，爭取下一次出國的機會。1945 年 8 月日帝宣告無條件投降，9 月 3 日包括中國在內的盟國接受日寇投降，氣象所也準備秋後「還都」（回到沿海地區），我於 1946 年春回到南京，這時所本部尚未還回。夏天，蔣介石政府的教育部招考公費留學生（「建國人才」的留學生），去各國留學，多種專業都有，名額之多（一百四、五十名）更是空前的。我當然報名考試。當時共有五千餘人報考，也就是三、四十名中錄取一人，競爭之激烈可以想見。我可以報考自然地理學、氣象學、海洋學三個專業。考慮到海洋學國內尚無此項專業，很多人不熟悉，可能報考的人數較少些，也就是錄取的希望較大些，於是我決定報考海洋學，這便是我最原始的報考海洋系的思想。秋天揭榜，我竟僥倖錄取了。1947 年春，教育部舉辦了這一期留學生的講習班（約兩個月），內容是學習英語會話和外國的禮節，請了名教授講演，也有一些國民黨的顯要人物作報告。當時的教育部長朱家驊和每個學員作了三到五分鐘的談話，冠冕堂皇地勉勵大家，早點學成歸國，為「建國大業」多作貢獻。

我是 1947 年 8 月從上海乘輪出國的，經趙九章所長介紹到美國加州大學的斯庫里普斯（Suripps）海洋研究所跟當代知名海洋學家斯凡德魯普（Sverdrup）所長做研究的。到所不久，斯凡德魯普所長退休回到祖國挪威去了，我便跟著蒙克（Munk）教授學習，他主要進行波浪預報方面研究，需要較高數學基礎，我不適於這方面的研究工作，同時由於經濟關係，我參加了「加州外海沙丁魚漁業資源變化」這一課題的研究，正在作「加州外海的海流系與混合擴散」這一研究，經與導師蒙克教授商量，向他說明我的情況，他同意我的論文題目與研究計畫。（其後一、二年蒙克教授本人也改搞大洋環流的理論研究了。）我們這批公費留學生原講明公費期限是三到四年，要求攻讀博士學位，但國民黨反動派在解放戰爭中節節潰敗，1948～1949 年間其反動巢穴一再搬遷，遷到臺灣，性命難保，早就把我們這批窮學生置之不顧了，所以實際上我們只領取了三個學期（即 1947 年秋，1948 年春、秋）的公費，以後就只好半工半讀了。從 1949 年起，作為斯庫裏普斯海洋研究所的「半時研究助教」（Halftime research assistant），即拿助教一半的工資，月入約一百七、八十元，比公費稍稍多一點。這樣，我便靠「半工半讀」，參加「沙丁魚資源變動」這一研究課題，把研究成果作為我的論文材料。（這種方式是美國培養研究生常用的方式，實際上是當一名進行課題研究的「臨時工」。）1951 年 8 月我完成了博士學位工作，立即向移民局要求發給准許離境證明，以便購買船票回國。孰知移民局竟以「中美兩國雖未正式宣戰，但存在交戰狀態」的藉口，竟不批准離境，違則坐牢。我認為這種拒絕離境的決定，毫無道理，在正直的美國老師的幫助下，雇請律師與美國聯邦政府（移民局）進行合法鬥爭，長達三年之久。直到 1954 年 8 月初，我突然接到准許離境的通知，不勝驚喜。立即購買船票啟程回國。回國後才知道這是周總理在日內瓦會議上與美國力爭的結果。回憶在美國長達七年，仍是搞我的研究，不過問政治。雖然愛人范易君在解放後的家信中，報導了一些新中國蒸蒸日上的動人情景，堅定了我要回祖國的願望，但對於中國共產黨還是瞭解得很不夠的。

我是在 1954 年 8 月底回到祖國懷抱的，在新中國的教育部留學生學習班學習了兩個月後分配到中國科學院，又由院分配到海洋所（當時的海洋生物研究室）工作。從那時（1954 年 12 月）迄今卅年來，我一直在海洋所。它幾乎是我有生的一半歲月，我和大家很熟悉，當然大家也相當熟悉我。我的工作簡述如下：

我到所的第一項工作便是參加了張孝威教授領導的「煙臺鮐漁場調查工作」（1956 年）。同年，我以半年左右的時間參加了我國的「十二年科學規劃」的草擬工作。規劃決定我國的海洋科學研究應有一個較大的發展，並應從單一的海洋生物調查研究轉入包括海洋科學為主要領域的綜合調查研究，並從綜合調查著手。在 1956 年我所（當時的海洋生物研究室）接受了相當大量的水文、地質、化學等專業的大學畢業生，並著手改裝調查船《金星號》，於 1957 年下半年從《金星號》出海調查，開始我參加了並參與領導該項工作。從 1958 年下半年開始了我國對黃海、渤海、東海、南海的普查工作，我擔任技術指導工作。從 1958 年下半年到 1961 年夏天海洋普查的專題報告定稿的三年中，我脫產參加了全國海洋普查工作，長駐塘沽。1961 年夏，我回到所裏，開始了「在海洋普查報告的基礎上提高一步」的工作。一面招收研究生（四名），一面進行較小範圍的專題調查研究（長江口及杭州灣環流形式與混合擴散的研究）。這項工作約進行了兩年半左右，到 1964 年開始「四清運動」，在一年左右的時間裏，通過領導和同志們幫助清理了我的思想，使我認識到自己在思想深處不但存在著大量的資產階級思想，還有封建思想的殘餘，決心痛改前非，並見諸行動：（1）1965 年四清一結束，我立即要求去嵊山（浙江）漁場蹲點；（2）主動把我的獨生女兒送到最艱苦的邊疆去鍛煉（參加青海省建設兵團，雖然當時來招兵的負責同志和文登路辦事處的書記、主任登門並說兵團生活太艱苦，像你家情況，報個名就有了影響，暫且不去，實在要去，等幾年再說。可是我還是堅持讓孩子去了。）

1965 年我剛從嵊山漁場回來不久，文化大革命就發動了。1966 年 6 月 24 日青島市萬人大會上被張敬燾點名為「反動學術權威」，從此在整整十年浩劫期間，一直處於被專政狀態中。對這場浩劫，我始終不理解，為什麼採取這種破壞、踩躪以及摧殘個人和整個國家的辦法？我深深感到悲痛。但對廣大群眾，即使有些行動過火的群眾，我還是諒解的。因為，（1）他們認為這樣做也是幹「革命」；（2）有些人的行動不完全是自主的，背後有人指使，是被迫的。大多數的群眾只是跟錯了人，做了錯事，犯了些錯誤而已。

由於十年浩劫的創傷，受到較長時期的精神和肉體的摧殘，我原來強健的身體被折磨垮了。在 1977 年 7 月 29 日夜晚，心臟病突發，當時還不知道患了致命的「心肌梗塞」，次日去醫院，醫生都說「撿了一條命」。多虧那時「四人幫」已打倒，我才能住進醫院，1978 年 3 月我到療養院。

我又到了新的轉捩點上了，那就是當我在療養院接到讓我出席全國科學大會的通知。在醫生陪同下，我抱病參加了大會。在會上聽到鄧小平同志的開幕時作的報告，激動的心情久久不能平復，從此我的精神狀態有了大幅度的轉變，頓時感到自己的病情減輕了，心情舒暢了，信心增加了。十年來的抑鬱、消極失望的「舊貌」，一抹而為舒暢、積極、信心百倍的「新顏」。後面我還要詳述我在這一轉捩點和三中全會以後的思想轉變。

1978 年底從療養院轉到科學院療養所，1979 年春回所。在青療期間，新到任的黨委書記王鶴馮同志通知我，院部任命我為海洋所副所長，望我好好療養，早日恢復工作。我對黨、對院部予我的信任，十分感激。但當時我的體力還很不好，頑症在身，只怕難當大任，所以我向王書記表示，我願意以一名高研人員儘量再為海洋所多做點工作，至於副所長這一領導任務，我怕力不從心，難以勝任。但王書記說，這是院部任命不可推辭並囑我在全所大會上表態。記得當時只說了一句話：「我一定竭盡全力當好曾所長的助手，當好黨委的參謀。」其後我是這樣說的，也是這樣做的。當然離「好」還差得很遠，這點我有自知之明。

1979 年春我回所迄今（1984 年初），我捫心自問是在「盡力而為」，堅持上半天班，遇到重要會議或其他重要事務（如接待外賓）我總是勉力參加。近幾年來，由於黨對我的信任，讓我多次出國參加學術會議和參觀訪問，（1979 年赴巴黎，參加政府間海洋學委會，接著參加在澳大利亞召開的大地測量與地球物理學的大會，雖然隨身攜帶氧氣待，可是心情是既興奮又充滿了信心。）但我深深感覺到，當前我國海洋科學研究上存在著的大問題，正如趙紫陽總理所說，是「低水平的重複勞動」，這就是最大的浪費。如何打破和改變這種局面，關鍵的問題是提高工作人員的水平。這些年來，我總想在培養海洋科技幹部方面做一點力所能及的工作，當然我也做了一點工作，但離黨和同志們對我的要求還是遠不相稱的，但我有決心，要在我今後的餘年，發揮「餘熱」，為我黨和我國的海洋科研事業作出較大較多的貢獻。

二、我的思想轉變過程與入黨動機

我是從舊社會過來的人，又到美國學習工作了七年，思想上受到了西方社會的影響，因此對黨、共產主義的認識，是經歷了漫長的過程的。大體上，我的思想發展經歷了如下幾個階段：

（一）我的中學時代（1932～1938）和大學時代（1939～1943）以及在中研院氣象所工作（1943～1947）這些年代，都是在國民黨統治的舊中國度過的。其間經歷了第一次國內革命戰爭、抗日戰爭和解放戰爭。當時雖也看到了國民黨統治的黑暗、腐敗和無能，還看到了舊中國的貧窮、落後，被帝國主義欺凌、侵略，民不聊生；但由於長時期不關心政治和社會上的政治鬥爭，所以對如何使中國強大起來這一問題沒有正確的認識。當時社會上有「科學救國」的思潮，它引起了我的共鳴，我覺得中國之所以落後，就是科學技術不發達，自己能夠做的就是好好讀書，作為學生，好好讀書就是救國。另一方面又由於受到當時各種宣傳的影響，我非常欣賞美國的科學技術，一心想先在學業上打好基礎，然後再到美國深造，學點科學技術上的知識本領。就在這種思想指導下，我雖對國民黨的腐敗統治不滿，但對共產黨更一無所知。（例如：我在遵義念大學，壓根兒也不知道「遵義會議」。）

（二）我是抱著「科學救國」、學習科學技術的目的去美國的，去之前對美國的那套「政治民主」和種族歧視很不瞭解。但到美國後，隨著在那裏生活時間越長，從實際中，越深刻地感到美國的社會是個非常虛偽的社會，所謂「政治民主」、「兩黨制度」等等都無非是一種偽裝用來欺騙人民大眾而已。實際上爾虞我詐勾心鬥角、相互傾軋，完全是個金錢萬能的社會。尤其是，美國表面上禁止種族歧視，事實上，不但黑人，就是華人的政治地位和社會地位都十分可憐。華人在美國被看成低人一等，甚至還不如戰敗的日本人。即使很知名的中國學者也只是在學校裏、單位裏有地位，在政治上、社會上並無立足之地。因此當時我唯一的願望就是早點學成，儘快回到祖國的懷抱。

新中國成立後，儘管自己對共產黨和新中國瞭解很不夠，但總覺得中國經過了一百多年的內憂外患，終於站起來了，有了個強大的、統一的中央人民政府，這些都使我很興奮，從愛人的家書和一些朋友處聽到關於祖國正在突飛猛進，我就下決心把自己在美國學習到的一點點知識，儘快地貢獻給祖國的建設事業。雖然當時我對如何建設新中國，建設怎樣的新中國等等認識還是很模糊的，但我要回國參加建設的決心是堅定不移的。經過和美帝長達三年的法律鬥爭，最後通過周總理在日內瓦會議上與美帝鬥爭，我在1954 年 8 月底終於回到了朝思暮想的祖國。

（三）回國後親眼看到了在短短幾年內把國民黨時代遺留下的民生凋蔽的爛攤子變成人民生活安定、社會繁榮，多種建設蓬勃發展的新社會，真感到由衷的高興。尤其是當時的社會風氣，給我留下深刻的印象，完全做到了「家不閉戶，路不拾遺」的好現象，不禁使我由衷的愛戴和敬仰共產黨。但對什麼是共產主義，基本上還是不認識，僅是一種感恩戴德的思想罷了。

特別使我難以忘懷的是：1956 年全國制訂十二年科學規劃，我不僅參加了這一規劃的制訂，還受到了毛主席和周總理等黨和國家領導同志的接見。這次會議使我深感黨確實是在扎扎實實地領導我們建設國家。因此，我要以自己的科學知識為我國建設服務的願望終於有了實現的良好條件。以海洋科學來說，舊中國連一個研究小組也沒有，而在制定科學規劃之後，不僅成立了海洋所，還有了自己的調查船，海洋所的科研工作，正在日新月異的不斷發展。

我在海洋所從建立到發展的那幾年裏，對黨的事業，黨的方針政策逐漸有了認識，也慢慢懂得了我們黨所以能領導我國各項事業在蓬勃發展的原因。這一方面是通過自己在工作和生活中的親身感受，另一方面也是通過幾年的政治學習，尤其是從當時黨委書記孫自平同志的身教、言教中使我感受到很大的啟發和教育。

孫自平同志不僅經常同我談心，啟發我正確對待各項政治運動，幫助我認識黨的各項政策，叮囑我多多學習政治理論，使我逐漸認識到黨的光榮、正確、偉大。特別是他對海洋科研事業的高度責任感和事業心，對老知識份子在政治上和生活上的無微不至的關懷，使我深受感動和教育。他時時、處處、以身作則、吃苦在前、享樂在後、克己奉公的優良品質和作風，讓我親眼看到了共產黨人的高貴品質，也找到了自己在思想上、作風上、實際行動上的差距。

尤其是在四清運動中，受到了更多的教育。開始認識到有必要認真對自己的思想一番清理，也認識到應該以更高的標準要求自己，否則很難在工作上作出成績。雖然這之前我是做過一點工作，但對自己的要求不是高標準的。因此當時一面接受同志們的批評，作了自我檢查；另一方面決心以實際行動來回答黨對我的期望。因此，首先，我積極回應黨「下樓出院」的號召，主動要求去嵊山漁場蹲點，其次是送獨養女去青海支邊。這對我來說是個思想上的轉捩點。

（四）正當我對黨有了一定的認識的時機，「文化大革命」開始了，正如大家知道的，我受到的衝擊和折磨是較大的。因此我的思想又逐漸消沉，隨著長達十年的浩劫，我已到了極其消極的程度，一方面我對為什麼要搞這樣的運動，始終想不通；另方面，十年間聽到、看到許許多多老幹部、老同志、高級知識份子受到殘酷折磨，有的致傷致殘，有的含冤死去，整個國家的建設遭到嚴重的破壞、摧殘、挫折，所有這一切使我非常痛心。這時，我對黨又開始懷疑、動搖，甚至對我國今後的事業失去了信心。這種頹唐不安的心情一直延續到 1978 年科學大會之前。

在粉碎「四人幫」之後，我對「文革」的認識有了改變，對在「文革」中，曾對自己有過火的行動的同志們，不該責怪他們，他們也是認識不清，有少數人可能是「奉命整人」，也是不得已，不能責怪他們。在十年浩劫期間，使我思想消沉的另一因素是由於長期的折磨、摧殘，使我身心受到嚴重創傷，1977 年 7 月 29 日心肌梗塞，經過搶救總算沒死，但我認為自己已是有毛病的垂暮之人，無所作為了，加之整個國家遭到嚴重破損歷歷在目，使自己愈加悲觀失望。

（五）1978 年我剛從醫院轉到療養院不久，接到通知，要我去北京參加全國科學大會，這對我是個極大的激勵也可說是我生命中的新的轉捩點。隨醫帶病去參加了這次大會，會上聽到了鄧副主席的報告和郭沫若同志「科學的春天已經到來」的講話，首先是激動，因為黨中央和「四人幫」完全不一樣了，我們知識份子再也不是「臭老九」，其次是重新煥發了我的鬥志，黨中央十分重視科學事業的發展，十分重視我們知識份子的作用，並把發現和培養人才作為今後的重大任務，這把我從悲觀失望中挽救過來，要像郭沫若同志說的那樣為科學的春天的到來貢獻自己的力量。

特別值得一提的是1978年12月三中全會後的一年對我的思想發展起著極其重要的作用。在三中全會上，中央確定了解放思想、開動腦筋、實事求是、團結一致向前看的指導方針，作出了把工作重點轉移到社會主義現代化建設上來的戰略決策，提出了必須完整地、準確地掌握毛澤東思想的科學技術等等，所有這一切標誌著黨重新確立了馬克思主義的思想路線、政治路線和組織路線。事實也正是這樣，在三中全會後的一年期間，我們的黨在工作中已改變了徘徊前進的局面，又領導全國人民在建設社會主義中國的大路上奮勇前進了。從全國來看。我們黨又成功地在很短的時間內解決了十年浩劫中遺留下來的大量問題，不但全國安定團結的局面又重新出現，而且各項建設事業又走上了發展的道路。從海洋科學事業來看，我們不僅有了新的科學發展規劃，而且發展的速度比我想像的還更快，不僅是經費、對外學術交流以及人員培養都是如此。大量事實再一次教育了我，使我確實感到我們的黨是偉大光榮的。

更使我想不到的是就在那一年，組織上任命我為副所長，它不止是使我感到了黨組織對我的非常信任，而且也使我感到自己的責任重大。我深感要領導好全所的研究工作是很不容易。雖然我回國已廿多年，也受到了黨的不少教育，但我由於根深蒂固的舊社會和西方社會給我的影響，自己的毛病還很多，尤其是在黨的方針、政策理解上，與群眾的關係上，工作作風和方法上，離開黨對我的要求還差得遠。既然黨信任我，我就該向自己提出更高的要求，要很好地完成黨交給我的任務，我必須很好地瞭解、掌握黨的多項方針政策，要象孫自平同志做我的工作那樣，以身作則、克己奉公。

就當我對黨有了新的認識，想提出參加組織的要求時，不由得我想起了竺可楨老師當年是如何要求入黨的。竺老為了我國地學事業的發展，作出了卓越的貢獻，但他並不以此為滿足，不斷地在政治上提高自己，嚴格要求自己，時時想著參加組織這件大事。果然在他垂暮之年得償宿願，成為光榮的共產黨員，我一定要向竺老學習，要象他那樣對自己提出更高的要求和標準。

有的黨員幹部從我的談話中瞭解我的思想情況，從政治上啟發我，幫助我，提高了我對黨的認識。通過這一系列的幫助和我自己的學習，對黨我有了更進一步的認識。在 1979 年 9 月 10 日我第一次向黨提出了要求入黨的申請書。此後在 1981 年和 1982 年又寫了三次申請書，表達我要求入黨的願望。

我的入黨動機

當前，我們黨正領導著全國人民為實現黨的十三大確定的在不斷提高經濟效益的前提下，力爭到本世紀末使全國的工農業總產值翻兩翻的宏偉目標的奮鬥。並以此為基礎，把我國建設成為現代化的、高度文明高度民主的社會主義國家。黨將領導我們向著共產主義這個人類社會的最高理想邁進。共產主義事業是人類最壯麗的、最偉大的事業，我們當前所進行的社會主義建設事業也是為實現這一最高理想而奮鬥的一部分。我作為一個從舊社會過來的知識份子，能在黨所領導下參加到這一偉大建設事業中去，貢獻出自己的一點知識和力量，感到無上光榮和自豪。

雖然，我是從舊社會和在西方世界生活過來的人，過去受了封建思想和資產階級思想的薰陶，但回國卅年來，在黨的教育和關懷下，又通過政治學習和許多優秀共產主義戰士高尚品質的耳濡目染，所以在為發展我國海洋科學事業的工作過程中，我逐步認識到、瞭解到黨的政策和方針，並通過客觀世界的改造逐漸改造了自己的世界觀。親眼見到在短短的卅年間，在偉大的中國共產黨領導下，我們國家從貧窮落後的半封建半殖民地的舊中國，變成今天這樣初步繁榮昌盛的社會主義國家，特別是國際地位的日漸提高、強大，真使我這個曾久居海外的中國人揚眉吐氣。回國卅年來，我認識到我們黨之所以能在短短時間內領導全國人民取得這一偉大勝利，主要是因為中國共產黨是無產階級的政黨，是以馬列主義毛澤東思想武裝起來的，是由無產階級先進份子所組成的黨。我們黨的指導思想是馬列主義、毛澤東思想，我們黨所進行的事業是偉大的、正義的，「沒有共產黨，就沒有新中國」。沒有最優秀的共產黨員組成的共產黨，不會有新中國的今天，更不會有新中國的明天。所以做一個共產黨員，不僅意味著光榮，而且意味著要有崇高的理想和高尚的情操。

是黨把我從一個舊知識份子培養成為有一千多工作人員的研究所的領導之一。我自接任以來，就感到自己責任重大。只有直接在黨的領導教育下，向優秀共產黨員學習，盡自己最大的力量，在有生之年，為革命事業多作貢獻。為此，我決心以黨員的標準嚴格要求自己，接受黨的考驗，完成黨交給我的任務。

我志願加入中國共產黨，首先是因為我覺得中國共產黨是偉大、光榮、正確的黨，我願意為黨的偉大事業終身奮鬥。

我志願加入中國共產黨還因為，我認識到黨的理想是崇高的，只有加入黨，為黨的崇高品質而奮鬥，才是真正光榮地，才是真正崇高的人。

我志願加入中國共產黨，是因為，我認識到只有經常不斷地受到組織的教育和督促，自己才能較快的提高自己的政治覺悟，不斷的克服自身的缺點和改正自己的錯誤，才能把黨的事業做得更好。

我志願加入中國共產黨，不僅是為了行使黨員的權利，更重要的是我願意遵守黨的紀律，執行黨的義務，宣傳黨的路線，為黨的最終目的而奮鬥。

我志願加入中國共產黨，決心向竺老那樣的優秀黨員學習，竺老為科學事業的發展，鞠躬盡瘁，把畢生精力奉獻給黨的科學事業，我也要爭取成為這樣一個合格的光榮的共產黨員。

我的優、缺點和今後努力方向

一、我的優點並在今後必須繼續發揚

（一）忠心耿耿的對待黨的事業。

1954 年回國以來，我是一心一意地想為祖國的海洋科學研究工作做點工作的，在具體行動上也是盡了最大努力來完成黨所交給我的各項任務的。不論是在實驗室內進行，或是指導研究工作，或是出海任工作隊長，參加海洋普查技術指導，以及到生產第一線蹲點，我都能自覺或主動服從組織決定，積極努力完成任務。粉碎「四人幫」以來，黨讓我參加所裏的領導工作，捫心自問，尚能做到認真負責，盡力把工作搞好。當組織決定讓我分管培幹工作時，我認識到這是黨對我的信任，所以在實際行動中作到了嚴格執行黨的政策。並盡力想法實施，做到發現「人才」，大膽培養，大膽提拔。幾年來為黨培養了一批優秀的科技人員，他們已成為我國海洋科學戰線上的骨幹力量。

（二）心胸比較寬廣地對待十年浩劫中犯錯誤的群眾。

在十年浩劫中，我遭到無情的殘酷打擊，身心受到嚴重摧殘，一度情緒悲觀消極。但自三中全會以後，由於黨落實政策，糾正了十年浩劫中出現的錯誤，使我受到深刻教育。自覺的學習馬列理論和毛澤東思想以及黨的各項政策和決議，使我的政治覺悟逐漸提高，逐漸認識到黨的光榮和偉大，從而使我更加熱愛中國共產黨。在行動上儘量按共產黨員的標準要求衡量自己。因此我能比較心胸寬廣的對待十年浩劫中出現的一些問題，具體表現在「文革」中對我進行過火行動的群眾，不但不責怪他們，反而諒解他們中的絕大多數也是「四人幫」的受害者，真正的壞人是極少數。在我擔任領導工作後，作到了團結一切可以團結的人，作到了團結那些曾經反對過自己，而且實踐證明是犯過錯誤而肯改正的人。

（三）熱愛黨的海洋科學事業，熱心培養新生力量。

我願將我的畢生力量貢獻給黨的海洋科學事業，一定是堅定不移的。即使在最黑暗的「四人幫」統治期間，我雖意志消沉，但在夢寐中也沒有忘記這一黨的事業，所以在 1973 年，沒有正式安排我的工作，但當我知道，編寫港工技術規範是敬愛的周總理親自抓的項目之一，我就自告奮勇參加了這項工作，主動承擔了這一專案的「顧問」。為了編寫規範，儘管在炎夏，我每天加班到深夜，一口氣翻譯了四十萬字書稿。為我國海港建設貢獻了自己微薄的力量。近年來，黨中央「海洋科學要為祖國四化作出切實貢獻」，我更是盡我的力量多幹點工作。

我深切感到，要把我國海洋科學事業搞上去，關鍵是培養人才，扶植新生力量。在培養中青年科技幹部方面，自問是千萬百計，盡力而為的。無論是招收研究生還是室裏的工作人員，我把發現人才、培養人才作為頭等大事。鄧小平同志在全國科學大會上的報告中指出：「我們的科學家、教師發現人才、培養人才，本身就是一種成就。在科學史上可以看到，發現一個真正有才能的人，對科學事業可以起到多麼大的作用。世界上有的科學家，把培養和發現新人才，看作是自己畢生科學工作中的最大成就，這種看法是很有道理的。」這段話對我的教育和啟發奇特大，所以這幾年來，我是大力按照鄧副主席的教導執行的。

（四）肯承認錯誤，能進行自我批評並主動改正。

黨章要求一個共產黨員要切實作到批評與自我批評。在黨的會議上一般能堅持正確意見，對一些不良現象能開展批評，對於自己的錯誤和缺點，一旦發現也能進行自我批評。我自信在這方面是作了努力的。平時，我還盡力協助支部做些群眾的思想工作，一般都能收到較好的效果。群眾對自己的批評，基本上我是肯接受的，並注意改正。

二、我的缺點並在今後必須努力改正

長期以來我存在著嚴重的主觀主義和家長式的工作作風。我的這一缺點，經過組織不斷的耐心的教育，近年來也有了一些改進，但遠遠沒有根除。有的群眾反映，毛漢禮同志一旦發了火就不講理。我這一缺點主要表現在：

（一）我說了算：具體表現是在一室領導工作，在召開室務會上，往往是自己事先擬好了議題，大部分時間是自己一人發言，不是發動群眾充分討論。某些重大議題，沒有廣泛徵求群眾意見，使得群眾心情有些不愉快，這樣不能充分調動大家的積極性，有時還起了負面作用。給工作帶來了一定的損失。對於出現的不同意見，不是以理服人，而是自己拍板。這樣當然引起有些同志的不快，影響了工作。

（二）「以老師、領導自居，發號施令」：我在對待我的學生和室裏的年青同事，很多方面不能平等對待。在我思想上就認為我是老師，我是領導，全得聽我的，我不會害你們。因此在安排工作和學習上，甚至生活上，經常出現命令主義。要辦的事，立即得照辦，決不能打半點折扣，弄得好多人十分怕我，動輒「訓人」「剋人」，甚至有人被我剋得掉淚。這樣有損人家的自尊心，也給工作帶來一定的損失。

（三）官僚主義嚴重：有時不作調查研究，隨便批評，批傷了群眾的積極性。我有個最壞的大毛病就是「印象病」。我認為好的就一切好，不好就一切不好。對於出現的問題常常不耐心調查研究而是憑主觀想像。在1982 年安排一位同志出海問題上就是一個教訓。因我對這位同志印象不好，他在做出海準備工作中把手擠壞了，我知道後竟懷疑他是不要出海故意傷壞自己的手指，不管三七二十一便當場訓了這位同志，使他很傷心。事後我才瞭解到確實不是有意的，而是不小心擠壞了自己的手，這時我才覺得不安和歉疚。在室務會上我主動檢查了自己的主觀錯誤。這樣的錯誤肯定造成了不良影響。

黨章規定：黨的各級幹部要具有民主作風，密切聯繫群眾，正確執行黨的群眾路線，自覺地接受黨和群眾的批評和監督，反對官僚主義。

通過學習和同志們的幫助，現在我認識到，自己以上的缺點是封建殘餘和資產階級的思想作風。中共中央關於整黨的決定中指出：現在，在黨的不少組織和黨員中，仍未清除十年動亂流毒的影響，違反民主集中的現象相當嚴重，一方面有些領導幹部凌駕於組織之上，集體領導徒具虛名，實際是個人說了算。對照我的所作所為，就是黨決定中指責的那樣。通過學習和反省，我認識到我身上這些錯誤和缺點的思想根源，是由於封建主義思想的遺毒太深，家庭出身的關係，表現出小生產者家長式的作風。黨要求每一個共產黨員和幹部，不論職位的高低，都是人民的勤務員，都是人民的公僕。領導與被領導者是工作的分工，但都是為人民服務的。在這個問題上，我違背了黨的教導，把黨和人民對我的信任，交給我作領導工作，當成了自己發號施令的本錢，實際就是背離了黨的利益，以共產黨員的標準來衡量，就是黨性不純的表現。對我這個積極要求入黨的人來說，應該時時、處處、事事，按黨的標準嚴格要求自己。

從一個共產黨員的民主作風來說，也不僅僅是讓人講話的問題，而是要主動自覺地聽取群眾的意見，接受群眾的監督並把它當作自己履行的義務。在各種場合，要發揚黨內民主，同樣如此。我認識到共產黨人講民主，是從歷史唯物主義出發的，歷史是人民創造的，人民群眾才是歷史的真正主人。十一屆六中全會通過的「關於建國以來黨的若干歷史問題的決議」在論述黨的群眾路線中指出：「黨是無產階級的先進部隊，黨是為人民利益而存在和奮鬥的。但是黨永遠是人民的一小部分，離開人民，黨的一切鬥爭和理想不但都會落空，而且要變得毫無意義。」我認識到只有在思想上牢固樹立了這樣的觀點，民主作風才能生根。否則，思想深處總覺得自己高明，把群眾看成愚昧的、落後的，甚至眼睛朝天，心目中根本沒有群眾。我的家長作風便難根除。

我還深切體會到，我們黨是有實行民主集中制的優良傳統的，可是也曾屢次受到幹擾和破壞。陳獨秀、王明、張國燾等人都是搞家長制的。從遵義會議到社會主義改造期間，黨中央和毛主席一直比較注意實行民主集中制，黨內民主生活也比較正常。但從五十年代末以來，黨和國家民主生活逐漸不正常，「一言堂」、個人崇拜、個人凌駕於組織之上一類家長制現象逐漸滋長，尤其在十年浩劫期中，黨內民主和人民民主遭到肆意踐踏。積幾十年正、反兩方面的經驗，特別是十年浩劫的沉痛教訓，確使我深刻認識到民主作風的重要性了。

從而說明，我那種不講民主的家長作風，給黨的事業造成了無形、有形的極大損害。現在我已認識到，實行與否民主集中制不只是個人存在的作風問題，而是關係到黨的事業的成敗的大問題。

（四）計較個人得失和一次違犯外事紀律

黨章規定：一個共產黨員，不能為自己謀私利。通過黨章的學習，檢查了我自身的毛病。我認識到，儘管受了黨多年來的教育，但自己思想上存在著個人主義，必然表現在行動上。往往為了個人的一點小事，別人沒有辦成，便大發雷霆。例如，一次一室工會發電影票，給我發錯了，我便大發脾氣。為了一點小事發火，在群眾中造成不良影響。作為一個再三向黨遞交過申請書的我來說，實在不應該，事後雖作了賠禮道歉，恐怕也難挽回影響。更嚴重的是，在 1981 年第一次赴美歸來，自己違犯了外事紀律，這是不應該的。此事我當即向院部外事局彙報事情經過（帶了兩塊手錶，只報了一塊，另一塊未報關，被查出。）外事局領導聽我彙報後，即指出說：「這件事組織上知道了便是，就到此為止，不要擴散。」我今後應接受教訓，嚴格遵守黨的一切規定，更好地學習黨的規章制度。回所後我將這件錯事向一室支部作了彙報。作為我這個所級領導，本應該主動向所黨委直接報告並做檢查，以取得黨委對自己的直接幫助和教育。這正說明瞭自己的組織觀念不強，對錯誤的認識不足。違犯外事紀律和不能正確處理個人和國家利益。是通過同志們的幫助和黨的教育，才使我認識到自己犯這個錯誤的嚴重性，身為黨的一員領導幹部，辜負了黨的信任、培養和教育。這是貪小利，如果不引起重視，可能會導致更嚴重的不良行為和影響。我決定深深記取這次教訓，不辜負黨和人民對我的期望。因為我要爭取當一名光榮的共產黨員，要全心全意為人民服務，在對待個人和集體關係上，一定要把個人利益放在後面，我既是個領導幹部，應該以身作則做到吃苦在前，享受在後，而自己卻在某些問題上往往先替自己打算，甚至違反紀律，這哪配當共產黨員？因為一個黨員違反黨的紀律是決不容許的。我保證今後不再觸犯黨的任何紀律，嚴格要求自己，成為一名光榮的共產黨員。

特別是關於整黨的決定中指出：「整頓作風就是發揚全心全意為人民服務的革命精神，糾正各種利用職權，謀取私利的行為。」以上我身上出現的問題，正是不正之風的表現，是利用黨和人民給予我的職權和工作條件，為個人謀取私利、顯威風，而不是為人民謀利益。我堅決記取教訓，加強學習，從思想上根除我種種劣根性，爭取作為合格的共產黨員。

三、我今後努力方向

（一）我深深體會到我的馬列主義、毛澤東思想以及黨的基礎知識是很不夠的，因此，我決心今後努力學習，儘快提高自己的理論水平，同時要認真學習黨的各項方針、政策和決議，提高自己的政治覺悟。當前，尤其要學好鄧小平文選。自覺地遵守和執行黨的各項政策和決議。經常開展批評與自我批評，虛心聽取群眾的意見，堅決克服主觀主義、家長作風、官僚主義和利己主義。

（二）積極當好新的領導班子的參謀，多為他們出好主意，幫助和支持他們搞好本所的工作。領導班子要「四化」，我是衷心擁護的，但我認為單是擁護還是不夠的，必需在今後的工作中，當他們碰到這樣或那樣的問題時，要盡自己的最大努力支持他們、幫助他們。要以滿腔熱情支持他們，堅決作到和新班子言行一致，表裏一致，堅決服從一切安排。

（三）積極參與對科技人員的培養工作。這早已是我選定的最最主要工作，以後我更要把這項工作搞好。首先帶好研究生，同時對現有中青年科技人員多想辦法、多出主意，認真培養。尤其在海洋所必須大力加強技術系統力量。要幫助新領導班子制訂各種規章制度，調動一切可以調動的力量，為祖國四化獻出我的餘年餘熱。

（四）我退居二線後，還要積極參與研究我所的一些管理的科學方法（科學學），同時對自己的專業工作認真進行總結。期望在近幾年內完成一、兩本關於水文物理方面有份量的專著，把我的後半生毫無保留地奉獻給黨的海洋科學事業。

申請人：毛漢禮

1984年1月3日，青島

這份申請書的最後一頁寫著：「1984年1月5日收」。這應該是黨支部收到的時間。也就是在寫了這份申請書後，毛先生終於入了黨。印象中就是在那一年的夏天，七一前夕，在青島的一家劇院禮堂裏，海洋所舉行了新黨員入黨宣誓儀式，其中就有毛先生。

1954 年的「自述」

毛先生雖然是「思想改造」運動後回國的，但他仍然在剛回國接受完短期教育培訓後就要向組織上交代自己的思想歷程，即 1954 年 12 月，毛漢禮在「自傳」裏寫道：

> 我出生於浙江諸暨縣的一個偏僻和貧瘠山區的農民家庭。我的家鄉——毛家園——住有大約百來家人家，除了屬於本村農家的一百四五十畝的水稻田和一些生產量不高的旱地外，大部分土地是屬外村地主佔有，而由我村農民耕種的。當時鄉村中，封建地主對絕大多數貧苦農民的欺壓和剝削，真可說無所不用其極，簡直是無孔不入的；最最兇惡的一種，是地主們利用他們的特權地位，學得些反動的文化，把持鄉村的一切公私事務，以「調解糾紛」等等為名，來迫害一般一字不識的貧苦農民，籍以達到其收高額傭租和高利貸以外的無所不包的剝削和欺壓。我的祖父，在年青時候就是在這種封建地主惡毒的剝削和欺壓中喘息過來的，常常衣食不周，但靠著他的辛勤勞動，節衣縮食，便由貧雇農漸漸上升到中農。尤其在他中年以後，由於家中勞動力強——祖父、父親和兩個叔叔——的關係，有了點積蓄，加上我的祖母、母親和兩個嬸嬸的養雞、養豬等副業的收入，我家便從破落地主手裏用高價買得了幾畝田地，這

樣，在我六七歲的時候，在我們那貧瘠的山村裏，我家就可稱得上「小康」的富農之家了。不過祖父曾深切體驗到惡霸地主們利用文化無理的迫害和仗勢的欺壓，而回顧自己和家人都沒受過文化教育，因此，決心培植我——長孫——進學校，好替家庭出口氣，當然，這就是封建思想——光耀門楣的表現，於是我就開始做學生了；單憑家裏的收入，是絕不夠維持我到城市去升大中學的，所以，除了唸小學外，我的大部分學費是依賴當時所謂「公立案」學校的各種補助（清寒獎學金等），這些補助是憑我在校裏埋頭用功的優異成績獲得的，雖然如此，家裏還得千方百計的撙節來補湊一部分，當時的生活情況，是相當艱苦的，記得每次從家鄉去紹興或金華入學，都是父親肩著行李，陪我步行到幾十裏甚至幾百裏外的學校去。

在這種家庭環境中成長起來的我，思想意識上是受到兩方面的影響，一種是積極方向的，就是有反抗封建惡勢力的正義感，另一種則是消極方面的，就是在我的思想意識上感染了一些舊社會的名利思想影響，認為只有讀書升學，才是「光門耀祖」的唯一法寶，必須承認，這種封建主義的個人思想意識，直到現在還沒清除，要在今後工作學習中切實改造的。

正因為家庭經濟不夠供應我求學的全部費用，因此我在中小學的十多年裏，只是專心注意兩件事，一是儘量爭取學習成績的優良，以保住我獲得獎學金的資格；一是最大限度的節約，除非必不可省的費用，盡可能減少，這樣十分艱苦的，才算把高中唸完。我得坦白承認，在這多年裏，對課業以外的任何政治活動，一概漠不關心，也不敢輕舉妄動，惟恐有失學之虞。所以當時完全談不到政治意識。

1939 年我考進了浙江大學，離開老家，步行到廣西入學，後來因戰事緊張，又隨學校撤退到貴州遵義，靠著反動政府那些吃不飽餓不死的「公費制度」，在長長四年裏，一直和饑餓作鬥爭。當時開始了初步認識到反動政府的腐敗和無能，周圍所接觸的是成千成萬終年累月掙紮在饑餓線上的學生們，同時卻看到和聽到貪官污吏、官僚資本家和發國難財的少數人們的窮奢極欲。而抗日戰爭，蔣軍的節節失利、戰線愈向後縮，種種不合理的現象卻愈演愈甚。記得在大學二年級時，因為最大的官僚資本家孔祥熙牽著哈叭狗坐飛機逃難的行為，引起了以昆明為首的全國大學生義憤填膺的「倒孔運動」，雖然反動政府曾密令各地爪牙嚴厲禁止，並加以威脅恫嚇，但浙江大學同學們仍堅決主張響應這一運動，當時竺可楨校長主持正義，不顧當地軍警的威脅，率領同學遊行示威。因為這次的遊行，校方在反動政府的高壓下，只得開除了幾位前進的同學，但竺校長仍是嚴正的拒絕了遵義警衛司令到浙大抓人的無理要求，並以辭職作正義不屈的抗議。在這次運動中，竺校長主持正義實是求是的作風和一部分同學不顧個人犧牲——被開除了學籍——向惡勢力鬥爭的精神，對我的影響很大，使我對反動政府有了更進一步的認識，此後雖有同學中的反動份子幾次三番利誘我加入偽三青團，我都堅決拒絕。不過，當時我還是意圖以超政治靠進行學術研究工作，作為以後努力的方向，現在知道，那種超政治的學術研究工作是絕不可能的。

浙大畢業後，竺校長介紹我去前中央研究院氣象研究所做研究工作，在政治認識上面比大學時提高了一步，因當時反動政府用提倡科學研究工作做幌子，所以在名義上也有一個全國最高的學術研究中心──中央研究院，但實際上，這個全國最高的學術機構是根本不具備學術研究條件的，除了雇傭了可數的工作人員外，什麼研究經費、研究設備、更談不到什麼研究計畫，而我這一初出學校進到研究機構的人，沒有領導就無所適從，除了憑個人興趣胡亂看了一些書外，簡直什麼研究工作也沒有做，開始認識到沒有領導和全盤計畫，僅憑幾個人鑽牛角尖，是不會有成績的。

我曾為抗日戰爭的最後勝利而興奮過，滿以為在抗戰期間反動政權下的許多不合理和倒行逆施可以不再繼續下去了，可是，事實上呢？卻是隨著勝利復員而出現的，是大小官員史無前例地貪污行為，尤其是四大家族的「劫收」，「刮民黨」不遺餘力的搜刮民脂民膏，而廣大人民在一場空歡喜之餘生活卻每況愈下，我也和一些小職員一樣，天天為著物價飛漲而擔心溫飽。就在這時候，反動政府又來了一套騙人耳目的新把戲，就是以「建國需要」為名，舉行了各種公自費留學生考試（實際上他們是想籍此培養少數替他們服務的「高等」知識份子，同時籍此使一些有名位思想的大學畢業生得遂所願，也緩和一下這些人對反動政府的不滿看法）。我在當時特認為留學是最理想的出路，學得技術不愁衣食，同時我也很醉心「科學救國」的理論，尤其是考取了「公費」（事實上我也只有考「公費」，「自費」是拿不出來的），更是莫大榮幸。因此在那一二年內，專心專意從事參加留學生考試的準備工作。這是我個人名位思想中了反動政府的計策，現在是安然回到了祖國，否則豈不是終生抱憾？我必須深自檢討，要在今後工作中，向大公無私的中國共產黨和群眾虛心學習。

1946 年，我考取了偽教育部的公費留美，1947 年 8 月 10 日離國拋家，遠渡重洋。抵美後，進入加州大學海洋研究所研習海洋學。美帝給我的第一個印象，就是生產力的高和物質財富的多，這就不免使我炫惑於帝國主義所慣用的口號——資本主義的自由競爭了，認為祖國要強大富裕，也只有走「自由競爭」這條道路，對他們表面上科學研究工作的飛躍發展，尤為仰止。因此覺得只有一心一意地研究科學，學習技術，回國後學以致用，才是唯一救國之途。當時美帝又正勾結反動政府，雖向革命力量無情迫害和極力摧殘，而對於我們這批留學生是相當籠絡的，因此，對美帝的兇惡真面目一時認識不清。1949 年 4 月以後，祖國大陸陸續解放，美帝無法再奴辱已站起來了的祖國人民，便利用所有的宣傳工具——報導雜誌和無線電等，盡力攻擊譭謗偉大的新中國，後來竟因其誣衊和瘋狂囈語的失效，乾脆脫下假面具，明目張膽實行武力侵略朝鮮，以為侵略祖國的跳板。這時，美帝的偽善面具和侵略祖國的野心才算認清了。美帝對中共領導的幾大運動——土地改革、抗美援朝、鎮壓反革命、思想改造、三反五反，第一個五年計劃等，真是極盡能事不嫌其詳的歪曲。留學生中有些和祖國失去聯絡的，難免不受其影響，並引以為自危。我自籌因藉愛人范易君經常不斷的報導和暗示，得悉消息，認識了中共及其領導的中央人民政府全心全意為祖國人民服務的偉大精神。政治認識又有了一些提高。更從愛人范易君的來信裏知道祖國埋頭建設一日千里的情況，得知在驚天動地的偉大建設熱潮中，人民政府正在真正的大力提倡科學研究工作，我的生平夙願——為科學工作而努力，一定得以實現。並相信祖國的科學事業可以突飛猛進，因此在 1951 年 9 月底學業告成後，立刻準備返國，投身到祖國建設事業中。不意晴天霹靂，在我申請返國時——1951 年 10 月初，竟遭美帝移民局的阻擋，主要原因是美帝在侵朝戰爭中遭到慘敗，惱羞成怒，竟敢悍然不顧人道主義和國際信義，公然下令阻禁留美中國學生——所有學習自然科學的，並促使其特務機構——聯邦調查局、中央情報局等——對我們堅決返國的中國留學生加以監視，甚至迫害——如拘禁、罰款等——在這樣險惡的環境下，只有更增加我們對他們的仇恨，加強我鬥爭的勇氣，因此我始終不懈地和美帝政府堅決鬥爭，一面雇請律師向其法院控告其聯邦司法部部長違反人道主義和國際信義，甚至觸犯美帝自己的憲法，無理阻禁中國留學生回國的自由權利。經過足足兩年多的鬥爭，雖在 1953 年 9 月美帝自己的法院（高等申訴法院）也認為移民當局的阻禁命令是違法的，應該無效。可是蠻不講理的美帝司法當局竟連他們自己法院的判決令都拒絕接受，不肯取消禁令。不得已又聯合其他幾個急圖返國的留美同學聯名去信聯合國大會主席潘迪特夫人，請她主持正義；一面又請美國境內開明進步人士主持公道。但都無結果。在這時，我深切體驗到個人和祖國是分不開的，我個人盡了最大努力，甚至冒大「不諱」也毫無結果，直到今年五六月間，日內瓦會議召開後，我國代表團據理力爭，並正式嚴正地提出留美中國留學生被扣的問題，美帝才迫不得已的吞吞吐吐在幾千名被阻禁的中國留學生中釋放了一二十名，這是祖國偉大力量表現之一。大概也與我幾年來不斷地鬥爭的主觀努力有關。算是在 7 月 24 日接到了釋放的通知，我便興奮的不顧一切地在 8 月 5 日離美歸國，8 月 7 日平安回到了祖國的懷抱。

自返國到今天只有三個月，從和我愛人范易君的談話裏，從和許多師友及黨團員同志的來往過從裏，從我在北京高教部留學生招待所的學習管理，從我們能接觸到政府機關工作人員的工作態度裏，從我由廣州、經上海、南京到北京、青島的耳聞目睹的偉大建設專業裏，以及從報章雜誌上所刊載的黨和政府的各種重要文件裏，我才真正分清了敵我，明白了世界上兩大陣營——以蘇聯為首的和平民主陣營，和以美帝為首的反動侵略陣營——有著本質的不同。回憶過去帝國主義及其走狗反動政府禍國殃民、絕滅人道的罪行。真正體會到祖國的偉大和可愛，中國共產黨和中央人民政府大公無私和艱苦卓絕的為國為民的可貴精神；同時我自己也深深感覺到自己的缺點很多——如個人主義的名位思想，超階級超政治的不正確態度，過去很嚴重，現在也沒有完全肅清。我立下決心，保證今後在工作中、學習中，努力提高自己的意識，改造自己的缺點，當依靠組織、領導，按照國家的計畫，在海洋物理學的科學研究工作中，盡我的一份力量，牢牢記住史達林同志說的：「一個（農業）科學工作者應該從他的（農業）科學的工作來認識黨的偉大。」

自我檢查

毛先生在四清運動中的檢討在檔案中沒看到有列印稿，只有一份手寫稿，這一點與張璽先生不同。

一、收穫和成績

幾年以來，在黨的教育和培養下，在九三組織和同志們的幫助下，並通過各種政治學習，我的政治思想和認識水平，和幾年前，特別是和58年「雙反運動」以前相比，有了一些提高。總的說來，對黨的方針政策一般是擁護的，對黨的領導一般是接受的，並願意接受改造和走社會主義道路。

對三面紅旗，曾有過很多模糊和錯誤認識，如認為：許多地方大煉鋼鐵花了很大力量，結果什麼也沒有煉出來，是得不償失；人民公社辦得過早過多，超出了大部分農民的覺悟水平；農村幹部水平低；公共食堂辦糟了；總路線的「多、快、好、省」有矛盾，等等。其後（1960年在塘沽）通過系統的學習，糾正了這些錯誤看法，正確地認識到：三面紅旗是照耀我國社會主義革命和社會主義建設事業的燈塔，是完全正確的；在具體貫徹執行中，可能出現一些偏向和缺點，但那只是局部的和暫時的現象，而且是一經發現，都很快得到了糾正。劃清了這一界線以後，對三面紅旗的偉大意義，認識比較正確了。

在三年特大自然災害所造成的困難時期，我基本上經受住了考驗，雖也曾有過一些模糊的認識（如認為：全國極大部分地方都發生了災害，人為因素可能很大等等）和抱怨，但並未進行投機倒把和貪污盜竊等違法亂紀行為，對當時黨提出的生產救災號召是擁護的。在困難時期，尚能始終堅持工作，沒有完全被困難嚇倒。

對於反對現代修正主義，最初的認識也是模糊的。如將一小撮現代修正主義份子和廣大的蘇聯人民混為一談，因而錯誤地認為反修即是反蘇，覺得一反修，社會主義陣營力量就減弱了，東風是否再能壓倒西風將成問題了。通過九三分社組織的形勢學習會（1959 年 10 月）半個月的座談討論，糾正了這種錯誤認識。正確地理解了一小撮赫魯雪夫現代修正主義份子，同廣大的蘇聯共產黨員及廣大的蘇聯人民是不能混為一談的，必須加以區別，反修不等於反蘇；同時也初步認識了：東風是指全世界百分之九十以上要革命的人民而言，東風和西風是指的革命與反革命的力量，而並非指某些國家而言。

在八屆十中全會提出「永遠不能忘記階級和階級鬥爭」以前，我對階級和階級鬥爭的認識是十分模糊的，甚至錯誤地認為：在我們國家裏，地主已沒有土地，資本家也沒有生產資料，階級和階級鬥爭已經消滅了；即使有，也只限於一小撮牛鬼蛇神的陰謀和破壞活動，我們已有了堅強的人民民主專政，可以高枕無憂了。自八屆十中全會敲了警鐘以後，經過長時間的繼續學習，認識逐步有所提高；最初認識到農村裏確實還有階級和階級鬥爭存在；其後又認識到城市裏也有；通過四清運動和參觀階級鬥爭展覽會，才深深體會到：

即使在我們周圍，在本單位，甚至在自己身上，也存在著大量的階級鬥爭，特別是意識形態方面的階級鬥爭，有時並且是十分尖銳的。

通過 58 年的「雙反運動」，我才開始認識到自我改造的重要性。此後幾年，對於接受黨的領導，參加各種政治學習和政治活動等方面比 58 年以前，有了點滴進步。但聽說廣州會議摘去了資產階級知識份子的帽子之後，又有些自滿，對自我改造又放鬆了，亦即是出現了「反復」。

這次四清運動，歷時較久（前後達八個月）矛盾揭露得比較徹底，問題分析得比較深入，自己受到了很大的震動，思想鬥爭得比較厲害，是我一生中所受到最深刻的一次教育。對這次運動的認識，我是逐步提高的；對運動的態度，亦是逐漸端正過來的。在運動開始之前，我對這次運動的偉大意義，根本沒有多大認識，甚至錯誤地認為，象我們這樣的科研單位，不會有多大問題（自己更不會有問題），運動沒有多大搞頭，因此認為這次運動與己無關，最多是洗一次「溫水澡」。直到工作隊來了以後，認識仍然是十分模糊的，甚至還有些顧慮（如在貼大字報以前，曾對人說：「貼大字報也要事實求是」等話），大字報出來了，思想上受到很大的震動。當時雖也認識到這次大字報質量高（提的問題集中、深刻、尖銳），但因當時思想上準備不足（還錯誤地認為：自己的主要問題是思想作風和態度問題），一下子接受不了，因此心情很沉重。經過半個多月激烈的思想鬥爭，才認識到極大部分大字報所揭發的問題是客觀存在的，才從思想上承認下來。春節後去濟南學習，聽了領導同志有關二十三條和周總理的《政府工作報告》同座談討論後，開始認識到「為誰服務」問題是科學戰線上兩條道路鬥爭的大是大非問題，亦是資產階級知識份子當前所亟須解決的首要問題。回青後，通過了幾乎連續不斷的二到三個月的座談、討論、自我檢查，工作隊和黨委領導的啟發，以及同志們的幫助和分析批判，特別是痛苦的「挖根」工作，清理了一下自己的思想，才比較系統地認識到自己錯誤的嚴重性以及產生這些錯誤的思想根源。這時對錯誤是比較清楚地認識了，同時也認識到，如再不改正，發展下去確是十分危險的。但在短期內又產生了一股「小逆流」，即自己認為「一無是處」，從而失去信心，心情比較消沉。此後一段時間內，我帶著這一問題（即：如何真正認識自己的錯誤，對待和改正自己的錯誤），比較認真地學習了毛主席著作（主要是〈正確處理人民內部矛盾〉和〈為人民服務〉兩篇），又聽了陳蘭花等八位同志學習毛主席著作的報告，將自己的思想同主席思想以及八位同志的思想對比對比，覺得自己實在太渺小了，並體會到，只有放下錯誤包袱，自己才能輕裝前進，心情乃由消沉而轉為開朗，並初步嘗到認真學習主席著作的「甜頭」。最近，通過市政協舉辦的時事形勢學習座談會，我又進一步體會到，思想上長期解決不了的問題，只有通過認真鑽研主席著作，對照主席思想，才能得到比較徹底的解決。如「對美帝為什麼恨不起來」這一問題，我一直沒從思想上得到解決，通過這次較認真細緻地研究主席的〈丟掉幻想，準備鬥爭〉和〈別了，司徒雷登〉兩文以及同志們的幫助後，才得到了比較徹底的解決。

以上是我幾年來，特別是這次四清運動以來，政治思想方面大致的轉變情況。

這幾年來，在所黨委的直接領導下，我多少做了一些工作。總的說來，自己認為：我對人是比較熱忱和坦率的，對工作是比較認真負責的，做事也是比較大膽潑辣的，對計畫工作和領導上交代的任務，一般完成得還比較好。在多數情況下，工作情緒比較高（但有時要鬧點彆扭），也有一定的工作效率。幾年來，對於培養幹部（特別是關於訓練基本功方面）、建立物理室一組的研究基礎，穩定研究秩序以及進行黃、東海環流的研究方面，我也做了一些工作，收到一定效果；對全所服務性工作，一般尚勇於接受任務且能按時完成，但小事不願做。

二、存在問題

幾年以來，在黨的教育和培養下，我在政治思想方面雖有些微提高，但這點進步，同黨和形勢的要求相差太遠。幾年來，我雖也做了點工作，但這點工作，同黨和同志們的要求，遠不能適應。

在這次四清運動中，通過大字報的揭發，同志們的幫助和領導的啟發，比較清楚地認識到：這幾年來，我的錯誤很多，面很廣，不少錯誤的性質很嚴重，有些並已產生了嚴重後果。通過群眾的幫助和啟發，以及自己的思想鬥爭和思想清理，並進一步認識到：我犯錯誤之所以這麼多、面這麼廣、性質又這麼嚴重，決不是偶然的，而是有其總的思想根源的。這就是：由於長期以來，我沒有進行認真的自我改造，沒能「大破大立」，因此我的政治立場沒有多大轉變；即是說，在我的頭腦中，還充滿著舊的思想意識，最主要的有：封建思想的殘餘，嚴重的資產階級的個人主義名利思想，個人英雄主義思想，「專家」思想和「權威」思想，科學研究上的崇美思想和恐懼改造思想的殘餘等六項。而這些作為階級的意識形態，一定要在各個方面用各項辦法頑強的表現出來；因而，在政治問題上，對黨的方針政策的一些具體內容，特別是同個人利益抵觸的，有懷疑、不滿和抵觸；在工作問題上，工作方向不對頭，走錯了道路；大的思想問題上，則是看不起群眾，不走群眾路線，作風粗暴等等。根據這樣的認識，綜合我近幾年問的錯誤，主要可分為三個方面，即：（一）對黨的領導的態度問題，（二）科學研究上走什麼道路問題（即「為誰服務」問題），（三）思想作風和其他方面的問題。

（一）對黨的領導的態度問題

黨是領導我國一切事業的根本力量，方針政策則是黨的生命線，對黨的領導的態度，主要表現在對黨所提出的重大方針政策的態度。通過這次四清運動，認識逐漸提高。現在我已清楚地認識到，這幾年來，我雖主觀上認為自己是擁護黨的領導的，但事實上，我對黨所提出的一些重大方針，當它們同自己的切身利益相抵觸時，是有距離和懷疑的，甚至還有不滿和抵觸的。因此，我在這方面問題是很嚴重的，最突出的幾方面是：

1、對三面紅旗的態度

前面談到，通過 60 年初塘沽的反右傾學習，我對三面紅旗的認識和態度，基本上端正過來了；但在接觸到一些具體問題時，又有模糊和懷疑了。例如：我曾懷疑大躍進的成績，曾說：「大煉鋼鐵說是取得了那麼大的成績，為什麼現在連鍋子、鏟子，甚至釘子都買不到呢？」還說過：「大搞超聲波，沒搞出什麼名堂來，倒拆毀了不少儀器設備」等等。這些論調，和右傾機會主義者的一些反動言論不謀而合。在參加了反右傾學習後，還有這些論調，可見我的思想和他們共鳴，實質就是階級立場問題，所以錯誤是嚴重的。

2、對三年自然災害的態度

在三年特大自然災害的困難時期，我雖基本上是經受了考驗，沒有為非作歹，並能堅持工作，但對「困難要多久才能恢復」這一點卻沒有信心。情緒顯得低落。也有過抱怨和錯誤的想法看法。例如：我曾說：「現在許多人連飯也吃不飽，能說大好形勢嗎？」；又如，當時青島是重災區，條件比其他地區更差些，因而我就埋怨青島市政和市場管理水平低，想調上海工作。又如：覺得開闢了自由市場買點小菜方便了，因而便欣賞它說：「自由市場也有一定的積極意義」。這和資產階級大反復時期向黨提出「三自一包」的反動論調，如出一轍。通過學習，已經認識到這不是認識模糊說錯了幾句話的問題，而是反映了階級鬥爭的大是大非問題，即：只顧到個人方便，而欣賞自由市場，而沒有再想想聽任自由市場的自由發展，將使社會主義的集體經濟被資本主義個體經濟所衝垮。這豈不是兩條道路鬥爭的大是大非問題嗎？

3、對八字方針、十四條和七十二條以及政治掛帥的態度

在三年自然災害之後，黨及時提出了「調整、鞏固、充實、提高」的八字方針，這是發展我國建設事業上的積極方針。我卻錯誤地認為八字方針是糾偏，是權宜之計。而對於根據八字方針和當時具體情況提出來的科學戰線上的重大方針政策（十四條和七十二條），又採自由主義方式，隨取所需，甚至嚴重地曲解附會。例如，錯誤地認為十四條和七十二條主要也是糾偏，意謂大躍進時期以大搞群眾運動的方法辦科學這條道路行不通，以後又要「正規化」了。又說：「過去是三敢多了些，現在主要是三嚴，嚴字當頭」。更嚴重的是，我將這一些曲解附會在工作中予以實施，造成很大損失（這點以後還有檢查）。對政治掛帥，我以前還認為自己是接受的，沒有什麼抵觸似的。但通過運動中經過大家的分析批判，說明我對這一重大的根本方針的接受是完全空洞的、抽象的，而在具體工作中卻是抵觸的。如我在培幹工作中，一直採用「以專代紅」的辦法，這不是實質上取消了政治掛帥嗎？又如，我曾說：「紅不落實到專上是沒有基礎的，是空的」，「政治是空的，業務是實的，是真本事。」在學習了〈愚公移山〉一文後，我曾對幾個青年人說：「你們的兩座大山，一座是外文，一座是數學；你們的上帝就是勤學苦練」。這些話說明我腦袋裏沒有無產階級的政治，而片面

強調業務上過的硬，這已不是一般的重專輕紅問題，而是根本上要不要無產階級政治領導的大是大非問題了。而且，對青年人說這些話，實質上就是灌輸最可怕的毒素，危害性很大，這也同培養無產階級革命接班人是背道而馳的。

4、對於對外政策總路線的態度

在這方面，我也有過一些錯誤的想法和言談。例如，我曾說：「反帝、反修和反對各國反動派同時進行，我們恐怕吃不消，應有主次先後。」又說：「我們還不富裕，對外支援，不能太多，應適可而止」，和「我們交的儘是窮朋友、小朋友」等等，這和資產階級「三和一少」的反動謬論不謀而合，也是反映了階級立場的原則性錯誤。通過這次四清運動和最近市政協的時事形勢學習，我清楚地認識到，現代修正主義、帝國主義和各國反動派本質是一樣的，他們相互依賴，狼狽為奸，非同時反對不可。並且，只有盡最大努力支援全世界一切要革命的人民，同他們結成最廣泛的國際統一戰線，世界革命才能取得徹底的最後的勝利。

此外，我還讚揚過美帝的反動頭子、全世界人民的頭號公敵甘迺迪，說他「年青有為，一下子就制服了赫魯雪夫」。（指赫魯雪夫在加勒比海危機中的投降事。）還說，「尼赫魯的反華是因為他吃了美帝一百二十噸小麥，只好充當美帝反華的馬前卒子了」。並說：「尼赫魯比印度反動派裏的其他人還好一些」，等等。這些都是十分危險和反動的論調，說明我沒有從階級本質來觀察和分析問題。因為只要認識到這兩人是美帝和印度一小撮大資產階級的代表，就能徹底認識清楚他們是什麼樣的人了。現在已認識到，反動傢夥越狡猾越偽善，危險性也就越大，就越應仇恨才對。

5、對黨委和黨支部領導的極其嚴重的錯誤認識

黨委是集體領導，是組織領導，黨委委員和書記都是黨委集體的成員，只是職務上的分工不同罷了。過去我錯誤的突出了黨委書記的地位和作用，將書記突出於集體領導之上，認為只有書記才是黨委領導，其他成員如副書記、委員……只是書記的副手和助手。這種錯誤的看法，違背了黨委集體領導的原則，是十分錯誤和危險的，因為這樣就容易產生「個人崇拜」和「個人迷信」的歪風。同時，正因我有這種錯誤的看法，而我所黨委書記又是分管物理室的副所長，加之孫所長性情溫和、說話委婉，我覺得他水平高，從而形成了我對我所黨委成員中只聽孫所長的話，也只向他請示、彙報，這樣的錯誤行動，是和黨委集體領導的精神完全是背道而馳的。

黨支部是最重要的基層領導，是黨的方針政策得以貫徹執行的基本保證。由於我錯誤地理解了七十二條中關於研究室主任責任制的精神，把自己置於物理室黨支部之上，這是極端嚴重的錯誤。同時，因為沒有接受支部的領導，常常獨斷獨行，使工作中產生原可避免的一些錯誤，其後果更為嚴重。今後我一定要在支部直接領導下搞好工作。

6、**對黨所交給任務的態度**

我回國以來，黨對我高度信任，給我高職厚祿，並對我耐心教育和培養、深切關懷和無微不至的照顧，真是恩重如山。黨希望我為祖國的海洋科學事業作出點成績，培養一些又紅又專的青年來。可是幾年來，我卻沒有把主要精力放在親自動手做研究上，而忙於一些日常的業務行政工作。在別人寫好的論文上，作些文字修改和翻譯工作等方面（關於搞翻譯，下面另有檢查），這不但是辜負了黨的期望，對一個研究人員來說，也是嚴重的失職行為。此外，我又一心追求抽象的、空洞的提高，引導物理室（特別是一組）青年搞「三脫離」（脫離生產、實際和群眾）的研究，把這個組的科學研究，引向資本主義道路。在幹部培養方面，我不是用政治掛帥，而是用物質刺激辦法，把青年人引向「和平演變」的道路，這些都是我嚴重地背離了黨交給我的任務，並給黨和革命事業帶來了巨大的損失。

而更嚴重的是，在64年8、9月間，即在四清運動前僅僅幾個月前，在一次室務會議成員的生活會上，因有人對我硬性培幹的方法提出了一些批評，摸了我的「老虎屁股」，我竟勃然大怒，狂妄地說：「物理室副主任我不幹了。」這實際上是與黨鬧對立，甚至明目張膽地要與組織較量了。在黨的教育和培養了十多年後，我竟因一事不合心意就放肆地說出這樣的話來，活生生地證明瞭周總理在《政府工作報告》中所說的「資產階級有強烈地走資本主義道路的反動性」這一論斷的千真萬確。

此外，對黨提出的知識份子上山下鄉這一號召，我原則是擁護的，但一接觸到個人問題時，也有抵觸情緒。這也說明瞭資產階級知識份子不但把知識視為私有，即連子女也是視為私有的，而且階級本能還強烈地要求子女走自己的道路，做自己階級的接班人。這明顯地是和黨爭奪下一代，也是尖銳的階級鬥爭。通過這次四清運動，對這一問題已有了比較正確的看法：應該聽黨的話，讓自己的子女走上黨所指引的道路。有了這一點思想準備，保證可以跟著黨走。當然，還有待進一步努力，從勉強跟著走而轉為完全自覺自願、積極擁護。

（二）在科學研究上走什麼道路的問題

科學戰線上兩條道路的鬥爭，首先反映在「為誰服務」這一問題上。社會主義的科學研究，是為社會主義的生產建設和國防建設服務的，理論必須聯繫實際，一切研究工作必須按計劃進行，一切研究工作人員，必須全心全意地為人民服務，這是社會主義的科學道路。反之，為少數人的興趣、名利服務，亦即自由化和私有化的道路，則是資本主義的科學道路。以此為準則，來看看這幾年來我在研究工作上的所作所為，錯誤是十分嚴重的。主要表現在如下三方面：

1、引導物理室（特別是一組）走「三脫離」的科研道路

61 年我從普查辦公室回來後，在科學研究上一味追求空洞的和抽象的提高，曾說過：「現在（物理室）一組的主要任務，是在普查報告的基礎上提高一步，說出幾句有水平的話來。」因此，在制定年度計畫時，總是從十年規劃中挑選一些比較容易「出成果」（寫論文報告）的三脫離課題，而對於一些最基本的「鋪路石子」的研究課題和任務性較強的課題，總不願搞。例如：63 年國家科委海洋組提出「水文預報方法研究」這一重要項目，並要求我們室（一組）重點搞，我就藉口條件不成熟，不願搞想推出去，實在推不了又想拖。64 年雖將它列入年度計畫，但仍未認真對待，僅在幾個研究題目的末尾，拖上一條尾巴——「……及其預報方法的研究」，真如大字報所說是「掛羊頭，賣狗肉」。這樣當然搞不出什麼成績來。又如：對全所的重點題目——「舟山漁場的調查研究」，我也很不積極，甚至連總題目的幾個負責人之一也不樂意承當，覺得老開會，費時間，因此一心想推出去。反之，對於三脫離的「杭州灣混合問題的研究」這樣的題目，認為有「水平」，卻安排了較多的力量進行。在我的資本主義學術思想主導下，使一組其他同志也受到影響。因之，搞三脫離的研究課題，幾年來已相效成風，使有一定研究力量的（物理室）一組，

沒能做出像樣的成績來。這是一項重大的損失，是我對黨和人民犯下的一大罪孽。

2、培養只專不紅的「白色接班人」

直到四清運動之初，我還錯誤地認為：幾年來自己在科研工作上做得不多，但在培養幹部上還是盡了力量的，覺得有些「苦勞」，而把培幹工作也視為我的「老虎屁股」，別人碰不得。通過同志們的揭發和群眾的分析批判，我才清楚意識到：這幾年我在培幹工作中所走的道路，正是和黨所要求的又紅又專的道路背道而馳的只「專」不紅的「白專道路」。由於方向錯了，因此我在這方面費的心思越多，做的工作越多，錯誤也就越大，危害性也越嚴重。現在檢查起來，我在這方面的錯誤是很嚴重的，其中最主要的是：（1）招兵買馬，拼湊班底，試圖建立一個以我為中心的水文動力學班子；（2）以軟硬兼施的辦法，強烈地推行這一計畫的實施，而這實質上是把青年引向「和平演變」的道路。更嚴重的是，我強硬地推行了這樣的錯誤的培幹辦法，使物理室一組的政治空氣十分淡薄，這實質上就是向青年人灌輸「三過」（政治上過得去、業務上過得硬、生活上過得好）思想的毒素，對青年起了不小的腐蝕作用。通過四清運動，現在青年同志們已在和這種錯誤思想劃清界線，但思想上的消毒工作還很艱巨。這一事例表明：政治方向錯了，工作不但不會有成績，而且將導致極嚴重的不良後果，這個教訓我將永志不忘。

3、我自己的嚴重突出的名利思想

這幾年，物理室一組已有一定的研究力量，計畫任務又很重，我作為一個高級研究人員，正應該以主要精力，親自動手做研究，並和青年同志們一同工作，來很好地完成科研任務。可是我沒這樣做，主要是浮在上面，指手劃脚，發號施令，事實上成為脫離群眾的「樑上君子」，最後只是把青年同志已寫好的論文報告，在文字上修修改改，而自己也掛上個空名，以取得「名利雙收」，這實際上就是一種剝削行為。這種作法，不但使研究工作受到嚴重影響，對我自己來說，長期不親自動手，更是十分危險的。「學如逆水行舟，不進則退」，如不猛首回頭，急起直追，照舊下去，那將不堪設想。「冒牌科學家」這張大字報值得深思和警惕。

56～58 年我曾以極大精力，長期從事業餘的大量翻譯工作。這雖在 58 年的「雙反」運動中進行了分析批判，但現在來看，當時對於這一錯誤的性質，還認識得不夠，以至在 63 年底和 64 年初，又仍以三、四個月的業餘時間，進行了大量的翻譯。通過這四清運動，認識到這樣大量搞翻譯，就其性質來說，已不至是一般性的個人名利思想問題，而是和農村大量搞「自留地」、市里搞「地下工廠」同樣性質的錯誤。也就是說，錯誤的性質已轉化為兩條道路鬥爭的大是大非問題了；私人搞翻譯這一資本主義的個體經濟在猛烈衝擊著社會主義的集體經濟——計畫工作。這個教訓，也必須牢牢記住，只有這樣，才能保證舊病永不再犯。

4、嚴重的鋪張浪費和「二萬五事故」

黨一再教導我們要勤儉辦科學，少花錢，多辦事。而我卻沒這樣做，並造成了嚴重的鋪張浪費。在儀器設備的購置方面，我有著濃厚的五「貪」(貪多，貪大，貪新，貪全，貪洋）思想，因而，造成物理室大量盲目採購和嚴重的積壓浪費。另一嚴重錯誤是，儀器設備買來後，我很少過問，甚至象價值昂貴到五萬多元用外匯買來的羅伯茨海流計也無專人負責，以至被二組在海上丟失，零件又散失很多，這是嚴重的對國家資財不負責任。64 年 7、8 月間(一組混合實驗室)所發生的「二萬五事件」是物理室在器材設備上存在著嚴重問題的一次大暴露。這是一次嚴重的責任事故，而我又是這一事故的直接的主要負責人。我在這一事故中的主要錯誤在：（1）事前，不惜冒巨大風險，為了急於取得我想要的觀測資料，以技術上尚未過關，價值兩萬五千元左右的整套浮標設備進行冒險。（2）更嚴重的是，事後對這樣大的損失，不感痛心，反而認為在所難免，並還想冒更大的危險，去杭州灣再幹。此外，我這種嚴重的鋪張浪費思想還有意無意地影響了別人，物理室不少人在添置儀器設備時，都有大手大腳的通病，這和我嚴重的鋪張浪費思想密切相關。此外，在出海用船方面，過去由於訂出海計畫沒有走群眾路線，訂得不夠深入細緻，並且各實驗室、各研究題目各自為政，沒有通盤計畫，造成巨大浪費，主要也是我的錯誤。

（三）**思想作風和其他方面的問題**

1、**思想作風問題**

我在思想作風方面錯誤也是極其嚴重的。過去總這樣原諒自己：這是個性和脾氣問題，不是什麼大問題。通過這次四清運動，現在認識到思想作風問題，特別是嚴重的思想作風問題，不是什麼脾氣問題，而是階級立場問題。因為一個人的思想作風問題，正是他們階級立場通過意識形態反映出來的，因此思想作風也是有階級性的。思想作風直接關係團結，並且影響工作。我在思想作風方面的錯誤主要表現在以下各方面：

封建式的家長作風，獨斷專行，自己說了算。有事不和群眾商量，嚴重地脫離群眾，這樣使物理室（特別是一組）同志們的心情很不舒暢，嚴重地挫傷了他們的積極性和創造性，使工作蒙受損失。同時，由於不走群眾路線，使一些本可避免的損失終於發生了。再讀毛主席在《農村調查》序文中所說：「群眾是真正的英雄，而我們往往是幼稚得可笑的」；又說：「和全黨同志共同一起向群眾學習，繼續當一個小學生，這就是我的志願」等語，我真慚愧不已。今後，我決心學毛主席的榜樣，虛心向群眾學習，甘當群眾的小學生。

「權威」思想和特權思想。我的「權威」思想和特權思想都很嚴重。前者突出地表現在經常盛氣淩人，好發脾氣，這是唯我獨尊，不以平等待人的表現，嚴重地影響了團結和工作。例如，我和海洋學院赫崇本同志的關係就因為我對他的態度不好，對他不夠尊重，從而兩人關係一直不正常，也影響了兩個單位之間的合作關係。今後，我決心主動和他搞好關係。特權思想最突出的表現是出差時住房子要高級的，出門要乘小汽車。冬天辦公室的爐火要別人代點等等，這是不以普通勞動者自居，而是把自己放在不恰當的位置，也是階級本性的反映。這些錯誤應儘快改正，並時時警惕，以免重犯。

2、其他方面的問題

我除了有上述種種嚴重錯誤外，我還有性質極嚴重，影響極壞，危害性極大的一項錯誤。就是不時地向人家宣揚美帝的物質富裕和生活方式。例如，我曾說：「在美帝最怕的是失業，只要不失業有工作，一般工人生活也很好，很多工人都自己有小汽車。」還說：「美帝的桔子真多，真便宜，兩三分錢一磅，一買起碼五磅十磅⋯⋯」等等。我回國十多年來，經過黨長期的教育培養，今天，美帝不但仍霸佔著我們的臺灣，並正在世界各地到處犯下滔天罪行，而我對美帝不是痛恨和仇恨，卻讚揚它的物質富裕和生活方式，這是什麼問題？經過這次四清運動和最近的時事學習，我清楚地認識到，我之所以對美帝不恨，正是因為自己受美帝精神文化侵略的遺毒太深，又在美帝長期生活過。因此，在我的思想深處，有很多所謂「美國文明」的東西，如物質富裕、科學發達、「民主自由」、工作效率等等。對這些「美國文明」的東西，我只看到它們的表面現象，沒有看到它們的本質。這些所謂美國文明的本質是什麼呢？毛主席在〈別了，司徒雷登〉一文作了一針見血的分析，主席在這篇文章裏指出：「美國確實有科學，有技術，可惜抓在資本家手裏，不抓在人民手裏，其用處也就是對內剝削和壓迫，對外侵略和殺人。」事實正是這樣。我所宣揚的美帝那套，不全是少數資本家對內剝削和壓迫，對外侵略和掠奪來的嗎？哈瓦那宣言中說：「美國資本家每一千元的利潤就代表了拉丁美洲國家一條人命。」美帝今天還在世界各地瘋狂殘暴地侵略、殺人和掠奪，對這些血淋淋的事實不是痛恨而反讚揚，這是什麼樣的階級感情呢？再說，資本主義制度和社會主義制度是針鋒相對截然不同的，對帝國的制度不憎恨，也就是對社會主義制度不熱愛，這一憎一愛有著明顯的階級性。通過這些分析，我更深切體會到：只有通過認真積極的自我改造，根本轉變了自己的階級立場，才能真正地徹底地痛恨美帝，仇視美帝和蔑視美帝，徹底消滅世界上的一切資本主義制度和剝削制度而貢獻最大力量。

三、優缺點

（一）優點

1、對黨的重大方針政策一般是擁護的，對黨的領導一般是接受的，並願意走社會主義道路。

2、願意學習並進行自我改造；通過這次運動逐步深入，思想覺悟和認識有所提高，態度有所端正。

3、對人比較熱忱坦率，對工作比較認真負責，做事也比較大膽潑辣。近幾年來在培養幹部、鞏固物理室一組的研究基礎和穩定研究秩序，進行黃、東海環流研究等方面作了一些工作，且也有一定效果。

（二）缺點

1、對黨方針政策中某些同個人利益相抵觸的地方有懷疑、不滿，甚至有抵觸情緒。組織紀律性欠好，思想意識上兩條道路的鬥爭問題還沒有解決。

2、學習和自我改造不夠主動積極，有時還有些放鬆；在這次四清運動之前，對運動的偉大意義認識不足，在運動初期則有模糊和錯誤思想，甚至有所顧忌。

3、科學研究和幹部培養工作走錯了方向（在科學研究上引導物理室一組走三脫離的道路；在培養幹部方面，不是以政治掛帥，培養又紅又專的幹部，而是「以專代紅」，培養只專不紅的幹部）；資產階級的個人名利思想比較嚴重；作風粗暴。

四、今後努力方向

（一）突出政治，加強改造

政治立場的根本改造，是我的當務之急，為此必須大破大立，興無滅資，用無產階級政治——毛澤東思想紅旗來代替我滿腦子的資產階級思想和封建思想殘餘。從現在起，我決心積極認真、持續有恆地堅持毛主席著作的學習，從主席著作中，去找立場、觀點和方法。針對我當前的主要問題（改造立場觀點和意識形態），在最近一兩年內，除認真學習所黨委佈置的有關文章外，擬反復認真學習《為人民服務》、《關於正確處理人民內部矛盾的問題》、《農村調查》序言等七篇文章，決心使自己的思想意識，在短期內有較大轉變。要堅持天天讀（半小時），越忙越要讀，遇到困難時更要多讀。

（二）堅決擁護黨的領導，全心全意走社會主義道路

認真學習黨的有關指示和文件，《紅旗》雜誌上的重要文章，《人民日報》的重要社論，以正確理解黨的各項方針政策，堅決聽黨的話，接受並要爭取物理室支部的直接領導，跟黨走社會主義道路（思想上一時還沒有完全想通的要勉強跟著走，逐步做到自覺自願地跟著走）。在科學研究工作中，必須時時記住全心全意為人民服務，為生產服務，為國防建設服務這一觀點，並時時警惕「三脫離」的舊病復發。

（三）經常參加體力勞動，堅持親自動手做研究工作

過去我連最輕微的體力勞動也很少參加，今後應堅持經常參加一般的體力勞動，並希望組織上給我下鄉勞動鍛煉的機會，以培養勞動人民的階級感情，做一個實實在在的普通

勞動者。在研究工作中，必須徹底改變過去高高在上、發號施令的壞作風。堅持親自動手搞研究，和群眾一起，親臨第一線（包括「蹲點」）從最基本的工作做起；並應努力刻苦鑽研，提高業務，切切實實地做出點成績來，有所作為，有所貢獻。

（四）放下架子，虛心向群眾學習，甘當群眾的小學生

過去，我根本不懂群眾的偉大力量，從來很少和群眾商量辦事，今後應認真學習毛主席虛心向群眾學習的精神，真正理解「群眾是真正的英雄，而我們自己則是幼稚得可笑的」這一真理，決心眼睛向下，放下臭架子，甘當群眾的小學生。只有先做群眾的學生，才能做群眾的先生；並決心要把自己的一點點知識，無保留地傳給青年，為黨為人民多培養幾個又紅又專的紅色接班人。（完）

關於歷史問題的復議

在毛先生的檔案中，扎眼的還有關於對他歷史問題的「復議」和處理等報告。其中一份是「關於毛漢禮同志政治歷史問題的復議意見」：

中共中國科學院海洋研究所革命委員會核心領導小組於 1972 年 3 月 1 日對毛漢禮同志結論稱：「經審查，毛漢禮在偽浙大，偽中央研究院氣象研究所和美國學習期間，未發現政治歷史問題。毛漢禮於 1954 年回國後，在 1965 年四清運動前，對我國外交政策等方面說過一些錯話，以及在科研工作中貫徹執行修正主義路線，無產階級文化大革命中，對其進行批判是應該的，必要的。但由於極「左」路線的幹擾，混淆了兩類不同性質的矛盾，將其長期揪鬥，是錯誤的。現經復議認為：

一、原結論：「毛漢禮在偽浙大、偽中央研究院氣象研究所和美國學習期間，未發現政治歷史問題」。經復議，毛漢禮同志在偽浙大、偽中央研究院氣象研究所和在美國工作期間歷史是清楚的，未發現其有政治歷史問題。毛漢禮於 1954 年歸國參加新中國的建設，同當時美國政府實行的強行扣留我留學生的政策進行了英勇不屈的鬥爭，根據中共中央組織部（79）組通字 53 號檔應結論為愛國的革命行動，是光榮的歷史。

二、原結論：「毛漢禮於 1954 年 4 月回國後，在 1965 年四清運動前，對我國外交政策說過一些錯話」。1965 年 8 月做的鑑定材料（內部）中稱：毛對黨的重大方針政策抱懷疑不滿，抵觸情緒。毛在當時對於一些社會現象的看法並非完全錯誤，不應認為毛對黨的方針不滿，如認為「總路線多快好省都搞是做不到的」，「大躍進的東西質量不好」，「我們國家把大國（指蘇美）都得罪了，交了幾個小國家（指越、朝、阿）這幾個國家都是揩我們油的」，「如果原子彈是紙老虎，為什麼我們還花那麼大力量去搞」。鑑定材料把這些問題看成是污蔑黨的領導和懷疑社會主義制度也是不對的。如說「前幾年中國的困難，就是毛主席動腦筋動的少了點」，「周總理到阿聯沒有受到熱情接待，就是因為周總理的口袋裏的支票開不出那麼多」，「因為現在生活在我們社會裏，並不是那麼公平合理的，一個人總得學會吃虧」，說毛在青年中竭力宣揚帝國主義和資本主義，如「在美國只要找到工作，工資多得很，什麼汽車洋房有的是，即使失業領救濟金也比我們幹部生活好」，「甘迺迪就是年輕有為，很有辦法，赫魯雪夫就是被他制服的」，《鑑定材料》還稱：1957 年整風反右時，散佈了一些反動言論，如說「黨支部不懂海洋學，對海洋學發展抱有宗派」，「我國上自中央，下至各單位制度都沒有建立起來，有的單位怕犯錯誤，不求有功，但求無過，遇到問題研究研究，請示請示，只起傳達作用」，「有一部分人靠黨吃飯，必須全黨幫助毛主席，才能維持毛主席的面子」等等。上述言論是毛漢禮在我所和山東省宣傳會議上發言時講的，是毛漢禮談的自己的看法和認識，有的看法雖不妥，但不能作為散布反動言論寫在鑑定材料中，又依此在內部定「中右」，這是不妥，應予平反。

三、1972 年結論中稱毛「在科研工作中貫徹執行修正主義路線」是依據海洋所黨委 1965 年對《毛漢禮鑑定材料》。其中稱：「政治是空的，業務才是真本事，一心不能二用，你們要好好讀書」，「學毛選不是吃頭痛藥，可以馬上見效」，當有人學「愚公移山」聯繫思想時，他說「還是給我聯繫外文過關吧，你們現在每人頭上都有幾座大山，XX 是數理山，XX 是英文山」。《鑑定材料》還稱：毛在工作中為國防服務的課題不願搞，片面強調理論研究，在科研上走資本主義道路。這類問題是毛漢禮在四清運動中自我檢查的，同時毛漢禮在當時抓對青年幹部的培養，抓基礎理論研究是對的，原結論認為其執行修正主義路線的提法是錯誤的，應予推倒。

中共中國科學院海洋研究所委員會
1980．5．24

中共中國科學院海洋研究所委員會
關於對毛漢禮同志的處理情況報告

（80）海黨字第 031 號

國務院科學技術幹部局：

根據黨的十一屆三中全會精神和中共中央組織部（79）組通字 56 號檔精神，我所對毛漢禮同志的問題重新進行了復查，現將情況報告如下：

毛漢禮，男，1919 年生，漢族，家庭出身富農，本人成分職員，浙江省諸暨縣人，1943 年由浙江大學畢業，1943 年至 1947 年在偽中央研究院氣象研究所工作，1947 年去美國加里福尼亞大學斯克立普斯海洋研究所學習，1951 年為該所副研究員，1954 年回國分配到我所工作，文化大革命前為物理研究室副主任、三級研究員，青島市九三學社分社委員。

毛漢禮同志在文化大革命中長期受批判，所黨的核心領導小組於 1972 年對毛漢禮同志的政治歷史問題作過結論，粉碎「四人幫」後曾召開全所大會對其平反，1978 年安排為海洋研究所副所長。

經複查，1972 年的結論不符合三中全會和中組部（79）組通字第 53 號文件精神。如稱：「毛漢禮，在偽浙大、偽中央研究院氣象研究所和美國學習期間，未發現政治歷史問題」和「對我國外交政策等方面說過一些錯話，執行修正主義科研路線，無產階級文化大革命中，對其進行批判是應該的，必要的」。同時，在其檔案中還發現所黨委於 1965 年寫的《毛漢禮鑑定材料》（內部材料）中說「回國情況尚未搞清，（係指不知為什麼從美國回國）」和「實為右派按日內瓦會議後回國的不劃右派而劃為中右」的結論，據此，經所黨委研究討論決定：

毛漢禮同志的歷史問題，毛在偽浙大、偽中央研究院氣象研究所和美國工作期間歷史是清楚的，未發現其有政治歷史問題，由美國回國參加社會主義祖國建設這段歷史，根據 1979 年 53 號文件精神作為「是愛國的革命行動，是光榮的歷史」。要向本人宣佈並列入個人檔案材料。

撤銷中共中國科學院海洋研究所革命委員會核心領導小組 1972 年 3 月 1 日關於毛漢禮同志在文化大革命中的結論。

根據中央（79）65 號文件精神撤銷中共中國科學院海洋研究所委員會 1965 年對《毛漢禮鑑定材料》中定為中右的結論，對鑑定材料中不實之詞應予推倒。

毛漢禮同志問題復議之後，由所黨委書記白學光同志找其談話，宣讀了中共中央組織部（79）組通字 53 號文件，說明瞭所黨委的復議意見並徵求毛漢禮同志個人意見。毛漢禮同志心情激動，一再表示：感謝黨的英明，向前看，團結起來搞四化，將自己的餘生貢獻給四化建設。

附件：關於毛漢禮同志政治歷史問題的複議意見

1980 · 7 · 9

張兆瑾

清華校友會副主席

一份幹部任免呈報表

自述

自述補充材料

自我檢查

清華校友會副主席

張兆瑾（1908～2003）

浙江江山人。1933 年畢業於清華大學地質系。1933 年至 1940 年在經濟部中央地質調查所任技佐、技士。1940 年至 1943 年為西康地質調查所地質師兼西康技藝專科學校地質系副教授。1943 年至 1949 年任資源委勘處工程師、中國地質工作指導委員會高級工程師、地質部地質礦產勘探局南京辦事處高級工程師。1953 年至 1958 年任長春地質學院礦床學教授兼任中國地質科學院地質研究室研究員。1958 年至 1961 年任中國科學院長春地質研究所研究員。自 1961 年起任中國科學院海洋研究所研究員。主要從事礦床學與礦床地質研究。

主要論著有：《中國銻礦之類別》（1937 年）、《中國鎢礦之成因及類別》（1937 年）、《中國銻礦之新分類》（1944 年）、《中國銻礦區域論》（1951 年）、《記皖南銅陵、銅官山及獅子山銅鎢、鉛礦在中國首次發現及研究》（1951 年）、《中國鎢礦之成因分類與大地構造及火成岩關係中鎢礦帶發展的規律性》（1957 年）、《中國南部白鎢礦床的工業類型及其意義》（1957 年）、《中國鎢礦地質志》（1966 年）、《淺海及其港灣油氣尋找標誌及其重要意義》（1980 年）、《鎢礦探討及其展望》（1980 年）

在我的印象裏，幾乎沒聽張兆瑾先生說過什麼。矮矮小小的一個小老頭，戴著一副有著一圈圈波紋如玻璃瓶底的厚鏡片的眼鏡。走路有些蹣跚。我初參加工作時，在海洋地質室裏第一份工作是為地質室中級職稱以上的專業人員抄寫《科技幹部專業技術檔案》，將近一百多人的研究室，中級以下的人員很少，副研究員以上的人員更少，形成兩頭尖的紡錘形。當時我經手抄寫的有六七十份，地質室黨支部鄭書記（一位從海軍航空兵轉業到海洋研究所的團政治部主任）讓大家交來寫好的草稿，讓我在正規印製的檔案表上給大家抄寫，有少數幾位老師的科技檔案不是我抄寫的，其中就有張兆瑾先生的。當時給我印象深刻的是，地質室的科技人員中，只有寥寥無幾的幾位副研究員，譬如後來成為科學院院士的秦蘊珊、工程院院士的金翔龍，當時都還只是副研究員。張先生自己拿著檔案表交給鄭書記時，我記得當時老先生仍是沒說什麼話，只是悄悄進來，遞給鄭書記。鄭書記遞給我看，讓我把張先生的檔案表放到抄寫好的那摞檔案中。張先生的科技檔案填寫的密密麻麻，字跡非常小也非常工整，我很奇怪，這是張先生自己填寫的嗎？不是，是張先生的孫女張英幫他抄寫的。張英當時也在地質室，做臨時工，其實是為了照顧老先生。後來張英轉成了正式的職工身分，離開了地質室，去了生物室，我和她也成了在海洋大學讀「夜校」的同學。張先生是地質室唯一的研究員，但是在我到地質室的時候，張先生明顯已邊緣化，雖然生活上得到照顧，職稱上也無人可比，但在研究室的課題和業務上，明顯已屬於退休狀態，儘管老先生還天天來上班，並沒辦理退休手續。不久，我開始抄寫地質室的第一部研究專著《渤海地質》，此書是地質室二十多年來工作的總結，也是「文革」後第一次出版專著，是集體編寫的。當時負責最後統稿的趙老師把大家交來的一

▲張兆瑾先生（1950 年代）

章章內容定稿後，再由我謄清在稿紙上，當時趙老師是地質室最年輕的副研究員，剛到五十歲。有一次我問他，怎麼沒有張老先生的文章？趙答：他不做這些，他是做大陸地質的，搞銻礦的。後來和趙老師熟了，說話也隨便了，就又問：張先生看上去沒人理睬，顯得和地質室沒有關係。趙老師說：當年不是這樣的，主要是老先生不瞭解海洋地質，其實他不應該改行搞海洋地質的。

是的，後來瞭解多了，確實感覺張先生改行是個錯誤，但張先生改行不是自己選擇的，1961 年中國科學院長春地質研究所取消，人員分配來青島海洋研究所，加強地質室的力量，張先生當時是長春地質所的研究員，是按照組織上的安排跟著大家一起來到青島的。1965 年從北京大學地質系畢業的蒼先生後來對我說，他剛畢業來到地質室，第一項工作就是為張先生抄寫《中國銻礦志》的書稿。不過，直到我 1998 年離開海洋所，張先生的書也沒出版。1986 年，我們在青島承辦了中國海平面變化研討會，當時我跟著趙、蒼幾位老師在秘書組，來參加會的有一位是從福州來的老先生林觀得教授，老先生個子高大，身板硬朗，西裝筆挺，外邊一件呢大衣，老先生自稱是老「運動員」，當時我們幾個年青人很意外，這麼大歲數的老教授怎麼還是運動員呢？他一解釋我們才明白，是說他在 1949 年後歷次的政治運動中他都是被批鬥的對象，所以自稱為老「運動員」。林先生來青島後第一件事就提出來要去看望張先生。當時我們幾個年輕人一愣，林先生要看望哪位張先生，原來是張兆瑾先生。當時我正好剛讀了蕭乾的文學回憶錄，蕭乾回憶當年在南方生活的情景時，提到了三十年代在一所學校當教務長的林觀得先生對他的幫助，說林先生是一位地理學家。看到從我正讀的書中走出來的林先生要去拜訪在我眼裏絲毫不起眼的張先生，後來再看到張先生，我就想，這個小老頭一定也有不簡單的經歷吧。

後來，我陸續地知道，張先生還是清華校友會的副會長，資格很老，在 1949 年前做了許多地質調查和研究工作，尤其在銻礦方面做了很多工作。和張先生有過一次「親密」的接觸，是給他陪了一晚上的床。有一次研究室的行政秘書找到我，讓我和另一位年輕同事一起到醫院去給張先生陪床。張先生病了，住進了醫院，當時是在急診室，我們守護了他一晚上，第二天早晨張英來接替我們。那個晚上張先生始終昏迷，神智不清。早晨我們離開時，張先生睜開眼，擺擺手，表示謝意。就陪了張先生一晚上，很快張先生就住進了高幹病房，張先生的級別不低，好像是「三級教授」，具體的我並不清楚，只是從老師們的議論中得到的印象。張先生住院了一段時間後，就很少看到他來單位了。漸漸地張先生就從我們地質室消失了。再很少聽到張先生的消息。

▲1949 年前的張兆瑾先生

在參加編寫「所志」時，我第一次看到了張先生的檔案，當時驚訝地的是張先生年輕時是很帥氣的，有一張他年輕時（相對於晚年）的照片，看上去和我見到的張先生南轅北轍……

一份幹部任免呈報表

為了撰寫本書，我又查閱了張先生的檔案，張先生檔案中的一張《幹部任免呈報表》引起了我的興趣，只是薄薄的一張印著表格的紙，正反兩面。此任免呈報表是 1978 年 3 月 14 日呈報、3

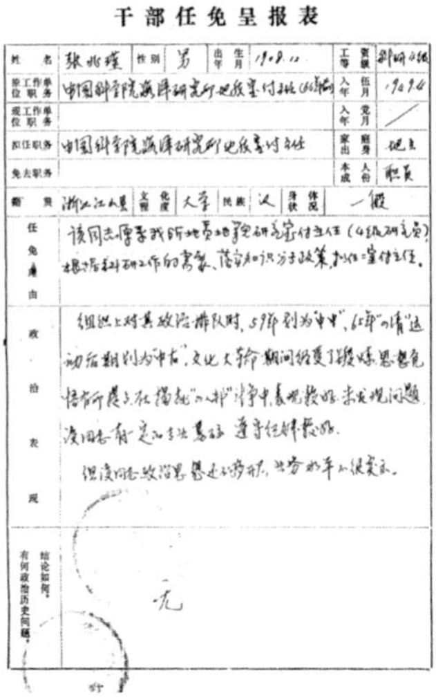
干部任免呈报表

姓名	张兆瑾	性别	男	出生年月	1908.11			工资等级	
原工作单位职务	中国科学院海洋研究所地质室付主任							入伍年月	
现工作单位职务								入党年月	／
拟任职务	中国科学院海洋研究所地质室付主任							家庭出身	
免去职务								本人成份	职员
籍贯	浙江	文化程度	大学	民族	汉	身体状况	一般		

任免理由：该同志原系我所地质地貌研究室付主任（4级研究员），根据科研工作的需要、落实知识分子政策，拟任二室付主任。

政治表现：组织上对其政治排队时，59年划为"中中"，65年"四清"运动后期划为"中右"，文化大革命期间经受了锻炼，思想觉悟有所提高。在揭批"四人帮"斗争中，表现较好，未发现问题。该同志有一定的专业基础，遵守纪律较好。

但该同志政治思想还不够开展，业务水平不很突出。

结论如何，有何政治历史问题：无

月 28 日通過「中共山東省革命委員會科學技術委員會黨組」審批的，那一年張先生正好七十歲。這張任免表上注明，張先生在 1966 年前擔任海洋研究所地質室副主任，現在擬任的職務仍然是地質室副主任，任免理由是：「該同志原係我所地質地貌室副主任（四級研究員），根據科研工作的需要、落實知識份子政策，擬任二室副主任。」二室也就是地質室。在任免理由的下一格，是「政治表現」，內中填寫道：

組織上對其政治排隊時，59 年劃為「中中」，65 年「四清」運動後期劃為「中右」，文化大革命期間經受了鍛煉，思想覺悟有所提高。在揭批「四人幫」鬥爭中，表現較好，未發現問題。該同志有一定的專業基礎，遵守紀律較好。

但該同志政治思想還不夠開展，業務水平不很突出。

背面的表格裏有張先生的主要簡歷：

1915．8～1927．1 在原籍、杭州、天津等地上小學、中學、大學。

1927．3～1927．5 杭州軍政學校訓練班學員。

1927．8～1928．7 廣州中山大學。

1929．9～1933．6 清華大學地質系學生。

1933．7～1940．7 偽中央地質調查所技佐，技師。

1940．8～1943．11 偽西康地質所技師。

1943．12～1949．4 偽資源委員會礦產測勘處工程師。

1949．5～1953．3 南京礦產局工程師。

1953．4～1958．6 長春地質學院教授。

1958．7～1961．3 中科院長春地質所研究員。

1961．3～　　　　中科院海洋所研究員兼地質室副主任。

從張先生的簡歷中不難看出，張先生到青島海洋所來已經五十多歲了，他的專業領域屬於陸地地質學，海洋地質顯然對他來說是個新領域。張先生的專業特長是中國銻礦，一部《中國銻礦志》成了他一生在編撰的專著，但即使到最後，這部難產的銻礦志也沒有完成。《中國銻礦志》與中國陸架海的地質學顯然有著一段不短的距離。張先生到青島來，完全是從新開始。作為海洋地質室唯一的研究員，張先生顯然沒有在海洋地質領域建立權威，即便在地質室，他的權威也沒建立起來。地質室的主任在 1978 年前，是由北京中科院地質所的葉連俊先生兼任的。

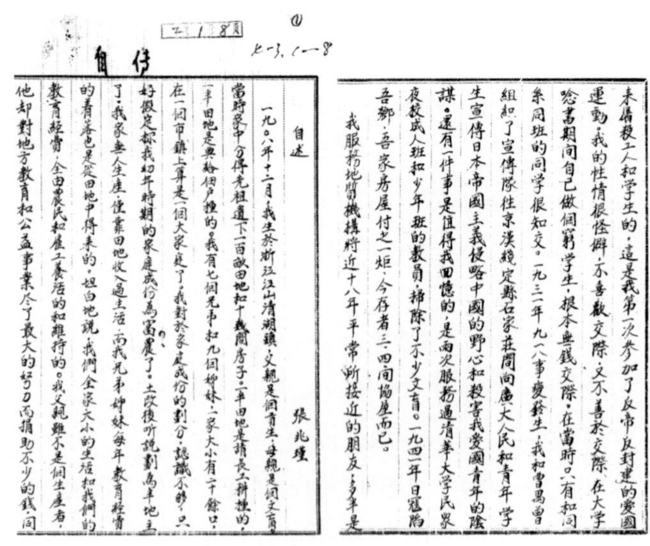
自傳

自述　　張兆瑾

一九○八年十二月，我生於浙江江山清湖鎮，父親是個青生，母親是個文盲，當時家中分得先祖遺下一百畝田地和十幾間房子。一半田地是請長工耕種的，一半田地是典給佃户種的。我有七個兄弟和九個姊妹，一家大小有二十餘口，在一個市鎮上算是一個大家庭了。我對於家庭成份的劃分，認識不够，只好假定就我幼年時期的家庭成份為富農了。土改後聽說劃為半地主了。我家無人生產，僅靠田地收入過生活，而我兄弟姊妹每年教育經費的着落也是從田地中得來的。坦白地說，我們全家大小的生活和我們的教育經費，全由農民和雇工養活的和維持的。我父親雖不是個生產者，他却對地方教育和公益事業尽了最大的努力而捐助不少的錢，同

來屠殺工人和学生的，這是我第一次參加了反帝反封建的愛國運動。我的性情很怪僻，不喜歡交際，又不善於交際，在大学唸書期间自己做個窮学生，根本無錢交際。在當時只有和同系同班的同学很知交。一九三一年九一八事變發生，我和曹禺曾組織了宣傳隊往京漢綫定縣石家莊間向廣大人民和青年学生宣傳日本帝國主義侵略中國的野心和殺害我愛國青年的陰謀。還有一件事是值得我回憶的，是兩次服務過清華大学民衆夜校成人班和少年班的教員，掃除了不少文盲。一九四一年日寇陷吾鄉，吾家房屋付之一炬，今存者三、四间協屋而已。

我服務地質機構將近十八年，平常所接近的朋友，多半是

自述

張先生檔案中另一份引起我注意的是他的「自述」——是用毛筆小楷豎行抄寫的：

> 1908 年 12 月，我生於浙江江山清湖鎮，父親是個貢生，母親是文盲。當時家中分得先祖遺下一百畝田地和十幾間房子。一半田地是請長工耕種的，一半田地是典給佃戶種的。我有七個兄弟和九個姊妹，一家大小有二十餘口，在一個市鎮上算是一個大家庭了。我對於家庭成分的劃分，認識不夠，只好假定稱我幼年時期的家庭成分為富農了。土改後聽說劃為半地主了。我家無人生產，僅靠田地收入過生活，而我兄弟姐妹每年教育經費的著落也是從田地中得來的。坦白地說，我們全家大小的生活和我們的教育經費，全靠農民和雇工養活的和維持的。我父親雖不是個生產者，他卻對地方教育和公益事業盡了最大的努力而捐助不少的錢，同時佃戶對他的感情很和諧。
>
> 1922 年我畢業縣立高小，父親在同年八月間去世。1926 年我畢業杭州中學，旋考入南開大學預科肄業半載，因用費過巨，家中無法負擔，令予輟學南歸。時北伐軍已攻入江浙，我隨大哥張寔由滬經甬轉杭，無何與表兄姜天巢在杭會聚，遂賃屋於南城居住。不多時家兄和表哥應杭州女師之聘，擔任教職，家兄因兼主事務，住宿校中。我和天巢住在一起，他便介紹我看過兩冊書，一冊是資本論，一冊是唯物史觀。

我看完那兩冊書之後，對於社會主義和共產主義，才有了初步認識，然而還是不十分瞭解。時東路軍總指揮——現在的戰犯何應欽——以杭州共產黨猖獗，大舉清黨，設立清剿指揮部密佈特務，在一個深夜的春天，天巢、兆慶、毛繼和及我被捕解往司令部去了，我們在司令部押留兩三點鐘，便釋放回家，而天巢則被解往上海殺害了。

1927 年我考入廣州中山大學，目的為了減少家庭教育經費的負擔。1929 年暑假畢業，轉考入清華大學本科，為的是中大教育水準不夠高，讀書環境不很好。1933 年我畢業清華大學地學系，從此結束了我的學生生活而和社會開始接觸了。

自我畢業清大之後，參加了北京地質調查所工作，從練習員而技佐而技士，先後服務達七年之久。1941 年 8 月離開地質所，轉職於西康地質調查所，所長張伯顏不諳地質，所中一切調查計畫由我負責。惟康所一切設備簡單，經費時常拖欠，以至影響生活，工作無法展開。1943 年 1 月應西康技專李書四校長之聘擔任該校礦冶科地質副教授。1943 年 8 月堅辭東下經赴貴陽，參加資委會礦產測勘處工作，嗣後隨處遷渝，勝利後還都復員，東下去寧。解放後，我處兩度改隸，而我仍供原職。現在直屬地委會領導。我先後服務地質界十八年，始終沒有離開過我的工作崗位。

我在中學讀書時期，因為年紀很小，對於社會活動和政治認識根本就談不到。當時我和石家珍黃長波高順德三位同學最好，他們對於愛國運動都是很熱心參加的同志。1924 年五卅慘案發生，全國工人學生為死者復仇而罷工，那時我才開始認識了英帝國主義者是怎樣兇惡來幫助中國軍閥、官僚資本家和買辦資產階級來屠殺工人和學生的，這是我第一次參加了反帝、反封建的愛國運動。我的性情很怪僻，不喜歡交際，又不善於交際，在大學唸書期間自己做個窮學生，根本無錢交際。在當時只有和同系同班的同學很知交。1931年九一八事變發生，我和曹禺曾組織了宣傳隊往京漢線定縣石家莊間向廣大人民和青年學生宣傳日本帝國主義侵略中國的野心和殺害我愛國青年的陰謀。還有一件事是值得我回憶的，是兩次服務過清華大學民眾夜校成人班和少年班的教員，掃除了不少文盲。1941 年日寇陷吾鄉，吾家房屋付之一炬，今存者三、四間協屋而已。

我服務地質機構將近十八年，平常接近的朋友，多半是地質界的同仁。我很少和同鄉來往，為的是他們不是國民黨反動派的走狗，就是特務頭子戴笠毛森的徒子徒孫。記得有一次（忘記哪一年）勸告和說服一位朋友叫毛松欽，要他脫離了特務工作。他毫不考慮並接受了我的意見，後來就在杭州清波中學教書了。還有一個時期我常常和大哥寫信說，一個人不要在老家靠祖宗遺產養活一輩子，更不要剝削勞動者的收穫當作你自己的利潤。這兩句話可能引起了 1939 年他在老家加入共產黨的動機。

解放前，我對於國民黨反動政府一切欺騙、壓迫、剝削、愚民的一貫政策；主觀的，官僚的，貪污的，不為人民謀利益的作風，我早就痛恨在心，我同時還有更看不上眼的那些甘心為帝國主義作忠實走狗的人們，他們表面上裝著假慈悲，籍救濟物資為名，以獲得自救自肥為果實。反而真正窮人得不到救濟物資的援助，有錢有勢有力有官的人員，都大發洋財了。我更恨特務份子到處橫蠻、強姦婦女、燒殺掠奪、無惡不作。我更恨惡霸地主，籍封建勢力壓迫農民，高利貸也剝削他人財產。然而我對於共產主義的瞭解不太夠，我雖然接近共產主義的途徑，我始終認為我的思想太麻痺，不勇敢，對於敵友的界線太模糊，對帝國主義和法西斯式的反動政府還存著幾分恐懼。這是證明我立場不堅定、沒有掌握著向社會主義這條道路的方向邁進。

解放後，我經過了多次學習，深深地把我過去最容易犯的小資產階級思想——一種封建社會的傳統觀念——漸漸地洗刷了。我更進一步認識敵友的界線，我穩定著我的立場，要搞好自己工作，提高自己技術，為人民多服務，在毛主席的領導下為新中國建設而努力。我更要勇敢地起來，去了害怕觀念，為抗美援朝而努力，為反對美帝武裝日本而奮鬥。我還要為貫徹人民政府鎮壓反動黨團及特務人員登記而協助檢舉。最後我還要為反封建反惡霸而鬥爭，為的是幫助人民政府早日勝利完成土改的工作。

這份「自述」從文中所說的時間和內容推算，應該是 1951 年在「土改」和「肅反」結束後寫給組織上的一份個人「自傳」。

自述補充材料

在《自述》之外，檔案中還有一份「自述補充材料」——

一、抗日戰爭時期——從五四運動到九一八的漫長歲月裏，日帝國主義侵略我國領土主權的野心愈來愈明朗化了，使我幼年的心境恨日仇日不斷地增長起來。蘆溝橋抗日戰爭爆發，我和全國人民一樣的憤怒並主張中華民族各階層各黨派應加緊團結一致，並擁護槍口對外、同心一致地向侵略我國領土主權的日帝國主義者進攻。認為這次抗戰關係著中華民族生死存亡的問題，主張與日抗戰到底，決不能任意放棄一寸土地或中途和日妥協。抗戰中在後方看得最清楚，蔣介石嫡系軍隊在前方作戰是且戰且退或不戰而退的戰果，抗戰不到四月就放棄上海、南京和武漢重鎮，把大好河山斷送給日本，把千百萬愛國壯士和可愛的人民任憑日寇的屠殺和遭殃，在淪陷區或前方當友軍和日寇作戰時，蔣介石軍隊袖手旁觀，糧盡彈絕也不加以支援。最突出的是對八路軍作戰的壯士甚至連醫藥援助都一點也不供給。其居心所在，愛國之士，眾目共觀。當時漢奸林立，特務橫行逆施，物價高漲，一日三變，大有朝不謀夕之感。每念前方真誠抗日戰士流血不退，而我在後方雖為調查礦產品資源而流過汗，對抗日戰爭的支援猶不及遊擊隊中廣大人民支援的力量為大。

二、解放戰爭時期——蔣介石統治中國二十餘年，擁有大軍數百萬，裝備充實，武器新式，且佔有優勢地理，在當時一切條件確比解放軍優越。但民間遭受壓迫與剝削而形成的痛苦無以復加，民怨四起，敢怒而不敢言已非一日。多數青年很盼望及早能得解放。所以解放戰爭開始，我即以不願與蔣匪幫政府共進退而決心靜待著解放。在當時認識不足的是估計解放軍的力量單薄，武器彈藥不全，且無飛機掩護為憂，不免在作戰時要受損失多一些。當東北解放之後，我才初步認識到解放軍作戰力量雖然單薄，但有了廣大人民的支援，蔣匪幫大部分官兵厭戰不願與解放軍同室操戈，所以解放區域有了迅速的發展。淮海戰役，蔣匪軍雖然擁有數十萬大軍和美機援助，終於被解放軍愈戰愈強前仆後繼的精神打得落花流水東奔西走。解放大軍渡江南，我通宵未眠，迎接久待解放的解放軍入南京城而歡欣歌舞。從此使我以前對解放軍估計力量不足而沒有認識到有了龐大人民的支援，能有排山倒海的力量，即有土槍土炮，亦易制勝裝配齊全、武器新式的數量多於解放軍之蔣匪軍隊。我在蔣匪統治下工作十餘年，常受壓迫與剝削，深感能及早得到解放，故在解放戰爭期中極盼解放軍早日來臨。

解放戰爭在短期內獲得了徹底地勝利之後，蔣匪幫數百萬大軍全被消滅，中國人民才開始獲得了解放。封建統治的舊中國死亡，快樂幸福的新中國——中華人民共和國的誕生。我們幸福新生在共產黨和毛主席領導下的新中國而生活。在各項重大社會改革和政治運動中對思想上的表現和對自己的影響分別敘述如下：

（一）土地改革——我家雖然是個破落的地主，而我從小就長大在這個破落地主家庭中，當我脫離了學生的生活之後，也就是脫離了地主生活、依靠勞動收入而維持自己的生活了。從人民政府頒佈了土地改革法令後，我非常擁護這個措施，並常寫信給我家兄弟，勉勵他們無條件的協助當地政府辦理登記手續，他們都愉快地首先交出自己的土地證件交給政府，然後協助政府辦理各項登記手續。我家有我祖父至我兄弟三輩雖剝削佃農而過生活，但對佃農一般態度尚屬不壞，從來也沒對佃農刻薄虐榨，所以在解放後土改中，未受過佃農向我家鬥爭和結算事件發生。但我少時常喜與佃農接觸，有時常見他們當中受到一些地主的殘酷剝削與壓迫，甚至於荒地交不出租的也要他和豐年一樣交出的數量，佃農交不出，兇狠的地主就籍勢壓人，甚至逼得佃農賣牲口鬻子女以清償地主租谷的。更有的地主與政府勾結將佃農囚死獄中的也時有所聞。這樣就使我對佃農抱不平之念，以終歲勤勞而不得衣食，且常受苛待。我鄉土地改革中，地主被鬥者不乏其人，我在南京工作時亦參加市郊地主惡霸鬥爭大會兩次，佃農在大會中控訴地主慘無人道地殘酷剝削與壓迫，不僅怒髮衝冠，認為打倒了這些地主和消滅了地主是刻不容緩的，站起了億萬佃農是對國家起了很大作用的。事實證明佃農得了地主的土地後，生產量有增無已，這是為了社會主義建設打下了初步的穩固基礎。

（二）抗美援朝——抗美援朝的初期，我的思想有些模糊不清，認為南北朝鮮戰爭為什麼要我們國家的力量參加呢？況且當時我們國家剛剛成立不久，一切經濟和社會還沒有安定下來，那能有力量抗美援朝呢？這種認識不足的錯誤思想，一直等到我去北京參加第一次全國地質人員代表大會時聽了首長作過幾次報告才明白，抗美援朝的目的為了保家衛國，因為當時李承晚受了美帝國主義指使，使他出兵向北朝鮮進攻，企圖佔據北朝鮮後為美帝進攻中國大陸的跳板，況且朝鮮與我鄰邦，有唇亡齒寒的密切關係。後來我又有估計自己過低、而估計敵人過高的錯誤思想，認為我們的一切武裝器械和運輸條件都比不上美帝及其附庸李承晚軍隊，可能估計我們的損失要大些。事實正是相反，從美帝登陸仁川，進逼鴨綠江畔被志願軍猛烈地迎頭痛擊打得落花流水一直退回三八線以南，我們消滅他有生力量，敵人有充實和優越的武器，亦不能發揮力量，反為我們增加了殺敵的力量。這是給我很大的教育，不要估計自己過低的而引起自己損失要多的不正確思想。同時使我認識到美帝是個紙老虎。當志願軍需要知道本國新聞和書刊時，我就決心捐獻兩份報紙直等抗美援朝獲得偉大的勝利為止。這充分證明我們有信心有力量一定能取得偉大的勝利。在捐獻物資時，我亦盡了一些經濟援助的力量以鼓舞志願軍確能早日取得勝利的決心。1951 年當我填寫野外工作地區志願時，我的思想毫不遲疑填上去東北最前線工作，以示我決不恐美的任何細菌戰而恐慌的表現。

（三）鎮反運動——當抗美援朝開始不久之後，帝國主義所派遣的間諜和蔣匪幫所遺留下來的特務勾結地主反動階級製造反動言論，抬高物價擾亂金融，殺害革命幹部，焚毀公共場所，破壞廠礦生產，到處橫行逆施，罪惡照彰。廣大人民認為政府對這些罪人不加制裁和鎮壓，社會秩序和人民生活就得不到保障。鎮反運動開始後，由於人民政府發動了廣大群眾，揭發了不少特務間諜。在通過學習文件精神，我們單位也清出了不少的反動黨團。我在學習中深深體會到政府的政策

「鎮壓與寬大相結合」是英明的，坦白從寬，抗拒從嚴，隱瞞而被揭發的鎮壓法辦，血債累累者槍決。這一個措施對反革命份子來說有了重大的教育意義，對一般群眾來說，必須提高警惕，反對麻痹太平觀念的思想。我深深更體會到人民政府確是為人民除害，從鎮反運動中，從未冤枉一個好人，也未放過一個壞人，從壞人中教育他們，改造他們成為好人。應殺的就殺，該改造的就改造。此次鎮反，為時亦不過晚，但對強固人民民主專政，安定人民生活，穩定物價與維護社會秩序，增強抗美援朝的力量實在是起到了很大的作用。

（四）三反五反——這個運動的提出，我認為是最適時最卻（恰）當最正確。我對這個運動的態度抱著衷心一貫的擁護，並認為只有協助政府把這次運動取得徹底地勝利才能保證穩定國民經濟的基礎。我當時認為官僚主義的發展對貪污浪費關係不大的不正確認識，而不明白官僚主義是貪污浪費的溫床。「五反」只是限制資本家對國家對人民作出無底的剝削的一些不全面正確的思想，而沒有想到資本家階級立場針對著向無產階級倡狂進攻，竟想把走向社會主義經濟建設的基礎重新捲入資本主義經濟法則中去的一種毒辣手段，為了想推翻以無產階級為領導的人民民主專政的野心。我在三反五反運動中曾領導小組工作，最初階段因認識不足，以為貪污浪費官僚主義以及盜竊和破壞國家財產和事業的反革命份子，都應該受到人民的嚴格制裁，而沒有好好體會到人民政府和黨的領導政策以及治病救人和寬大與懲戒相結合的正確政策。這政策在三反和五反階段後半期深入鬥爭中，使我才更深入一步地認識這不僅教育了貪污份子，同時還大大地教育了全國人民，逐步地消滅資產階級思想，樹立工人階級的品質，為實現我國過渡時期總路線打下了良好基礎。

（五）思改運動——我是舊社會過來的，因此在思想上忽多忽少存在著一些非工人階級的思想。在解放前，我的思想有兩種表現：一種表現在學生時代，對政治極端關心，並常熱烈參加每次愛國運動和向群眾做宣傳工作，向封建統治階級和帝國主義鬥爭。同時還不斷看些進步書籍如《共黨主義 ABC》《資本論》、邵飄萍和魯迅等文選，背上了一個自以為進步的包袱。還有一種表現在工作崗位上的純技術觀點和不聞不問政治的傾向，認為學好技術高超一切，寫好文章可以成名。對反動政府的黑暗統治和殘酷剝削，影響到生活方面雖然深刻，敢怒而不敢言。雖然沒有隨聲附和以及與反動政府作了同流合污的勾當，可是已把進步包袱逐漸消沉下去。解放後，通過不斷學習和鬥爭，受到了黨和人民的教育，認為技術不結合政治，就要落後於發展的社會過程中，把個人利益放在第一位，是資產階級的腐朽思想。同時我又檢查出我在解放前的工作，有利於人民事業的不多，而深深體會到只是為少數統治階級服務。通過思改運動之後，加強馬列主義學習，向群眾學習，向蘇聯學習，樹立我對國際愛國主義精神，工人階級的道德品質的認識開端。同時，只有認為「個人利益應服從集體利益」，只有全心全意為人民服務依靠黨和依靠組織，才能走向幸福的生活。只有提高政治水平，才能向資產階級思想鬥爭取得徹底地勝利。

（六）總路線與憲法的公佈——總路線的實施是人民民主專政取得了偉大勝利之後的一個迫切需要，而人民群眾久已渴望要走這條路線。解放前，我們長期受著剝削和壓迫的生活，解放後我們完全解放了，一切生活工作都是一年比一年愉快而順利，我們都積極盼望向社會主義過渡，也就是全心一致向著這條無限幸福和無限快樂的路線前進。我初步認識到從中華人民共和國成立到社會主義建成是一個過渡時期，國家在這時期的總路線是逐步實現國家的社會主義工業化，逐步完成對農業手工業和資本主義工商業的社會主義改造。通過了一連串轟轟烈烈地土改、抗美援朝、鎮反、三反五反、思改和恢復國民經濟大規模的鬥爭，對有計劃地進行經濟建設逐步過渡到社會主義準備了必要的條件。做了一個人民地質教育事業的我，跟大家一樣地從自我教育自我改造，向蘇聯全面學習，提高質量，報紙第一個五年計劃能提前完成。

1954 年 9 月 20 日，第一屆人代大會第一次會議通過了憲法，我們偉大領袖毛主席宣佈了憲法以後，我和大家一樣的無比興奮和快樂，這是解放以來一件最大的喜事，也是有史以來未有的創舉。這個憲法鞏固了我國人民革命的成果和中華人民共和國建立以來政治上經濟上取得偉大的勝利，並且反映了國家在過渡時期的根本要求和廣大人民建設社會主義社會的共同願望。我認為憲法是個武器，而武器是我們經常運用的。憲法離開了中國共產黨領導下繼續進行著革命鬥爭的人民群眾是不會發生任何作用的。我們不僅要依靠既得勝利來爭取新的勝利，而且也要用新的勝利來鞏固既得的勝利。我們必須要學習改造，努力提高向社會主義的幸福道路上前進。

（七）肅反鬥爭——我國開始大規模建設中第一個五年計劃的第三年，各機關建設部門及廠礦和文教單位中，甚至各鄉村合作社內，經常有反動標語和反動言論出現，經常有破壞和焚燒以及暗殺革命幹部事件的發生，愈來愈囂張猖獗了。黨中央佈置的肅反鬥爭，我認為最及時，最適宜和最英明的措施。從學習胡風反革命集團的三批材料中，我始終認為胡風集團並不是文藝思想上的問題，而是反革命問題。經過幾次分析和學習，認識到反革命份子的兩面派和派進去、拉出來的技巧手段以及虛偽欺騙和假積極的卑陋行為，給我一個很大的警鐘。當胡風反革命材料未全公佈以前，估計這些胡風反革命集團不過文藝界一些反革命份子而已，人數不為太多的。等到胡風反革命材料全部公佈以後，想不到這個反革命集團份子分佈的面遍及全國各種不同性質的單位裏。通過學習之後，使我對於估計敵人過低的思想和胡風反革命主要為反文藝界的改革的錯誤思想以致使我認識不足。實則胡風集團早與帝國主義勾結與蔣匪幫聯繫而有計劃有步驟想顛覆我人民民主政權的反革命份子。從學習胡風反革命材料的基礎上，使每個人都擦亮了眼睛，在幾次大會鬥爭中，群眾檢舉了一批一批反革命份子，經過組織審查和確定，我認為都很正確的必須狠狠地打，組織上決不冤枉一個好人，也決不能放過一個壞人。在每次鬥爭大會上，領導再三交代了寬大與鎮壓相結合的政策，我自始至終擁護政府徹底乾淨全部肅清一切反革命份子，並主張不肅清決不甘休。只有這樣才能保證社會主義建設事業順利而迅速進行並能提前完成。這場鬥爭不僅教育了反革命份子，同時也教育大家今後要重視政治、提高警惕，不應存著太平麻痹思想，隨時檢查缺點改正缺點，否則便易為反革命份子有隙可乘之機。同時在鬥爭中左傾與右傾思想大有影響於集中鬥爭力量的。

（八）農業合作化運動及對資本主義工商業的社會主義改造——黨和毛主席提出了這兩個偉大的改革運動，我認為目前最適當最及時而刻不容緩的問題。大家都很清楚，我們早一天走到社會主義社會，便早一天得到幸福的生活。社會主義社會要消滅階級和消滅剝削，決不許資本主義的存在。解放後農村中絕大多數的貧苦農多獲得了土地，但部分的上中農或富農自發的趨向有增無已，因此小農經濟（個體經濟）的發展走向資本主義的路徑，下中農以及貧苦受剝削者不乏其數，這不特和社會主義經濟法則相抵觸，也與生產合作社造成了很大的障礙。為了保證全國各農村能組織一個半社會主義經濟的生產合作社，儘量吸收貧農及下中農依靠中農與富農鬥爭。消滅剝削，把一般私有的生產資料和生產工具投入生產合作社發揮生產能量，逐漸從半社會主義經濟走向國營經濟的途徑。只有湧起農業合作化的高漲，才能保證工業建設中生產資料的供給，特別是棉糧的供給。農業合作化同時必須對資本主義工商業改造，才能讓它走向社會主義過程，不能任其自由發展而施行剝削或高利貸，必須實行公私合營，使資本主義工商業的經濟變為半社會主義工商業經濟，才能消滅剝削。惟有這樣才能增加生產提高質量和減低成本，使城鄉物資交流。我認為這兩大運動的推進，不能有所偏重，應雙管齊下才能保證社會主義建設取得偉大而迅速的完成。使人人有工作，人人愛勞動，變個體力量為集體力量，化個體經濟為國營經濟，使人民物質生活逐步提高。對我們來說，也要加倍努力學習，迎頭趕上，否則培養出來的幹部是不合國家和人民的要求。因為我們的質量不提高直接影響到重工業建設，也就會影響農業合作化。只有農業年年保證豐收，工業給農業的拖拉機，農業給工商業的棉糧，地質工作者給工業的鋼鐵煤油資源，給農業磷肥資料，保證加速五年計劃的完成，只等待我們在不斷努力向前推進！

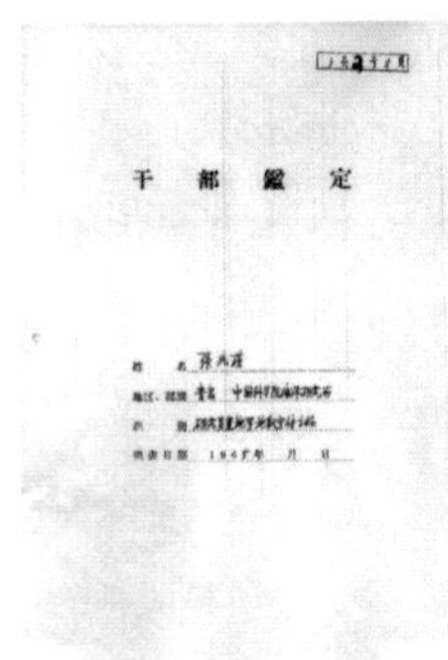

干部鑑定

自我檢查

張先生在「四清運動」時的「自我檢查」和組織鑑定——

一、四清運動前後的認識和提高

多年來在黨的培養教育關懷重視下，政治思想和業務工作上有一定的提高和進步，但提高不夠顯著和突出，對黨和人民的要求還差得很遠。從社教運動前後來對比，感到教育最深震動最大形勢逼得最緊的是這次四清運動。感到階級和階級鬥爭以及社會主義和資本主義兩條道路的鬥爭是普遍的，不僅在其他行業中有顯著的存在，而且在科研單位中也是尖銳的、劇烈的，時起時伏的，曲折複雜的和長期存在的。四清運動以前，我的政治思想上和業務工作上對兩種思想和兩條道路的鬥爭則感到有些膚淺。就運動前後這種不同思想分別述之：

（一）四清運動前的情況

1、 政治思想上對黨中央方針政策路線的認識

我自大躍進以後對三面紅旗基本是擁護的，但對我的說服力還不夠強。通過學習、聽報告、參觀訪問實踐以後，認識逐步提高，說服力更大。充分體現了大躍進迅速改變我國一窮二白的面貌，對工農業生產率提高，帶動了其他行業的提高，未完成國家計畫任務真是一天等於二十年。批判了右派份子隨聲附和於帝國主義、修正主義及一切反動派對我們的侮蔑，說我們大躍進是大躍退，胡說多快不能好省，好省不能多快的鬼話。人民公社不是如敵人所說辦得早啦，我認為辦得及時，這是廣大人民群眾的要求，不是如敵人所說辦糟啦，而是辦好啦，這可以從三年自然災害來證明絕大部分工農業生產量，不但沒有減低反而提高，特別在耕地面積的擴大和水壩的建立上克服旱澇現象變窮地為富地，體會了農林牧副漁和工農商學兵並舉，發揮了集體力量和集體利益的偉大作用，開社會主義國家先例，創世界前所未有的奇跡。修正主義者對我們人民公社的集體利益和人民利益是反對的。大煉鋼鐵時期，幾千萬人上山下鄉，做出不少奇跡，找出了大量鋼鐵資源，興辦了煉鐵煉鋼爐，敵人說我們得不償失，我自己體會到煉鋼又煉人，因為當時我為一個鐵礦區做了一個從普查勘採到設計開採的計畫。按蘇聯這個計畫，必先完成普查後，再做勘採，完成勘採再做開採設計，而我們採用了

總路線多快好省同時並舉，確實體現出有事半功倍之效。我初擔任這樣任務時，思想是緊張的，緊張的是山下煉爐已經做好等待我們煉鋼鐵的礦石原料，我就在這種形勢壓迫的情況下完成任務的。我以前不會煉鋼，在此次大煉鋼中使我懂得了煉鋼的技術和方法。三年自然災害期間，黨提出八字方針政策「調整鞏固充實提高」，敵人和反動派都異口同聲說我們國家經濟失調，事實上我們經濟並未失調，我們的經濟基本上是平衡的，儘管蘇聯撤走全部專家，逼我還債，黨提出自力更生奮發圖強的號召下，我們重點建設項目並未因此而停頓，我們還提前還債。修正主義和帝國主義給我們石油和原子核武器的威脅，我們大慶油田的解決和兩次原子彈爆炸的成功，大寨面貌的革新和一萬二千噸水壓機的制出，都是全國人民響應黨的號召走自力更生奮發圖強的道路所創出的豐功偉績，也是黨的三大革命運動所獲得的偉大勝利所促進的，解除了修正主義和帝國主義對我們的威脅。

我對三自一保和三和一少的看法，通過學習之前，認識不是很清楚的。通過學習之後，認為對帝國主義、修正主義及一切反動派和資產階級有利，而對無產階級及國際共產主義不利。從自由市場和自留地來看，它們不僅在城鄉有，在各行各業中也有，它們只會破壞集體生產，增進個體經濟走私有化資本主義道路。通過我在城鄉觀察，自留地的莊稼比生產隊集體經營要強得多；自由市場為暴發戶追求利潤，簡直為投機倒把貪污盜竊份子開方便之門，和自負盈虧包產到戶達到個體經濟發展是一樣的。對帝國主義、修正主義及一切反動派要和平共處，真是敵我不分喪失立場，我始終堅決反對。我認為這是投降思想，這種投降思想，也是怕戰爭，怕孤立，怕死的思想，應該認識到帝國主義的本質是戰爭的根源，以侵略奴役剝削而獲得財富。修正主義的本質是反馬列主義，不革命，投降帝國主義，聯印反華，不支持少數民族獨立和解放鬥爭，甚至一度在我新疆邊境搞顛覆破壞活動。我不同意對少數民族國家獨立和解放戰爭少支持，認為完全怕自己少吃少穿少用，貪圖個人享受，不是站在國際共產主義立場，而是站在資產階級立場說話的。

2、業務工作上我對科研方針政策的認識

四清運動以前，我對科研為無產階級政治服務，也即業務服從政治，政治領導業務認識不清，科研為生產國防建設服務，科研與生產實踐群眾三結合的方針政策也是有些模糊的。四年來在黨的領導下，在執行任務過程中，由於同志們的努力，在渤、黃、東、南諸海上是完成了一些工作的，也寫出了不少報告和論文，總結了某些地區海洋地質地貌一些特徵和規律。實驗室內技術方法的建設也獲得一些成績，如地震儀的改裝，重力儀方法的測定，鈾方法的建立，光譜定量及化學全分析法的提出為今後科研取得精確資料更有利的條件。

3、幹部培養上的收穫和提高

幾年來我在黨的領導下培養了一些幹部，從外語學習上，我室研習員達到過關水平的占總數百分之七十以上，但是還要他們繼續鞏固提高。技術操作和分析鑑定方面，採用邊工作邊培養或送外單位進修培養，由不熟練到熟練，再由熟練走向精練，基本上達到目前需要的要求。專業方向的培養，在自力更生方針指導下，雖然成長不夠迅速，但一般都有提高，總的來看，我室四年來由研習員培養而提升為助員三人，從見習員提升為技術員五人，這些收穫和提高都是肯定的成績。

（二）四清運動開展後的情況

1、政治思想上兩種思想兩條道路的鬥爭有所認識有所警惕

四清運動開展以後，我受到一次最震動最深刻的教育是給我大字報上若干尖銳有力而直截了當的批評。我對大字報的態度抱有則改之，無則加勉的態度，雖然有少數大字報與事實不符，有些不快，從大部分來講，基本上是正確的。在揭寫評議階段，我亦主動能向黨委提出不少問題，並在小組上歡迎群眾給我多提問題。通過 65 年 1 月周總理在三屆一次人代會上全文報告及二十三條的傳導報告學習和討論，並通過階級展覽會的參觀，使我

永遠不會忘記在階級社會裏，資產階級和無產階級的鬥爭以及資本主義和社會主義兩條道路的鬥爭確是長期存在的，時起時伏的，尖銳劇烈的，反復的，曲折的和複雜的。劃清敵我界限愛恨分明是端正立場的重要問題，使我明確地加深了對無產階級兄弟增加友愛感情，對帝國主義、修正主義、蔣匪幫、一切反動派以及地富反壞增添了階級仇恨。對和平演變蛻化變質有所警惕。我在此次運動各階段中，尚能端正態度積極參加，感到對自己缺點和錯誤，只要虛心接受批評，才能得到自我分析自我批評認真改造。對別人錯誤亦能採取批評團結批評方式，和懲前毖後治病救人的態度。在清政治經濟階段中，對不犯錯誤的人，得到一次重新教育和重新改造人的機會；對犯錯誤的人，體會坦白從寬，抗拒從嚴，寬嚴結合不折不扣的偉大政策兌現，實在動人心弦。這次運動使我認識到在科研工作方向上以及制訂各項計畫上都有兩種思想兩條道路的鬥爭，只有依靠革命群眾才不會迷失方向，才可能獲得勝利果實，脫離黨脫離群眾則一事無成。通過四清運動可以加強團結鞏固優點，克服缺點和改正錯誤。如我好發脾氣的性格和處理業務上的問題，根據群眾反映有了改正轉變，通過這次運動，可以更好的純潔黨的隊伍，加強革命鬥爭力量並有利於將革命進行到底，支援世界革命取得勝利的保證。通過學習主席著作、先進工作者報告會和座談會又一次使我對階級友愛感情再提高一步。痛恨封建剝削階級的危害性，認清資產階級是沒落階級。

二、存在問題

我在四清運動中存在問題不少，有的屬於小是小非問題，有所認識，逐步有所改正，有的屬於大是大非問題，表現在兩種思想兩條道路鬥爭的原則性問題，雖然經過分析批判和自我檢查得到一些提高，還需進一步繼續爭取改進的問題。

（一）接受黨的領導問題是我字當頭突出的問題

1、方向問題　海洋所辦海洋地質事業以研究海洋為對象，我則主張在過渡時期內應從陸地邊緣做起到海洋，實現海陸兼顧兩條腿走路的方針，沒有得到黨的支持，更突出的是贊成成立濱海砂礦和島峽地質隊調查，要各組抽人參加，遭到各組組長的反對，我不從黨的需要和人民需要出發，憑自由愛好和興趣提出採取絕對自由化，嚴重地違背了黨對領導科學的方向。

2、幹部調動問題　精簡幹部關係到貫徹黨的八字方針的問題。我把幹部據為私有，對首次幹部下放農村的意義不夠認識。把適合於下放幹部的人，看成為已經通過一定技術的培養，並且認為他們在工作崗位上幹得還不錯，有些捨不得，建議黨委免予下放。黨委按原則辦事，不接受我的意見，感到不快。我只圖本位利益，不顧全局利益，說明我貫徹黨的方針不是一心一德，而是勉強執行的。黨為了實現調整鞏固充實提高發動第二次精簡時，我主張工作多年業務水平和工作能力不低的人，認為有培養前途，反對精簡，對一些自由主義和工作不夠認真的人，也應採取一分為二的觀點爭取轉變過來。自己不與黨支部和各組組長商量，憑組長的提名通過黨支部而沒有得到我全部同意就決定，認為不合適。實際上我妨礙了人員外調，違背了黨的方針政策，沒懂得精簡是保證科研戰鬥力量的加強，學習解放軍，學習大慶之後，黨又提出一線支援二線問題，我在執行過程中認為有些人事前沒有由各組組長提出和室商量，個別人又未經室考慮研究，擅自由黨支部提出送人事科，不以為然，自己錯誤地認為室的業務領導權，擺得高高在上，有關室內人員調動不通過我就行不通。我對黨支部意見不考慮，不重視，甚至在一次所務會議上對黨委的態度不夠端正，有埋怨情緒。支援名單公佈以後，我仍對少數人支援二線有意見，認為不該下放外調的就不該調放，說明我和黨有意見，不自量地把自己領導權擺在黨之上，把地質室人員看成是我私有的人員，不願調就調不動。

3、跟黨走的問題　我經常在會上發言，擁護共產黨，跟黨走，走社會主義道路，口裏講到，而在實際行動上有些地方沒有做到。如誤解黨不發展海洋地質事業，就不安於位，要求調動工作，只從表面現象看問題，不從實際看問題，造成思想上的錯覺。我在這種錯覺思想指導下，當黨中央號召支援農業前提下，建議成立一個農業地質研究所，上書申請，未通過黨委審查即發出上級領導單位，這種無組織無紀律的表現，企圖建立一個大陸地質機構，有意分散力量，對黨不滿。我自己不愛海洋地質，反而使一些青年也不專心海洋地質，將引向青年走資產階級老路而不自覺，說明我的思想行動和黨背道而馳的。我有時確定室內一些重大問題，主觀片面，自己說了算。如派選留學生事，事前沒有與黨支部及人事計畫兩科商量，只從學科空白，力量薄弱而需要迫切的專業提出的。我重才不重德，不是選擇德才兼優的。初報人員落空，補報人員雖經批准而放棄不學，也是落空，引起群眾對我的指責。我有時對個別人提工資有意袒護，不接受黨支部和群眾意見，認為他們有一定工作能力，有相當業務技術，已往亦有一定的成績，甚至在所長辦公室也盡力為爭提級根據。我堅決支援他們提級，錯誤地認為我支持人的不提級，別人就無法提級了。我固執己見，沒有把黨支部群眾放在眼裏，站在資產階級立場看問題，不是和黨大公無私相吻合的。還有一件值得提出的事是幹部重點培養名單提出的問題。名單提出之前，沒有徵求黨支部和室秘書的意見，好像黨支部不是領導地質室的，自己獨斷獨行，提出在所培幹會上通過，說明我對黨的領導有距離。

（二）嚴重的資產階級工作作風和思想作風

1、專業化思想不落實問題（為誰服務） 我自 1961 年隨著長春地質所合併到青島海洋所到青島以後，組織給我負責地質地貌室業務領導工作。我對海洋地質地貌工作態度不夠熱情重視，對業務不夠專心鑽研。幾年來不親自動手，不親臨第一線又未擔任過研題，同志們對我意見不少。四清運動開展以後，給我在大字報上提得最突出的一條就在這方面。我雖然服從調配而來，但個人主義患得患失思想還相當嚴重，腦子裏總以為海洋地質專業方向與我口徑不合，年老體衰，腦力衰退，胃病纏身不能上船為口籍，存在作客思想，一心想調動工作。在黨的不斷教育關懷重視信任下，我雖感到海洋地質地貌到是重要的，責任是艱巨而光榮的，而我又考慮過去是搞金屬礦床專業的，使我改行做海洋地質工作，自然會感到不學無術腹中空虛，感到心中無數，實難指導青年。64 年 6 月以前，我在研究室內整日為了事務主義和文牘主義而工作。自己當一個研究員，究竟對黨對人民事業發揮了作用沒有？檢查是沒有起積極因素，反而起了些消極對待。我簡直對黨忘恩負義，對社會主義服務不夠熱情，我不但不能爭取改一行，愛一行，鑽一行，我不愛好海洋地質工作，反而對我以前所做而未做完的「中國銻礦志」一書繼續大幹起來。這本書的寫出，雖然在指導找礦上有一定意義，實際上與海洋地質無關。我曾經為謄清草稿而拉見習員為我服務並許以該書將來出版後以鋼筆一支為酬，當同志為商品交換，當同志為雇工剝削以物質刺激而引誘青年，我這種自私自利不良作風，給青年帶來了科研不是為無產階級政治服務的，而為資產階級個人名利思想服務的。

2、工作作風問題　我對大陸地質感興趣，對海洋地質有些格格不入。從個人興趣出發，而不是從黨和人民需要出發，因此我對海洋地質工作反映出兩種態度：一種是熱情支持，一種是機械地阻撓。如地震儀改裝事一再強調要去文向北京石油部聯繫，而不同意當石油部第一次答覆不同意的情況下直接派人去西安石油儀器儀錶廠聯繫改裝事宜，雖然後來得到改裝完成，受了我機械地阻撓時間，影響了工作；相反的，我對同一組內有關「膠州灣附過地質構造研究」計畫工作上便熱情支援，並親自參加指導檢查工作。從我處理這兩件事的對比，說明我對愛好的或親信的就大力支持，而對不愛好或非親信的就無故阻撓，同時也反映出我重大陸地質構造，而輕海洋地震工作的表現。同樣情況我支持雷州半島風化殼地質工作計畫很快就批，阻撓瓊州海峽地質構造及北部灣鐵錳結核體工作推遲執行。我不應該無原則同意無計畫的計畫工作，散失立場；即使同意之後，也應對人對事一視同仁，不應有所偏重，犯了主觀片面錯誤。從學術活動上看，我支持一些人寫「遼東灣水下古河道」的論文並在論文答辯會上給以較高的評價，而不支持有人後寫同一題目的論文在學會上討論，認為題目重複，內容和前人寫得差不多，質量也不突出，不提為妙，免生枝節，相形之下，顯得我有抬高前文壓低後文的作風。更突出的，我在一次提升助員論文答辯會上對某人論文答疑時間有限縮短，評價又高，而對某人答疑時間，無限延長，評價不高，自然會引起人們有過分抬高和過分估低，對待同志論文不平等的感覺。以上這些，都是站在資產階級立場觀點片面，不實事注是不民主作風所造成的，應以為戒。

3、團結問題　我在處理若干問題上沒有站穩立場，用辯證唯物觀點和馬列主義方法去分析問題，引起了領導與被領導間的矛盾，影響了團結。最重要的是我遇事不夠冷靜，好發脾氣，對人不夠尊重，擺架子，摔威風，甚至盛氣淩人；同時不常相信群眾，不常接受群眾意見，自以為是，獨斷獨行，如在室務會議上曾經幾次大發脾氣，給同志下不了臺，以致開會得不夠愉快；有時在各組辦公室內對一些有缺點的同志提出過分的批評，實際上我對人嚴對己寬，批評發脾氣是不解決問題的，恰恰適相其反，引起一些人更大的矛盾，造成了更大意見的分歧。我自覺地認為發脾氣沒有階級性的，不知不覺地自己已經成為當官做老爺的派頭，更沒有認識到發脾氣是對不滿情緒而發洩的。我經常以這樣不平等待人，看人低我一等，這種封建家長式的惡劣作風，嚴重地散失了群眾的自尊性，因而脫離了群眾影響了團結。更重要的我對一些工作不瞭解，自己亦不深入群眾，不深入實際，不調查研究，主觀片面來決定一切，就會使自己感到自己明明不對的，看成是對的，別人明明是對的，看成是不對。必須指出我對青年們生活上、政治思想上、業務工作上和學習上需要解決什麼問題和要求幫助他們解決什麼問題，經常關心愛護瞭解幫助和指導不夠。對青年與青年間的矛盾以及青年與領導間的矛盾不主動採取批評與自我批評，是達不到團結願望的，更不能希望彼此間的積極性能發揮出一支強大的力量。

三、優缺點

優點：

1、 擁護共產黨，擁護三面紅旗，願意跟黨走社會主義道路。

2、 有大陸地質理論與實踐基礎。

3、 積極參加四清運動，能接受群眾批評。在運動後期，不冷靜性格有所轉變。

4、 關心幹部成長，特別對外語抓得較緊。運動後期改進業務工作如提出原則性問題深入瞭解並能接受群眾意見，有事能與黨支部及群眾商量。

5、 能主動投入所內外體力勞動，積極工作，表現良好。

缺點：

1、 政治學習上聯繫思想深入實際不夠突出。

2、 缺乏海洋地質理論實踐鑽研與鍛煉。

3、 深入群眾調查研究不夠，虛心求教不夠，不常接受群眾意見，抓小失大。

4、 組織領導觀點比較薄弱，運動前，有時好發脾氣有時不夠冷靜。

5、 缺乏以身作則，帶動青年工作，走又紅又專道路，放鬆科研對生產實踐群眾三結合的聯繫。

四、今後努力方向

我生長舊社會四十年，在家受封建剝削階級思想的影響，在校受資產階級教育的陶冶，在工作上為資產階級服務，沾染了個人主義自高自大惟我獨尊的惡劣思想。解放後通過三反、思改、肅反、反右及四清等偉大運動有所改進，有所提高，特別通過四清運動檢查和鑑定，初步認清了自我缺點和錯誤相當嚴重，不利於社會主義建設和自我進步，必須承認自己也有些優點，這是客觀存在。以優點和缺點來比較，當然缺點比較嚴重得多，這就是給我提出了今後努力的方向。我最突出的存在問題是資產階級自高自大惟我獨尊的指導思想，一切對己不利就有些反抗情緒，如對黨的態度和看法，把自己看成高高在上，一切依我意見行事，我願幹什麼就幹什麼的自由主義化。我的私有化思想表現在我室的人員是我私有的，不願外調，一有調動就有意見。最重要的是黨和人民要我多鑽研海洋地質方向來指導青年，而我對大陸地質戀戀不捨，怎能對海洋地質起一定發揮作用和指導作用。我對處理事情主觀片面，影響了團結。思想起來這是嚴重錯誤的問題。在目前大好形勢發展下，這種思想必須扭轉過來，認識了資產階級自高自大惟我獨尊的思想，即不利於黨，又不利於人民，更不利於社會主義建設。因此我感到不及時爭取思想改造，就會給時代所拋棄，就會給革命群眾所拋棄，黨對我的期待是有限的，我要自覺地主動爭取改造，不要強迫接受改造。通過四清運動，我要以黨員條件嚴格要求自己，進行自我革命，做個徹底改造的革命派，我對改造有決心有信心，與無滅資，樹立為人民服務觀點和黨一條心，忠於黨依靠黨，堅決跟黨走社會主義的道路。以雷鋒的「毫不利己，專門利人」的思想為榜樣，革了「我」字當頭的命，首先突出政治，政治掛帥，加強時事政治學習，端正態度，每天抓一定時間讀毛主席的書，聽毛主席的話，按毛主席指示辦事，要求做到活學活用，聯繫思想，聯繫實際，學用結合，立竿見影。學習「為人民服務」、「紀念白求恩」、「愚公移山」、「關心群眾生活，注意工作方法」、「關於領導方法的若干問題」、「黨委會的工作方法」、「實踐論」和「矛盾論」等篇。此外還需要不斷學習馬列主義著作，目的要挖掉封建主義，修正主義和資本主義三個老根子，增加階級感情，提高階級覺悟。處處以毛澤東思想掛帥，依靠黨依靠組織，依靠群眾，才能做好政治思想工作，樹立政治領導業務，業務服從政治的思想來鑽研黨和人民要求我的海洋地質專業，不知不解不能的必須求知求解求能，虛心學，鑽進去，踏踏實實學到手。去指導青年領導青年。我決不甘心落後，堅決要把我自高自大惟我獨尊資產階級個人主義的腐朽思想投入到無產階級革命紅爐中鍛煉。形勢所逼，迫切改造自己，還需深入農村勞動，放下架子，與農民同吃同住同勞動，特別要和貧下中農建立階級感情，階級友愛階級互助，這是我迫不及待的請願。我要永遠記住，我是剝削階級，我再不能為個人名利幹剝削階級的壞事，更不許惟我

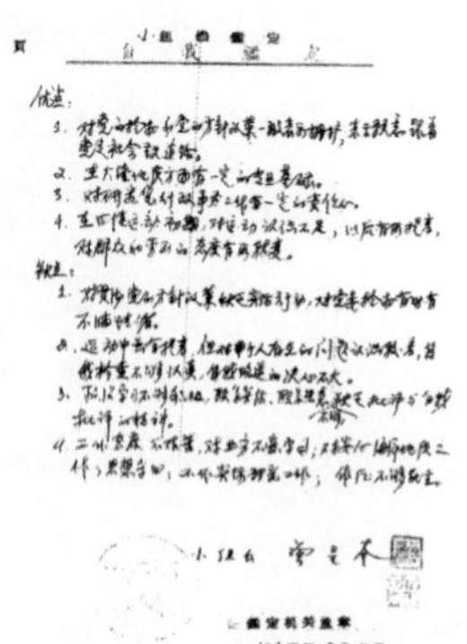

獨尊，因而狂妄自大忘記黨的領導，再不許目空一切，脫離群眾。堅決虛心向群眾學習，向革命化道路前進，要求做到堅強的革命意志，頑強的戰鬥精神，火熱的革命感情，嚴格的科學態度和艱苦樸素的作風。我決心樹立無產階級思想，將滅資革命進行到底，一輩子為社會主義事業服務到底，儘快爭取又紅又專的科學工作者，把知識經濟毫不保留地交給青年，培養又紅又專的社會主義接班人，為黨的事業，為六億五千萬人民和全世界人民做出有利於科學革命事業的貢獻，儘快地攀上世界海洋地質科學高峰而奮鬥。

小組鑑定

優點：

1、 對黨的領導和黨的方針政策一般表示擁護，表示願意跟著黨走社會主義道路。

2、 在大陸地質方面有一定的專業基礎。

3、 對研究室行政事務工作有一定的責任心。

4、 在四清運動初期，對運動認識不足，以後有所提高，對群眾和勞動的態度有所轉變。

缺點：

1、 對貫徹黨的方針政策缺乏實際行動，對黨委領導有時有不滿情緒。

2、 運動中雖有提高，但對個人存在的問題認識較差，自我檢查不夠認真，自我改造的決心不大。

3、政治學習不夠積極，聯繫實際、聯繫思想不夠，缺乏批評與自我批評的精神。

4、工作態度不艱苦，對業務不愛學習；對安心海洋地質工作的思想守舊；不能實際研究工作；作風不夠民主。

小組長　曾呈奎

1965 年 9 月 16 日

現在來看，張先生在他那一代人中，晚年是幸福的，他的身分和生活都得到了很好的保障和照顧。但他又是不幸的，中年被生硬地改變了自己從事的學術生活，「轉業」到一個陌生的領域，對於1950 年代畢業的大學生來說，譬如秦蘊珊、金翔龍等新中國成立後第一批地質學大學畢業生，對他們來說，從事海洋地質學是開墾一片處女地，但對張先生來說，從陸地地質轉業到海洋地質，完全是被動的，對他的學術生命來說是重新開始，張先生的生活可以重新開始，但他的學術生活的重新開始卻困難重重，既有他自身的原因，更有環境和時代的原因。

張先生 2003 年去世了，他的孫女張英也因腎衰竭過早的去世了。現在地質室的年輕的研究生們，知道張兆瑾這個名字的，估計已經沒有了。

順便一說，從張先生的自述中看到他當年曾和清華大學的同學曹禺一起組織宣傳隊上街宣傳抗戰，真是難以想像瘦小的張先生當年如何意氣風發。曹禺後來因《雷雨》、《日出》、《原野》而聞名中國現代文壇，成了現代著名的文學家。不過有一點張先生和曹禺是相似的，曹禺在 1949 年後，雖然仍然享有大名，但從文學創作上，再沒有超過他的青年時代，到了晚年，用黃永玉寫給他的信中的話說，更是從大海變成了小溪，曹禺自己也承認 1949 年後他自己的最大問題就是太聽話了，聽誰的話呢？當然是黨的話了。從這個意義上說，他們那一代知識份子，不管從事的專業有何不同，1949 年後在「思想改造」中殊途同歸。

孫自平

「文革」後組織上的結論

脫黨、被捕問題的審查結論

1941 年被捕的經過

1936 年脫黨的原因及脫黨後的工作情況

1944 年組織上的鑑定

「文革」後組織上的結論

在網路上「百度」搜孫自平的名字，符合我所說的這位「孫自平」的只有一條：

孫自平（1910～1968）原名鳳春，又名孫紫萍。山東蓬萊縣（今蓬萊市）灣子口村人。1932 年在本鄉任教。1935 年加入中國共產黨。1938 年參與組織蓬萊抗日武裝山東人民抗日救國軍第三軍第二路。歷任政治部組織科長、營指導員、團政治處主任、蓬萊縣縣長、山東水產局副局長、中國科學院海洋所所長兼黨委書記。1949 年後，主要從事水產行政、科研領導工作。

網路上的這條人物簡介基本正確，但關於他最後的職務有不準確之處，他最後擔任的是中國科學院海洋研究所的黨委書記兼副所長。他沒做過所長，在 1983 年前，像海洋研究所這一類的研究所，往往所長是德高望重的科學家，而黨委書記一般由老幹部擔任。

在我剛參加工作的那幾年，時常聽老師們談起孫自平，八五年跟隨一位老師做山東半島海岸旅行時，到了蓬萊，在遊覽蓬萊閣的路上，老師指著一座抗戰烈士紀念碑說，那上邊的碑文是孫自平題寫的，他抗戰時在蓬萊當過縣長。晚上在旅館裏，老師就談起了孫自平，說「文革」時孫自平有段歷史說不清，抗日戰爭時他和另一人到一個村莊檢查工作，剛坐下，就被偽軍圍上了，門一打開，和孫自平同去的同志正迎著門，被亂槍打死了，孫自平在門後站著，躲過了亂槍，束手被俘了。當晚就押到縣城裏。地下黨組織很快通過關係，趕在他被押送給日本人前，第二天就把他贖買了出來。此事成了他說不清的污點，批鬥他的人問，為什麼兩個人去檢查工作，一個犧牲了，一個沒事，尤其是被抓了還能活著出來？當天晚上你在偽軍那兒到底發生了什麼？「叛徒」成了孫自平最大的嫌疑。很快孫自平就自殺了，以死抗爭來表明自己的清白。老師談了許多關於孫自平的故事，說孫書記當過中學校長，他介紹了許多學生到延安，他是因為身體不好，當時沒去延安，他把自己的弟弟送到了延安「抗大」，他的弟弟後來成了中央的部級領導……孫書記平易近人，非常尊重知識份子，他在大會上大談知識份子尤其是做專業研究的科技人員，不要把時間浪費在看報紙上，看看報紙上的標題瞭解一下形勢就足夠了，科技人員應該把精力都用到課題研究上……孫自平的這些言論後來都成了他不重視政治學習的證據。

孫自平的名字漸漸淡出了海洋研究所，在後來編印的海洋研究所的宣傳小冊子中，海洋研究所的歷屆領導的照片和簡介中，都是以所長為主，譬如童第周、曾呈奎、劉瑞玉、秦蘊珊……作為黨委書記的孫自平，在這種以介紹海洋研究所學術地位和科學歷程的小冊子和宣傳頁中，的確也沒有再列出來的理由。但是，對於從海洋研究所建所時走過來的那代人來說，孫書記（孫所長）的存在卻是非常重要的，這在張璽、毛漢禮等人的「思想檢討」中都有記錄，尤其是毛漢禮先生，在「文革」後仍對孫書記感念有加。

▲孫自平（後右）與童第周（前左）、曾呈奎（前右）和張璽（後左）

作為海洋研究所一代知識份子「思想改造」的具體領導者，孫自平的「思想檢討」自然有著特別的意義，尤其是，孫書記本人內心還有著更深的隱疼——在他領導著知識份子在「思想改造」時，他更要面對組織上和他的同志們對他歷史的疑問——被俘後是否變節？一個夜晚的被俘生活成了他在 1949 年後一次次要向組織上說明和求證的隱疼，而最後，在「文革」的「橫掃一切」中，他在批鬥他的群眾面前終於以死來表明他的共產黨人的氣節，但在當時他的行為是自絕於人民自絕於黨。將孫自平的「思想檢討」附錄於這些知識份子的「思想檢討」之後，其意義勿需多言。

在孫自平的檔案中，除了他的關於其歷史問題的說明和組織上給他的鑑定外，最顯眼的就是「文革」結束後組織上給他的「結論」和相關的文件。現一一陳列於後：

關於孫自平同志的結論

孫自平，男，1910 年出生，山東省蓬萊縣灣子口村人，家庭出身富農，本人成份教員，1935 年 9 月加入中國共產黨，從事黨的地下工作，1938 年 2 月入伍。歷任山東抗日救國軍第三軍第二路政治部組織科長，第三軍二營教導員，膠東八路軍五支隊五五團政治處主任，蓬萊縣參議長，北海專區副參議長，蓬萊縣縣長，山東省水產養殖場場長，省水產局副局長，海洋研究所黨委書記、副所長兼國家科委海洋組組員。

孫自平同志是中國共產黨的優秀黨員，他熱愛黨，熱愛偉大領袖毛主席和敬愛的周總理，忠於黨的革命事業，幾十年來認真學習馬列主義、毛主席著作，積極貫徹執行毛主席的革命路線，立場堅定，堅持原則，敢於同錯誤路線和錯誤思潮作鬥爭。幾十年如一日一直是奮不顧身，積極工作，為革命事業做出了貢獻。

孫自平同志熱愛黨的科學事業，認真貫徹毛主席的科研路線和科學發展規劃。為了搞好科學管理工作，他積極鑽研業務，努力學習科學知識，任勞任怨地為黨的科學事業辛勤地工作，為發展祖國的海洋科學做出了貢獻。

孫自平同志作風正派，艱苦樸素，平易近人，密切聯繫群眾，遵守黨的紀律。

由於林彪、「四人幫」反革命修正主義路線的殘酷迫害，於 1968 年 7 月 22 日不幸逝世，孫自平同志沒有問題。

中共中國科學院海洋研究所革命委員會核心領導小組
1978 年 7 月 5 日

脫黨、被捕問題的審查結論

孫自平同志，男，現年 44 歲，原籍山東省蓬萊縣灣子口村，家庭出身富農，本人成分教員，1937 年 9 月重新入黨，1938 年 1 月參加工作，歷任八路軍膠東三軍二路政治部組織科長、營教導員，五支隊團政治處主任、膠東公立理琪小學校長、縣及專署的參議長、中學校長、縣長、山東水產養殖場場長，青島科學技術普及協會副秘書長等職。現任山東省水產局副局長。

據本人交代：（1）1935 年 9 月他在蓬萊縣城東大皂許家村小學教書時，由慕湘同志介紹入黨，同年冬因膠東黨組織暴動失敗，慕湘同志去太原市去太原後而失掉聯繫，但他在失掉聯繫後仍為黨積極進行抗日救國等宣傳工作，至 1937 年 9 月，在蓬萊縣又經于眉同志介紹重新入黨。這次審幹中要求組織上查清他脫黨期間的情況並恢復其 1935 年 9 月至 1937 年 9 月的一段黨籍。（2）1941 年在蓬萊縣任參議長，當年冬被派至五區（敵佔區）檢查幫助工作，約於 12 月，他與一交通員同去該區南王緒村工作，當日下午，交通員被偽蓬萊縣大隊之便衣隊郝銘傳部撲獲後，當即帶領敵人將他逮捕，押於蓬萊縣欒家口偽軍據點，次日晚即由分區委通過敵偽關係營救出獄。因為分區委對他被撲到出來的情況，瞭解非常清楚，所以沒有對他進行審查，也未停止他的組織關係。

據現華北軍區政治部組織部副部長慕湘同志證明：「我於 1935 年秋介紹孫自平入黨。後因同年 12 月間暴動失敗，我去山西便失掉聯繫。」另據現在青島療養所休養之于仲淑（1936 年組織「民先」時，于任民先隊長，孫作組織工作），蓬萊二區大皂鄉總支副書記張福善、丁善臣、中央交通部海運總局副局長于眉等同志均證明孫自平同志失掉關係後表現較好，仍積極開辦夜校向貧雇農和學生談論蘇聯工、農的情況，進行宣傳教育；積極參加組織民先、戰地服務團等，進行抗日救亡活動，在抗戰開始發動部隊時期，表現堅決。關於他被撲問題，現經青島市副市長李慕同志和省委農村工作部副部長張竹生同志（以上兩同志均係當時蓬萊縣委負責人）證明：孫自平同志被撲後不久，即經縣、區託地方工作關係——實際是兩面派關係營救贖出。據當時瞭解，被押時間較短，並未發生自首叛變事情，因為未作處理。

根據以上情況，我們認為：（1）孫自平同志被撲問題，個人交代與旁證材料完全相符，被撲期間政治上沒有問題；（2）孫自平同志 1935 年底是因暴動失敗，領導人出走而被迫脫黨的，他在失掉關係期間，仍積極為黨工作。因此，決定恢復其 1935 年 9 月至 1937 年 9 月的一段黨籍。

中共山東省委員會
1956 年 4 月 25 日

在該文後，有兩行手寫筆跡：

「中央財貿部於 1956 年 7 月 18 日批覆『同意』。發文號『機綜字 49 號』。」

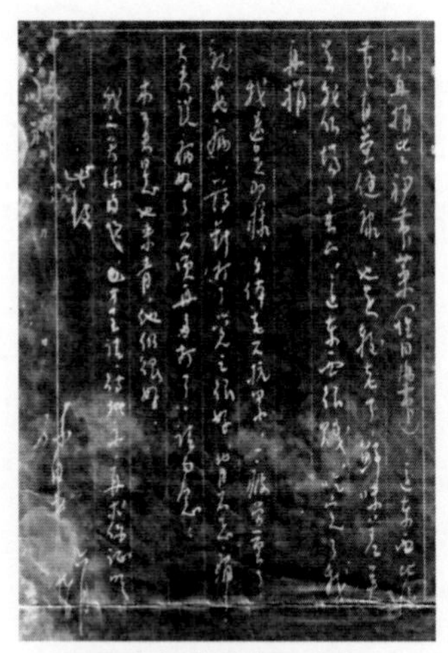

▲孫自平致友人書札

1941 年被捕的經過

1941 年在膠東北海專區蓬萊縣參議工作（任議長），在當年冬天（約 11 月）奉派至該縣五區（敵佔區）檢查幫助工作，至該區不久（約 12 月），即被偽軍捕去，住一日被放回，具體經過是這樣：

該區因係敵佔區，又有偽軍據點，故我區公所、區中隊採取分散活動的方式，約在 12 月某一天我與區助理員崔炎同志，和一交通員（忘記姓名）到該區南王緒村工作，在當日下午派交通員去南面某村送公文，不料這個交通在半路被蓬萊縣偽大隊之便衣隊捕獲，該立刻變節，帶領偽便衣隊來捕我與崔炎同志，那時我與崔同志，還有該村村長三人在室內，我與村長在地下談工作，崔同志在炕上小桌上寫東西，毫未發覺敵已來到距我四五尺近之門邊了，突然叫喊聲和槍聲齊響，三個敵人隨著槍聲跳至面前抓住了我，在一秒鐘內窗上玻璃嘩啦碎了，窗外敵人已跳上了窗，跳進室內，另一個敵人舉槍打中了崔炎同志鼻部，崔同志當時犧牲了，當時我們在該區活動因隨時準備戰鬥，凡一出門槍既放在袖內，一到室內槍即放在身邊，那天我與崔同志在炕上按一張小飯桌辦公，文件包與手槍都放在炕上身邊，因為村長來了，我到地下與村長談話，崔同志仍坐在炕上，因為敵人是由我們交通員領著來的，所以絲毫沒有發覺，直到敵人掀起門簾向我開槍時，我還未看見敵人，在聽到槍響時敵人已躍至面前了，不但我來不及去炕上拿槍，即在炕上的崔同志也未來得及抓槍，即被敵人打倒了。

敵人打死了崔同志，立刻把我拉至門外綁起來，用槍把等物狠狠的打我，逼我說出哪些村子有八路，區公所在哪個村，讓我帶路，他們想把區公所全部消滅，並且想發財，我當然知道區長等都住在那個村子，但我告訴敵人區長已帶區中隊回根據地了，敵人知道我說謊，更厲害的打我，最後把我吊在門扣上要槍斃我，一個敵人拿著手槍對準我的頭要開槍，被另一個敵人制止了，敵人見我不說，同時時間已近傍晚，如是敵人便拉著我北去欒家口偽軍據點。到了據點後，天還不黑，把我押在一個炮樓子下面，夜裏又有偽軍問我哪些村子存有八路公糧，我說我才由根據地來，不知道。他威嚇我幾句，見我不說也就算了。

第二天即有偽軍對我說：「昨晚即有人來保你，你不要緊了。」這天夜裏約十時左右，一個偽軍到炮樓下拿電筒照著我喊我出去，我到了院子，見到一隊偽軍站在院中。一個偽軍隊長高喊：「還不把他綁起來。」於是，上來兩個偽軍把我綁住，開了大門，偽軍和我一塊出去，這時一個偽軍低聲告訴我：「不是槍斃你，不要怕。」又走不遠，我們的偽軍工作關係欒家口商會會長蕭XX、朱子耕和一個偽鄉長(也許兩個)三、四人來接我，這時即把綁的繩子解除，隨著偽軍一同走到村外，偽軍向天打了兩槍，偽軍即回去，朱子耕等把我送到北林院村，朱告訴我他們營救我的情形：

原來我一被捕我們的分區委書記與區長即刻給朱子耕等我偽軍關係送去了信，要他設法要出來，他們以責任關係（怕我政府責難他們），他們立刻召集了會，研究了營救辦法，當晚他們即見了偽便衣隊長，要他想法放我，因為這些人（朱子耕等）他們都與蓬萊縣偽軍大隊長郝銘傳有密切的私人關係，有的與郝是八字兄弟，有的與郝是三番子弟兄，在地方上也有一定封建勢力，所以偽便衣隊隊長及欒家口據點偽軍隊長們都很尊敬這些人，但是因為捕著我之後，偽便衣隊長已用電話報告了郝銘傳，說是抓住一個八路幹部，這樣一來他們就不敢放我了，後來朱子耕等為便衣隊長想出一個應付郝銘傳的辦法，並向便衣隊長等提出保證，萬一郝銘傳知道了由他們負責，同時以偽幣三千元作報酬，商妥第二日晚上釋放我。在第二日，偽便衣隊長便按著朱子耕等的辦法，用電話通知郝銘傳，報告昨天捉的八路幹部（指我）因掛彩後出血多已不能行動快死了，不能往城裏解了，要求就地槍決。郝銘傳同意他的請求。所以到晚上以拉出去槍斃為名，就地把我放了。

贖我之三千元偽幣，是偽鄉長由當地籌的，據說偽便衣隊隊員（近二十人）分半數，另半數由偽便衣隊長及欒家口偽軍隊長分得。

在我出來第三天即找到了分區委，因為區委對我被捕一直到出來的經過情況瞭解非常清楚，所以沒有審查我，也未停止關係，以上是我被捕的經過。

孫自平

1955年11月30日

1941 年被捕經過補充報告

我於 1941 年 12 月被捕釋放後，次日即向分區委書記作了報告，分區委根據事實，對照我的報告，認為我被捕後沒有發生叛黨和失節的行為，所以沒有對我停止黨的關係。後來，我在該區繼續又作了一時縣工作，並養了一時期病（因被捕被打，吐血病犯了），就回到了根據地。分區委把情況報告縣委，縣委也未對我進行審查，這是當時的情況。

該區分區委書記李荷甫同志已犧牲，組織委員李同志（忘記名字）已病故，區長韓中一及其他區幹部現都很健在（以下一行字跡不清——作者注）……是他交代我的工作，我被捕後區裏對他有報告，所以我原來寫他的證明人，當時蓬萊縣委負責人是張竹生同志，現在省委農村工作部工作，他能知道我被捕的情況，可請他證明。

孫自平

1955 年 12 月 1 日

1936 年脫黨的原因及脫黨後的工作情況

除了被俘問題，孫自平還有一個歷史問題就是早年的「脫黨」，就是與黨組織失去了聯繫：

我 1936 年脫黨的原因及脫黨後的工作情況

1933 年後，由於我經常閱讀進步書刊，思想覺悟不斷提高，對社會不合理現象，對國民黨統治十分憎恨，開始有了參加我黨的要求，無論在校內校外，均不斷的為黨進行宣傳，在 1934 年從朋友處知道慕湘同志在萊陽鄉師上學時由於政治活動被開除，因之我估計他可能是中共黨員，想找機會接近他，到 1935 年我得悉慕湘同志在家無事（教小學被解雇），便託朋友（我當時還不認識他）把慕湘同志請到我所在的學校教書（當時我在此校負責），他來校後知道我的思想進步，並看到我作了不少的政治工作，如：給高級班學生經常的講政治課，常年為雇佃農……（此下一行字跡不清——作者注）我入了黨，在我入黨時，黨膠東特委上的李日三同志還與我談過話，當時蓬萊黨員極少，李日三同志經常由膠東特委來與慕湘同志聯繫，1935 年冬我黨於膠東暴動失敗後，李日三同志不見了（據說暴動中犧牲），同時蓬萊國民黨縣黨部要逮捕慕湘同志，慕同志得到消息便於 1936 年初離開了蓬萊，後來他在天津找到了黨的關係，在找到關係前他在天津生活很困難，我還接濟他，直到他去太原後，才失去聯繫。

自慕湘同志走後，我的關係已斷絕，但是我對黨的工作並未停止，並且更積極的進行：

1936 年，我辦的雇佃農夜校政治內容更加充實（注：我辦的農校名為「民眾夜校」）……（在此下一行手跡不清——作者注）宣傳抗日救國時教新文學救亡歌曲等。並在雇佃農中（學生中亦有）組織救亡小組，積極向他們進行階級教育、民族教育。

慕湘同志走後，當年春，我又把陳邁千同志請到我所在學校教書，那時黨在國內領導的救亡運動高漲，我又與陳邁千于仲淑發起組織小學教師社會服務團（後改名抗戰服務團戰地服務團），推動小學教師及社會愛國人士積極進行救亡活動，不久我參加「民先」，在「民先」區隊部任組織委員（于為隊長、陳為宣傳委員），至 1937 年我們的活動更緊張了，為了發動武裝，抗戰服務團和「民先」都有很大的發展，後來這部分人，便成了蓬萊人民抗日武裝隊伍的骨幹。

我的弟弟孫曉風這時在蓬萊縣中讀書，受我的教育……（此下一行字跡不清——作者注）孫曉風由我的鼓勵動員他同意到陝北學習，於 1937 年初由我和于仲淑同志介紹到北京于眉同志處，再由黨介紹去了陝北，現在孫曉風同志任華東軍區辦公廳主任。我所教育和組織的佃雇農及學生，於抗戰後大部參加了我們的部隊。

1937 年「七七」事變後，于眉同志由北京回蓬萊，他便領導我們繼續開展工作，於當年 9 月間他介紹我重新入黨（他回來很短的時間即介紹我入黨）。以上是我脫黨期間簡單情況，于仲淑、陳邁千、孫曉風、于眉同志均可證明。李華同志也知道一部分情況。請組織上查對我脫黨的情況，

並請組織考慮是否可以恢復我第一次入黨及脫黨期間的黨籍。

孫自平

1955 年 3 月 5 日

1944 年組織上的鑑定

在孫自平的檔案中，最早的幾份檔案材料是四十年代在膠東根據地的鑑定書，如：「在職幹部履歷與鑑定書」，注明單位是「北海中學」，職務是校長，姓名為「孫紫萍」，此表由「膠東區黨委組織部印」，鑑定日期為「三十三年八月二十日」，此時間顯然是「民國紀年」，應為 1945 年 8 月 20 日。也就是抗戰勝利的時候。但個人填寫的「填表日期」為「1944 年 9 月 1 日」。組織上給他作出的「鑑定結論」是：

一、政治方面

幾年來政治上的表現可分為三個階段：第一階段是部隊工作時期，該時期政治上的表現積極進步，但大部為熱情和正義所支配，而政治上的認識和修養還是幼稚的。第二階段是養病時期，該時期是半養病半工作，時間很長，曾辦過理琪小學、幹過參議會、到過敵區養過病，因此這時期政治上不開展，不進步，右傾情緒滋長甚重。第三時期是來北中時期，該時期政治上有很快的開展與進步，同時也達到了堅定的程度。

二、思想意識方面

這一年來黨性的修養進步較快，對工作能唯慎唯謹，實事求是的去作，自以為是的偏向不大，這是黨性強的表現，但有時對黨指示的工作不能及時完成，對黨檔學習不夠，這是組織觀念弱的表現。

自我批評還能虛心，對自己舊思想意識的鬥爭還能不放鬆，對同志的批評有時不及時，個別的不夠耐心。

對學生能主動及時關心愛護，對一般群眾的利益疾苦，也能積極關心幫助。

三、學習方面

因為神經衰弱，每感工作時間精力不夠，其次是對學習的重要性認識不尖銳，以為工作第一，學習第二，於是把精力時間耗費在工作上，未能嚴格掌握學習時間，有以上原因，所以七年來學習最壞！簡直除了看報及看點重要文件（這些也不夠徹底）之外，別的理論書籍，幾乎一無所學，因之學習之積極性、經常性及制度的遵守，都不好，只是工作上還能細心的研究！

四、工作方面

工作上的積極性和責任心都很強，對工作從不鬆懈馬虎。

工作深入扎實，能深入的佈置，深入的檢查，計劃性也很好，但有時計畫不夠及時。

工作始終如一，從沒有冷熱之分。工作中有創造性，但因身體弱，突擊性較差。

在學校學生及教職員中，都有威信，對領導骨幹與群眾相結合的作用不夠很好，有手工業的領導方法，不能大膽運用幹部，惟恐別人幹的不周密，因之包辦代替。工作幹的稱職、適當。

五、生活方面

個性略強，態度謙和。在工作中的艱苦作風很好，模範作用亦佳，言語風度大眾化，服裝欠大眾化，能很好的與別人團結合作，能關心別人，能參加各社會活動。

▲求學時期的孫自平

整理抄錄完孫自平的檔案材料不久，我和好友軍武兄一起又拜訪了孫自平的長子孫北林先生。在過去與孫先生的交往中，從來沒談及孫自平，而他也從不提及。這次孫先生對其父，所談仍不多。孫先生說：常聽大家回憶說家父有仁者長者之風，但我見過他有一次對開車來晚的司機發過脾氣，當母親為此說他時，他竟無言以對；許多人都回憶說，「文革」時他在臺上被鬥時始終能保持他以往的實事求是的作風，甚至還能反唇相問。有位老先生說，假如孫所長那時說，記不清了，那我就要遭殃了。這足以說明他對畢生的為人準則、信念的堅持，以及堅定和堅強了。「文革」剛開始一段時間，有一次他回來跟母親講，在南海路見到幾個被剃陰陽頭的人，許多人圍觀，一些孩子跟著跑，還拿東西打他們。母親看著他靜靜的聽，兩人都沒有說什麼。過了很久又聽父親輕聲而平靜地講，要是這樣，還不如死了。又過了很久，突然聽到母親高聲笑著講別的事情了。後來他和母親自殺時，他走得很從容，在確認母親已經西行之後，給我和弟弟留下了遺言。第二天中午吃了兩毛錢的豬頭肉，還去洗了衣服，但沒有晾……

「與其受辱，還不如死了。」

這其實也是孫自平後來選擇自殺的一個主要原因：寧為玉碎，不為瓦全。

當時孫家已經受到了監控，每天的進出都受到了嚴格的監視，「文革」後孫先生看到了當年對他們家長達數月的監視記錄，每天都詳細記錄著進出和來往情況，幾點幾點，誰誰誰來過孫家，或孫家誰誰誰幾點出去幾點回來，等等，甚至幾點閉燈都有詳細記錄。沒經歷過那個年代的人是難以想像當時的氣氛和當事人所承受的壓力的。

後記

十多年前，有一段時間，我天天查閱那些塵封的檔案，就是從馬繡同先生開始，為了完成當時我供職單位的一項任務，為馬先生寫一篇「報告文學」，當時老先生病了，單位領導覺得應該為默默與海洋生物標本打了六十多年交道的老先生「立傳」。於是，我便開始了採訪，採訪對象就是老先生和跟隨老人多年的助手。但僅僅從老人助手的介紹中，無法對老人的以往有更多的瞭解，自然便想到了檔案。這也是我開始查閱老學者檔案的開始。之後不久，我又離開了工作了十多年的海洋地質研究室，被安排參與海洋研究所所志的編寫工作，給我的頭銜是所史志辦秘書。其實，作為秘書我很不稱職，因為許多工作都是所史志辦主任徐鴻儒先生在具體操辦，徐先生對我抱著極大的耐心和寬容，我當時的精力更多是在進行著本業以外的寫作，正起勁寫小說，到史志辦來，其實是看好了搜集資料和採訪的便利。當時我們除了承擔所志編寫外，還承擔《中國海洋志》的編寫組織工作，《中國海洋志》的主編是曾呈奎先生，徐先生是執行主編，就是說，徐先生承擔著具體的組織和聯繫工作，因為參加《中國海洋志》編寫的作者來自不同的單位，名義上我是徐先生的秘書，但實際上徐先生常常見不到我的身影，當時我正熱衷於參加文學活動，譬如跟著作家尤鳳偉先生等到青島近海的海島上參加小型的筆會之類，每週一更是到以尤鳳偉為中心的青島作家協會的辦公室，星期一到「作協」報到彷彿成了雷打不動，好像在那兒就能更靠近「文學」一樣。當時社會上已經沒有了「文學熱」，但我的文學夢卻正在「發燒」，徐先生在為所志奔波，我卻在電腦上編造著關於科學家生活的小說——小說無一例外都是寫學者的一地雞毛的瑣碎和庸俗，譬如學者之間的勾心鬥角，譬如導師如何侵佔學生的成果，譬如正直的學者如何抑鬱不得志，等等。

在《中國海洋志》工作中，徐先生安排我擔任《中國海洋科學家人物篇》的主編，當時和我一起「主編」的還有一位老師，是曾擔任《中國海洋報》總編輯的李茂和老師，而且徐先生把我的名字放在李老師的前邊，從這個安排上也可看出，徐先生對我的器重。當時入選的人物由編委會通過了標準，基本上以兩院院士為準，兼顧了一些有影響的學科的創建人或開拓者，譬如張璽先生，因為在「文革」時期去世了，如果他活到「文革」後，恐怕也會和曾呈奎、毛漢禮先生一樣成為學部委員（也就是後來的院士），因此，像張璽先生就屬於對學科建設有重大影響或開拓貢獻的人物。徐先生和我當時的主要工作其實是組織各研究室的學者撰寫《所志》，徐先生提出的第一步工作是我們先撰寫出海洋研究所從建所開始到九十年代的大事記，於是，就要找人座談和回憶，更需要查閱檔案，我最感興趣的就是查閱檔案。不過，從檔案中並沒得到多少「大事記」的內容，而且在如何判斷「大事」的標準上大家意見並不一致。如何界定標準自然輪不到我來發言，我的工作就是記錄，常常一天記錄不了幾條，後來隨著我更多的外出參加文學聚會和活動，這項工作幾乎都由徐先生一人承擔了。不到一年，我先是到《青島日報》文藝部「幫忙」，幾個月後就被「招聘」成了副刊編輯，然後就正式離開了海洋研究所，也就告別了「史志辦」。

做了副刊編輯後，應該說離「文學」近了，我寫小說的勁頭卻消逝了，參加文學活動的勁頭更越來越小了，唯一越來越上癮的就是逛書店。而買的書也是越來越遠離「文學」，越來越喜歡讀那些老人老事。離開後才回望，感到南海路七號的那些老人老事的可貴，更感到在物慾橫流的當下，南海路七號那些「昨天的學者們」的單純和可愛。自己編造故事的勁頭久已消失，越來越看重資料的真實和可靠。以前羨慕小說家的創造力，現在卻看重資料發現者的努力和機會。從某種程度上講，「老照片」和相關的史料和記憶，更能揭示時代的特徵和人的生存。

如果說本書中的這些「思想改造」中知識份子的「思想檢討」反映了昨天的時代，儘管其中缺失了「文革」浩劫中的實物檔案，但可想而知，「文革」中的「思想檢討」只能有過之而無不及。從八十年代開始，儘管有過「反資產階級自由化」等等「學習過程」——我仍記得當時我們坐在昏暗的地質室走廊裏聽支部書記讀《人民日報》社論的情景，但比起過去的政治運動實在不值一提，儘管也有每週一次的小組學習討論會，但大家在學習會上的討論更多的成了爭執不休的笑談，更談不上人人「過關」之說了，即便需要「過關」，也不同於過去的政治運動，畢竟老師們經歷了「文革」，已經沒有人對「政治」有積極的熱情和態度了。沒有了政治運動的年代，未必就沒有了別的「運動」，前幾年我曾寫過一篇回憶文章〈小苗〉，這篇回憶之作恰好可以看做是我八十年代初來到南海路七號到九十年代末離開那兒的「見證」，也等於給新時期以來的南海路七號或者說海洋地質室留下一篇「側記」，呈在下面——

〈小苗〉

現在想起來小苗當時是過於緊張了——他一來到我住的房間就悄悄對我說：你不要告訴別人，我真倒楣我身上帶的錢在上海被小偷偷走了。我問他丟了多少錢，他哭笑說真是倒楣了，本來不想去外灘卻鬼使神差跑去了外灘，結果到了吳淞口等輪渡時一摸口袋錢包丟了——肯定是在外灘時讓小偷偷了，他說在外灘迎面遇到幾個小青年其中一個還和他撞了一下肩膀。小苗說著漲紅了臉，下意識地用手扶了扶眼鏡。

這幅場景是 1984 年 3 月初的一天黃昏在崇明島縣城離碼頭不遠的一家招待所的二樓上。小苗剛剛到達，在他到達之前，我們已經在這兒「採樣」了大半個月（所謂「採樣」就是我們在那兒進行地質鑽探——花錢請水文地質隊豎鑽井架進行鑽探，我們對鑽探上來的岩芯分別包裝），小苗捎來了他導師秦先生的口信，其中一個內容是讓我立即回去，說是有緊急事情讓我做，我在崇明島的工作由他來接替。需要說明的是，我和小苗之間其實不能用「接替」這個詞，因為我們的身分不同：他是我們海洋地質研究室為數寥寥的幾名碩士研究生之一。當時秦先生等幾位導師晉升副研究員還沒幾年，對於中國科學院海洋研究所這個綜合性研究機構來說，生物學是「顯學」，歷史悠久，擁有的老專家多，但「副研」及其以上也是鳳毛麟角，與生物研究室相比，我們地質室還沒有招博士的資格。那時的「副研」就和那時的碩士生一樣數量並不多，還很金貴，不像現在，職稱和學位就像過了季節的時裝批量甩賣。

話題扯遠了，與小苗的碩士生身分相比，我的身分從數量上和他相似甚至更少，但並非物以稀為貴，這更說明我的無足輕重——我只是一名剛參加工作不久的科輔人員。當時在我們地質室裏，人員構成兩頭尖，中間大——簡直是龐大，就像過分誇張的紡錘。在小苗他們這幾位師兄師弟身上，寄託了地質室的未來，用秦先生他們幾位做導師的話說，未來的中國海洋地質科學就得依靠他們這些年青人了。小苗說來「接替」我實在是抬舉了我，其實他是來體驗野外「採樣」工作的，秦先生希望小苗他們這些研究生要熟悉野外工作過程，獲得第一手的資料。用秦先生的話說，搞地質的不出野外怎麼行。

▲苗青民博士在美國

我隨著剛剛晉升副研的趙老師離開了崇明島，臨別時，小苗又把我拉到一邊悄悄叮囑我回到青島千萬別說他讓小偷偷包了，他說實在太丟人了，怎麼能讓小偷給偷包了呢，小苗邊說邊搖頭。又用手扶了扶眼鏡。其實，他臉上的眼鏡並沒滑落，但小苗用手扶眼鏡的動作卻成了我清晰的印象。

小苗長了一副娃娃臉，再加上一副眼鏡，說話常常帶著笑意，即便說到丟錢臉上也掛著抹不掉的笑容。

小苗帶來的口信最主要的就是讓趙副研回青，趙老師當時是我們地質室最年輕的副研——「只有四十八歲」（秦先生當時也剛過半百）。寫到這兒，我眼前浮現清晰的一幕：每月發工資的日子，趙老師的夫人就來我們辦公室領取趙老師額外享受的油票、蛋票和大米票——「副研」能多買兩斤花生油、五斤雞蛋和十五斤大米。有一次一位李姓工程師憤憤不平說：難道副研就能對著油瓶喝花生油。當然，這是玩笑話了。

讓趙老師回來主要是為了著書立說，我們地質室的第一部研究專著《渤海地質》最後統稿的任務落在趙老師的肩上。再者，就是組織由我們地質室負責牽頭參加的一項國際合作研究計畫，內容是全球海平面變化研究，中國工作組的組長是秦先生，趙老師是秘書長。其中我們地質室參與該項目的一項主要研究課題就是長江水下三角洲的古地理古氣候古海平面變化研究。而小苗碩士學位論文的研究內容就是做這方面的題目。

在回青的列車上，坐在我們對面的一位旅客很認真地問趙老師：你是帶著兒子出來賣雞的吧。他誤認穿著邋遢不修邊幅的趙老師為農村裏的養雞專業戶了，而比趙老師小了三十歲的我被他理所當然的看做是跟著出來闖蕩的兒子了。

又過了將近一個月，小苗他們也結束了野外工作回來了。結果我們辦公室的幾位老師都知道了小苗在上海被偷錢的遭遇，我正納悶這是誰說的，見到小苗心裏忐忑不安怎麼能讓他相信我沒有對別人說呢。誰知小苗一見到我就笑著說，你走後第二天我就告訴了他們我丟錢了，不就是讓小偷偷了嗎，哎，破財免災，說出來我也就不去想了。小苗說著臉上竟蕩漾著快樂，讓你覺得他不是丟了錢，而是出門讓錢絆了一腳，簡直有些興高采烈。有老師提出讓小苗寫個報告申請「補助」，讓秦先生簽字（秦先生當時剛被任命為海洋研究所黨委書記兼副所長）。小苗笑說哪怎麼行呢，誰還遇不到倒楣事啊。

▲1984 年夏天參加中美南黄海合作考察，
前排左五為秦蘊珊先生，右三為筆者

有一段時間我和小苗坐對桌，他伏在顯微鏡上鑑定微體古生物標本——一種叫有孔蟲的單細胞動物的殼體，小苗鑑定的樣品就是我們在崇明島打鑽采回來的。之前我們在樣品庫裏「分樣」，也就是按照各個專業將樣品分成一份份裝在塑膠薄膜袋裏，上邊寫上「微體古生物」、「粒度」、「地球化學」、「礦物」，等等。「分樣」時小苗也來參加了，他的熱情受到了那些老師們的歡迎。

「微體古生物」是我們辦公室（生物樓211房間）的主要標誌，這是因為蒼老師的緣故，蒼老師是「微古」有孔蟲專家，剛剛結束了在英國劍橋大學的兩年訪問學者生活，帶回來一個「時髦」的新課題，這就是「古海洋學」。原來我們所在的生物樓211房間的人主要搞「第四紀」，是研究海平面變化的，屬於「古地理」，以趙老師為代表人物，他們先是研究了渤海灣近十五萬年以來的海平面變化，然後把目標又瞄向了長江水下三角洲。

1984 年的生物樓 211 房間可以說在地質室充滿了希望，趙老師成了「副研」，六十年代初從北大地質系畢業的蒼老師剛從英國「留學」回來，另一位五十年代曾留學蘇聯的高老師還在美國的伍茲霍爾海洋研究所做訪問學者，也是從事「古海洋」。（蒼老師和高老師還只是「助理研究員」，但在我們的眼裏，他們晉升副研近在咫尺——誰料想後來他們為了職稱的晉升曆遭波折，僧多粥少，十多年的時間裏，人過半百的他們為了「副研」和「正研」職稱的晉升屢敗屢戰，一肚子憤怒，上演了種種悲喜劇。最後即便得到了「正研」的頭銜，也已身心疲憊，面臨退休的界線了。）

小苗進211房間就是來跟著蒼老師「搞」有孔蟲，每天在顯微鏡下鑑定著「古長江水下三角洲」的有孔蟲。本來秦先生就讓小苗從事「微古」專業，可是小苗說他的眼睛戴著眼鏡看起顯微鏡來不方便，還是去搞「沉積」也就是去分析「粒度」吧（海底沉積物的泥砂粒徑）。可是做完了「粒度」分析小苗發現了局限性，還是要「搞」有孔蟲。（秦先生和蒼老師說，這年青人本來就讓他搞有孔蟲的，可他不願意，我就知道他搞粒度不行的。）

我們在崇明島打了一口鑽井，後來在南匯縣又打了一口鑽井，我和趙老師後來都沒去南匯，小苗參加了南匯的打鑽。在南匯他們遇到了南黃海地震——小苗告訴我，當時晚上都睡覺了，他還在燈下看書，突然覺得樓房動了起來。原來是地震了，急忙下了樓才發現什麼東西也沒顧得上拿，手裏只是攥著一本書。小苗自嘲說，好像很用功的樣子，其實是下意識。

和小苗對桌的日子累計起來大約有兩三個月。小苗鑑定標本，我伏案抄稿——1984 年和 1985 年是我抄稿最多的兩年。當時的微機還是稀罕物，我們整個研究室一百多人只有寥寥的一二台「蘋果」微機。以秦先生為學術帶頭人的整個「沉積」學科的人只有一台微機，放在五樓朝西面海的大房間裏，秦先生的幾位研究生都集中在那兒，那台「寶貝」由秦先生的「大徒弟」老翟負責，老翟被小苗他們稱為大師兄。（我們地質室當時按兩大學科劃分，一為「海洋沉積」，包括我們 211 房間的人都屬於這一大學科，另一學科是「海洋地質構造和地球物理」，由金先生為首，但人數寥寥。金先生和秦先生是大學同學，是新中國培養的第一批地質學大學生，他們也成了新中國第一批從事海洋地質學的拓荒者。後來金先生調到了杭州，再後來金先生當選了中國工程院院士，當然這是後話了。）

那幾年是我們研究室成果「噴發」期——經過了二十多年的工作積累，尤其是又經歷了「文革」，正是他們專業勁頭高昂的季節。老師們寫好了各自負責的專著章節或論文草稿，便由我負責抄寫——說得高級一點叫「謄清」。

小苗當時在崇明島捎話讓我趕緊回來說秦先生有重要事情讓我做就是指此——我回到研究室就趕到行政樓找秦所長（儘管秦先生當了黨委書記，但我們不叫他秦書記，仍叫他秦所長。），秦所長說，有幾篇稿子讓你抄。秦先生寫一筆極難辨認的「秦體」，因為抄多了他寫的文章，連蒙加猜，上掛下連，我已經「認識」了他的字體。於是，他的文章「謄清」任務便落到了我的手上。再加上畢業於北大地理系的趙老師是研究室有名的筆桿子，負責《渤海地質》和稍後的《東海地質》等幾部專著的統稿任務，這些著作的謄稿皆由我來承擔。於是，我的案頭便有了抄不完的文稿。

每天我低著頭抄寫，小苗趴在鏡頭上鑑定，蒼老師也是伏在一台新進口的鏡子上鑑定有孔蟲標本，趙老師在那兒審改和寫稿。那一段時間效率頗高，蒼老師看的樣品不同於小苗長江口的淺海樣品，而是取自沖繩海槽的深海樣品。說來好笑，當時在我淺薄的印象裏以為「古海洋」和「古地理」的區別就在於樣品海區的深淺，並固執地以為，像蒼老師這樣從事「古海洋」要比小苗研究古長江三角洲更有「學問」的多。

蒼老師經常對小苗講希望他今後把古海洋作為自己的研究方向，他顯然希望小苗能參加到他沖繩海槽的課題中。但小苗的論文題目已經確定。那幾年，長江水下三角洲和沖繩海槽是我們地質室的重點研究區域，因為渤海、黃海和東海大陸架的調查工作已經結束了，用趙老師的話說，《渤海地質》完成了我們就編寫《東海地質》，而《東海地質》的特色就是一副擔子一頭挑一個筐——如果把東海大陸架比做一副挑擔，長江水下三角洲和沖繩海槽就是兩頭的筐，這也就是我們地質室的成果特色。

在給秦先生他們這些中年老師們抄稿的過程中，我對他們的專業和成果有了大概的瞭解，那個時期正是他們收穫成果的季節，論文內容往往是總結「中國海」的「地質模式」，譬如「中國陸架海的沉積模式」、「中國陸架海的碎屑礦物分佈模式」，「中國東部沿海的海平面變化」，「中國陸架海的沉積物地球化學模式」，等等。

對於秦先生那一代學者來說，1980 年代是他們露出「鋒芒」確定學術地位和專業名聲的「碩果」期，而小苗他們這些研究生相比於導師們來說，既幸運又不幸。幸運的是他們一踏入「學術」陣地正趕上了為年青人搭建的「快車道」，不幸的是他們的「導師」輩也正在為職稱、課題、經費和學術地位而拚搏。在某些境況下可以說是老師和學生爭飯吃。譬如蒼老師的「副研」和後來的「正研」就是和小苗的同學 J 一起晉升的，但晉升的滋味卻不一樣，J 享受了三十五歲以下高級職稱不受名額限制的優惠，晉升起來一帆風順，而蒼老師卻滿腹辛酸——其實蒼老師與同齡人相比還是幸運的。

那時研究室裏幾乎每週都要開會，「大鍋飯」沒有了，國家部委「任務」性質的項目也明顯減少了，科研體制要改革了，號召大家自己找課題，原有的業務組也形同虛設，課題組人員開始了自由組合，我們「地層組」十多個人每週開會都是在我們 211 房間，站著的，兩個人擠坐在同一把椅子上的，坐在桌子上的，斜依在資料櫃上的，本來就擁擠的 211 房間更顯得不堪，討論最多的話題就是解放思想，讓大家「換腦」，那時還沒有「與時俱進」的提法，但意思差不多——就是讓大家明白，國家不能再包攬著像我們這樣的基礎類研究所了，要主動投身經濟建設的主戰場，如何適應科技為經濟建設的主戰場服務……基礎課題，應用專案，「縱向課題」，「橫向課題」，等等，成了大家談論的主題，蒼老師常常與別人爭論起來，蒼老師人瘦個高，他在英國的劍橋大學待了兩年剛剛回來，顯然還沒有思想準備——他回來時滿腦袋裝的是如何磨光我們的「古海洋」這把科學「利器」。

蒼老師曾揮舞著拳頭伸著頭彎腰跨步上前對正憧憬著「市場化」的G（G是一名「工農兵」大學生）說：你讀沒讀過馬克思，你讀沒讀過恩格斯，當你手裏有了十萬元你就有比我們都大的膽量，當你有了一百萬你眼裏就沒有法律，當你有了更多的錢你就想買下整個海水浴場了……有時候蒼老師會以他少年時代的痛苦經歷拿來做辯論的武器——你知道饑餓的滋味嗎，這我可是嘗過了，1948 年長春圍困的時候，你拿著一根金條換不來一塊玉米麵窩頭，你以為有錢就能解決饑餓！

這樣的學習會往往在沒有結果的爭論中結束。一個奇怪的現像是，越是從國外回來的中年學者，越在「觀念」上不認可我們將要進行的「科研改革」。蒼先生最津津樂道的是劍橋大學他所在實驗室的「沒有變化」：人家幾十年就是那個樣子，牆上掛滿了黑白照片，從幾十年前第一任實驗室主任、助手，到現在，包括蒼老師這樣的「訪問學者」，照片都掛在那兒，工作一直在延續著，但越是不變越是有了進步，有了科研成果……

小苗他們這些研究生並不參加我們的會，這個時候他們往往躲在圖書館或宿舍裏。研究室裏的「改革」和「課題組」的動盪並不影響他們這些「天之驕子」。

小苗當時與他的同學相比並不突出，相反在幾位「優秀」同學的對照下有些黯然失色。與他同時期的幾位同學要不「碩博連讀」，要不碩士畢業後留所在職讀博……只有小苗按部就班，等到碩士畢業了，小苗在研究室裏比起同學來感覺要落後了一截，當然並沒有人這樣說，只能是感覺。在我們的眼裏，小苗太老實了，老實的不會「處理」事。蒼老師常常替小苗「發愁」，也為他著急。

那一陣小苗的生活並不順，許多問題纏著他，戀愛，專業，參加哪個課題組，等等。記得有一次他為了躲避「騷擾」藏進了圖書館的一個角落裏，蒼老師讓我去找他，說：躲避不是辦法，哎，小苗啊，你怎麼這麼不順。

我印象深刻的是一次我去宿舍叫他，零亂的宿舍裏，小苗睜著眼趟在雙層床的下床上，滿臉寫著愁苦。與他的那些意氣風發欲大展宏圖的同學相比真是相差懸殊。

很快，小苗結婚了。我送了他一套瓷器，小苗低聲說，哎，還不知道將來怎樣呢。很快小苗就做了父親。記得他女兒出生時，我陪著他待在產房門外，護士拿來一張表讓他簽字，小苗的手抖動得厲害，等到簽完字，小苗蹲了下來，臉色虛白。我才知道小苗還沒有吃早飯。當時已近中午了。等到孩子生了下來，小苗才長出了一口氣。

接下來的小苗就忙著聯繫出國了。別的同學都已經佔據了「有利」的位置，並在專業上有了顯著的成果，小苗明顯落伍了。用蒼老師的話說，小苗的確應該出國了，於是，蒼老師積極幫著小苗聯繫出國。

幾經周折，小苗終於去了美國的南卡大學。

蒼老師曾去過小苗所在的美國實驗室，是與小苗的導師合作。蒼老師回來說，小苗在那兒很好，而且小苗還勸告蒼老師與美國人合作時有些問題別太幼稚了，「哪兒有一上來就把自己手裏的牌都亮出來的，」小苗告誡蒼老師。

蒼老師說小苗現在成熟多了，小苗說起過他初到美國的「挫折」，剛出去時小苗在一家中餐館刷盤子，在一群刷盤子的留學生中，小苗對自己的打工生活說了一句「真他媽的掉價」，結果遭到了圍攻——「我們出國留學本身就是掉價。」諸如此類。小苗沒告訴他的美國房東他在中餐館打工，有一次一起打工的留學生來給他過生日，言談話語中美國房東得知了小苗打工的「秘密」，當來客走後，房東很嚴肅地責怪小苗有撒謊之意。這給小苗的自尊心很大的傷害。

過了幾年，小苗回來過一次。匆匆忙忙的，在一起吃了一次午飯。當時他的經濟狀況並不好，閒談時他還感慨說，臨回來前他本想從關係不錯的老同學那兒借點錢，可是人家卻沒借給他，這讓他很傷心。「也許怕我將來還不上吧。」小苗笑笑說。當時我問了他一句：美國夢怎麼樣呢？他還是笑笑說：還不錯吧。他談到了他的家庭，他幫助他的夫人實現了美國夢，他那次是回來送女兒到天津他父母家的……我們就見了那一面，他說要做的事太多，他要去醫院配兩副眼鏡，他還要檢查身體，因為他總覺得渾身疲憊，他還要買一打襯衫……然後他就匆匆地走了。

轉眼間十多年過去了，地質室和整個社會一樣發生了顯著的變化，從最初的課題自由組合，到積極申報課題，到四處奔波上竄下跳爭取「專案」和經費，再到課題負責人成了真正意義上的「老闆」，等等，尤其變化的是人員的構成，曾幾何時，「老人」幾乎都退休了，與小苗同時的研究生也基本上出國的出國，調走的調走，當官的當官……當然，大多數還是出國了。

到了 1998 年春天我也離開了海洋研究所去了一家報社當了副刊編輯。偶爾回到地質室，熟面孔已經不多了。在這期間，地質室最大的變化是終於擁有了一位院士——從所長一職退下來的秦先生當選了中國科學院院士。秦先生也成了地質室惟一一位仍在職的老人。地質室的「硬體」越來越好了，走在走廊上感覺環境實在是今非昔比，以前的地質室成了遙遠的記憶，彷彿從現實中給抹掉了。

我與蒼老師還保持著聯繫，從蒼老師那兒能得到小苗的消息。每年春節小苗都要打給蒼老師問候的電話，電話裏介紹著他的情況。蒼老師轉告給我的消息斷斷續續，譬如：小苗離婚了，小苗的女兒去了美國，小苗拿到了博士學位……有一次蒼老師說到小苗，臉色凝重，說小苗可能要到臺灣「中央研究院海洋研究所」……但不久蒼老師說到小苗的臉色又柔和了起來，說小苗到臺灣的消息不確，確定的消息是小苗改行了……小苗的消息漸漸好了起來，他又拿到了電腦的博士學位，在 IBM 公司有了一份不錯的工作和不菲的年薪……

今年春節時我去蒼老師家，蒼老師興奮地拿出了小苗寄來的照片，小苗又結婚了，照片上是陽光燦爛的小苗（儘管已四十出頭但小苗的娃娃臉看上去仍變化不大)和一位文靜的姑娘。小苗已做了公司裏的高級顧問，年薪達到了一百二十餘萬美元。小苗的成功是可以用「數位化」來體現的……

初夏的一天，我接到了蒼老師的電話，說他的學生從美國回來，捎來了小苗給我的禮物和口信——小苗聽說我已出版了書，希望我能送他一本——他要在乘飛機途中翻閱用來打發時間。小苗的家和他現在工作的城市有一個多小時的飛行距離，到了週末他就要乘飛機回家然後週一再乘飛機去上班。

我想小苗並非只是為了消遣飛行途中的無聊，更多的是還沒忘掉老朋友，沒有忘掉在青島的生活。小苗說送他的書不用寄，因為郵費太貴，夏天他父母來美，到時候讓他們捎來就行了。

稍後的一個週末傍晚，我突然接到一個電話——是小苗未見過面的小「師弟」打來的，說他剛接到電話，小苗去世了。我一怔，以為聽錯了。是的，小苗去世了。小「師弟」在電話裏確證說：小苗在上個週末坐飛機回家的途中，突然猝發心臟病，死在了飛機上。小「師弟」說，小苗同學 Y 的意思是讓我擬一副輓聯以蒼老師、Y 和我三個人的名義發過去。Y 是小苗那一撥研究生中惟一仍留在地質室的（現在自然已是博導），因為下週二也就是六月二日就要舉行小苗的葬禮，小苗的同學 L（當初他倆同時考上了秦先生的研究生）希望在葬禮上能念到過去老同事的唁電。

放下電話，我感到了無言的悲哀——我不知道是為誰，小苗才剛剛四十出頭啊！我打了電話給蒼老師，蒼老師的驚訝更是無以復加……一天後，我收到了蒼老師學生從網上轉

▲小苗的油畫風景

發給我的小苗的紀念網頁，讓我難過和驚訝的是，「成功」之後的小苗剛剛計畫著好好享受生活，譬如：實現自己幼年的夢想，卻遭到了天妒——網頁裏掛著十多幅小苗的油畫作品，都是風景畫。簡短的小苗生平介紹裏，說小苗自童年起就愛好繪畫，直到近年來利用閒暇假日才重拾畫筆學起了油畫。而且小苗熱愛生活，在自己的房前庭院裏種了許多的花木……

小苗在地質室時並沒顯露愛好繪畫的才能，那時的他，總是顯得忙忙碌碌甚至焦頭爛額。小苗啊小苗……

在小苗葬禮的那天上午，我到郵局往美國寄了一本我編的《青島記憶》給小苗新婚的妻子，裏面夾了一副由蒼老師用隸書端莊抄寫的輓聯。我擬的輓聯自然談不上工整，但出於真情實意。

我從蒼老師那兒取回了小苗送我的禮物，是兩套美國版的紀念郵票，一套是中國的十二生肖，一套是美國的珍稀鳥類。蒼老師退休後身心傾注到了筆墨揮灑上，有時候感慨當初何必那樣費心申請課題，真有早知如此何必當初之意。

那天我和蒼老師聊著小苗，聊著我們的地質室。地質室的變化的確天翻地覆，再也用不著爭搶微機了，更別說一筆一劃地抄錄論文。科學院已率先取消了職稱評定，現在改成了「崗位」的競爭，分「創新崗位」和「普通崗位」，A級，B級，A級裏再分一二，B級裏再分一二三，等等，蒼老師說的複雜，我聽的也是一頭霧水，但有一點蒼老師說的明白，現在沒有課題沒有經費你什麼也別想。蒼老師感慨說，他被所裏聘回去整理以前做過的重大專案檔案，看到五六十年代大家的野外工作記錄和實驗報告心緒難平。其實我們的家底還是那個年代打下的，後來折騰來折騰去，名詞變新了，但實在看不出實質的進步在哪兒。

蒼老師那一代人早已經退出了舞臺，小苗這一代八十年代的驕子現在頂起了大樑——但更多的已不是科研第一線的大樑，出國，當官，下海，大款，也有發了瘋住進了醫院……當然，也有——譬如小苗已經去了天國。在地質室秦先生做為那一代人的代表仍堅守在「第一線」上。

據說，國內現在仍活躍在科研「第一線」的某些學術「大家」參加專案論證會時彼此碰了面感歎當下仍沒發現領軍的年青人才。說這話的是當時在場的幾位有幸參加的年輕人——也已經四十出頭了，說和聽的彼此都笑了起來，在這笑聲裏蘊涵著太多的會心。其實，二十年前正是這些當下的「學術大家」中的代表冒尖頂起了大樑，並在各種場合大講未來要由「小苗」們來推動中國海洋科學的發展……二十多年的變化，除了他們獲得的越來越多的頭銜和應接不暇的各種會議，也許惟一變化的就是他們的年齡了。而他們的弟子們呢，大多已星散。

若小苗留在了國內又如何呢？還會這樣匆匆地去了天國？我不知道。但我想，小苗在美國的最大收穫，那就是他用美國人給他的一百二十餘萬美元的豐厚年薪讓我們看到了他的價值。寫到這兒，我更感到了悲從心生……願小苗已尋找到幸福的靈魂在天國裏安息。

2005 年 9 月中秋節前夕於青島，10 月 9 日修改。

補記：

2009 年 6 月 18 日中國科學院海洋研究所在青島南海路七號舉行了「海帶之父」曾呈奎先生的雕像揭幕儀式，是為了紀念曾先生誕辰一百周年。同時，由中國海洋湖沼學會設立並由海洋研究所具體承辦命名設立了「曾呈奎海洋科技獎」，面向全國海洋科技工作者以及對中國海洋科學作出突出貢獻的外籍專家……據說這也是我國首個以海洋科學家命名的科技獎項。曾先生的雕像為半身像，高九十二釐米，寬七十八釐米，為銅製雕像，雕像下端的將軍紅大理石底座高一百三十釐米。整個雕像依照曾先生近八十歲時的形象雕塑。海洋所準備將雕像安置在海洋生物標本館一樓大廳內。

這則消息我是從當天的《青島晚報》上看到的「最新消息」，南海路七號現在有了兩尊銅製雕像了，生物樓正門門廳裏面向大海的童第周先生雕像，和這尊即將放置在生物標本館裏的曾老的雕像。當年的三位創辦人，只有張璽先生仍然空缺了。不知道張先生將來有無可能以雕像的形式矗立在南海路七號？從職務上講，他沒當過正所長。從學術頭銜上講，他不是學部委員（也就是後來的院士），他死的太早，儘管他的學生說，若沒有「文革」，張先生應該能活個大歲數。其實，作為三位創辦人，都應該在南海路七號留有他們不朽的雕像。現在陪伴著童先生雕像的，是門廳牆上懸掛著的院士們的大幅照片——已去世的是黑白大照片，如童第周、毛漢禮、曾呈奎；仍健在的是彩色大照片，如秦蘊珊、劉瑞玉……與這些陪伴童先生的院士們相比，張璽先生因為不夠「格」，無影無蹤。儘管當年是他帶領著北平研究院動物所的同仁們來到青島和童先生曾先生們「匯合」而有了今天的海洋研究所。另外，對於海洋生物標本館來說，我私下裏認為，還應該安置一尊雕像，是馬繡同先生。我相信，這個想法，不僅僅是我一個人的。

2009 年 6 月 18 日黃昏於青島海邊

國家圖書館出版品預行編目

檢討：舊檔案裏的中國海洋學術權威 / 薛原著.
-- 一版. -- 臺北市：秀威資訊科技, 2009.12
面； 公分. -- (史地傳記類；PC0102 認識大陸作家系列)
BOD 版
ISBN 978-986-221-363-6 (平裝)

1. 傳記 2. 海洋學 3. 中國

782.29 98022369

史地傳記類 PC0102

檢討——舊檔案裏的中國海洋學術權威

作 者 / 薛 原
主 編 / 蔡登山
發 行 人 / 宋政坤
執行編輯 / 藍志成
圖文排版 / 鮑婉琳
封面設計 / 蕭玉蘋
數位轉譯 / 徐真玉 沈裕閔
圖書銷售 / 林怡君
法律顧問 / 毛國樑 律師
出版印製 / 秀威資訊科技股份有限公司
台北市內湖區瑞光路 583 巷 25 號 1 樓
電話：02-2657-9211 傳真：02-2657-9106
E-mail：service@showwe.com.tw
經 銷 商 / 紅螞蟻圖書有限公司
台北市內湖區舊宗路二段 121 巷 28、32 號 4 樓
電話：02-2795-3656 傳真：02-2795-4100
http://www.e-redant.com

2009 年 12 月 BOD 一版
定價：510 元

讀　者　回　函　卡

感謝您購買本書，為提升服務品質，煩請填寫以下問卷，收到您的寶貴意見後，我們會仔細收藏記錄並回贈紀念品，謝謝！

1.您購買的書名：＿＿＿＿＿＿＿＿＿＿＿＿＿＿＿＿

2.您從何得知本書的消息？

□網路書店　□部落格　□資料庫搜尋　□書訊　□電子報　□書店

□平面媒體　□ 朋友推薦　□網站推薦　□其他＿＿＿＿＿＿

3.您對本書的評價：(請填代號　1.非常滿意 2.滿意 3.尚可 4.再改進)

封面設計＿＿　版面編排＿＿　內容＿＿　文/譯筆＿＿　價格＿＿

4.讀完書後您覺得：

□很有收獲　□有收獲　□收獲不多　□沒收獲

5.您會推薦本書給朋友嗎？

□會　□不會，為什麼？＿＿＿＿＿＿＿＿＿＿＿＿＿＿＿＿＿＿＿＿

6.其他寶貴的意見：＿＿＿＿＿＿＿＿＿＿＿＿＿＿＿＿＿＿＿＿＿＿

＿＿＿＿＿＿＿＿＿＿＿＿＿＿＿＿＿＿＿＿＿＿＿＿＿＿＿＿＿＿

＿＿＿＿＿＿＿＿＿＿＿＿＿＿＿＿＿＿＿＿＿＿＿＿＿＿＿＿＿＿

＿＿＿＿＿＿＿＿＿＿＿＿＿＿＿＿＿＿＿＿＿＿＿＿＿＿＿＿＿＿

讀者基本資料

姓名：＿＿＿＿＿＿＿＿＿＿＿　年齡：＿＿＿　性別：□女　□男

聯絡電話：＿＿＿＿＿＿＿＿＿　E-mail：＿＿＿＿＿＿＿＿＿＿＿

地址：＿＿＿＿＿＿＿＿＿＿＿＿＿＿＿＿＿＿＿＿＿＿＿＿＿＿

學歷：□高中(含)以下　□高中　□專科學校　□大學

□研究所(含)以上　□其他＿＿＿＿＿＿＿＿

職業：□製造業　□金融業　□資訊業　□軍警　□傳播業　□自由業

□服務業　□公務員　□教職　□學生　□其他＿＿＿＿＿＿

請貼
郵票

To：114

台北市內湖區瑞光路 583 巷 25 號 1 樓

秀威資訊科技股份有限公司　　　收

寄件人姓名：

寄件人地址：□□□

(請沿線對摺寄回,謝謝!)

秀威與 BOD

BOD（Books On Demand）是數位出版的大趨勢，秀威資訊率先運用 POD 數位印刷設備來生產書籍，並提供作者全程數位出版服務，致使書籍產銷零庫存，知識傳承不絕版，目前已開闢以下書系：

一、BOD 學術著作—專業論述的閱讀延伸
二、BOD 個人著作—分享生命的心路歷程
三、BOD 旅遊著作—個人深度旅遊文學創作
四、BOD 大陸學者—大陸專業學者學術出版
五、POD 獨家經銷—數位產製的代發行書籍

BOD 秀威網路書店：www.showwe.com.tw
政府出版品網路書店：www.*gov*books.com.tw

永不絕版的故事・自己寫・永不休止的音符・自己唱